AF891812

La vida en la sombra

Andy West

La vida en la sombra

Filosofía en la cárcel

Traducción de Julio Hermoso

Ariel

Título original: *The life inside. A Memoir of Prison, Family and Philosophy*

Primera edición: febrero de 2024

© Andy West, 2022
© Julio Hermoso, por la traducción, 2024

Derechos exclusivos de edición en español:
© Editorial Planeta, S. A., 2024
Avda. Diagonal, 662-664, 08034 Barcelona
Editorial Ariel es un sello editorial de Planeta, S. A.
www.ariel.es
www.planetadelibros.com

ISBN: 978-84-344-3734-0
Depósito legal: B. 1.074-2024

Impreso en España

La lectura abre horizontes, iguala oportunidades y construye una sociedad mejor. La propiedad intelectual es clave en la creación de contenidos culturales porque sostiene el ecosistema de quienes escriben y de nuestras librerías. Al comprar este libro estarás contribuyendo a mantener dicho ecosistema vivo y en crecimiento. En **Grupo Planeta** agradecemos que nos ayudes a apoyar así la autonomía creativa de autoras y autores para que puedan seguir desempeñando su labor. Dirígete a CEDRO (Centro Español de Derechos Reprográficos) si necesitas fotocopiar o escanear algún fragmento de esta obra. Puedes contactar con CEDRO a través de la web www.conlicencia.com o por teléfono en el 91 702 19 70 / 93 272 04 47.

PEFC Certificado
Este libro procede de bosques gestionados de forma sostenible
PEFC
PEFC/14-38-00305
www.pefc.es

Para mi hermano

Las ideas son el sustituto de las amarguras.

MARCEL PROUST

Mi culpa me granjeó, además, el derecho
a la inteligencia.

JEAN GENET

Índice

Nota del autor

He alterado o mezclado los nombres y los detalles de las personas, los lugares y los sucesos, e incluso he trasladado en el tiempo lo ocurrido. Lo he hecho para proteger la intimidad, no perder la sensibilidad para con las víctimas, no poner en peligro la seguridad tanto penitenciaria como particular y para novelar mis experiencias en forma de un relato personal. No existe eso que llamamos «la cárcel» ni «el preso». Hay una multitud de cárceles, y cada persona que está en prisión tiene su propia experiencia. Aunque este libro pretenda capturar algo de esa pluralidad, está escrito sobre todo desde mi punto de vista subjetivo, el de alguien que ha tenido familiares en prisión y ahora da clase allí dentro. Los diálogos en el aula corresponden a un periodo de cuatro años: he intentado dar cuerpo a lo esencial de las conversaciones, incluso cuando no he sido capaz de recordar lo que se dijo palabra por palabra. He escrito sobre mis experiencias personales tal cual las recuerdo y, allá donde ha sido posible, las he investigado o comentado con otras personas para contrastar la veracidad de mi memoria. No obstante, es posible que otros recuerden las cosas de otro modo.

Mis alumnos de la cárcel no tienen permiso para acceder a las redes sociales: no pueden publicar nada sin autorización del Ministerio de Justicia, y un buen número de ellos tienen dificultades para escribir. Muchos viven con un estigma social, que a menudo significa que nadie les presta atención o que ellos mismos tal vez no quieran hablar sobre su experiencia, si esto supone salir a la luz en calidad de presidiario o expresidiario. Mientras trabajaba en este libro era consciente de que estaba escribiendo sobre personas que no suelen tener la oportunidad de escribir sobre sí mismas. Todo el mundo tiene una historia que contar, pero solo a algunos se les concede el privilegio de compartir la suya con el gran público. He intentado no perder nunca de vista la responsabilidad que trae emparejada la oportunidad que se me ha ofrecido. Cuando ha sido preciso he consultado a expresidiarios, colegas de profesión y académicos para contrastar mis interpretaciones.

Agradezco a mi familia que me haya confiado la tarea de contar su historia. Espero haber logrado escribir sobre ellos con honestidad y cuidado.

La identidad

> Justicia: estar siempre dispuesto a reconocer que el otro es algo bastante distinto de lo que interpretamos cuando lo tenemos delante.
>
> SIMONE WEIL

El hombre que tengo a mi lado en el ascensor guarda un asombroso parecido con mi padre, al que hace veinte años que no veo: desde que lo metieron en la cárcel. Es de corta estatura, tiene amarillentas las yemas de los dedos, y la chaqueta le viene tan grande que las mangas le llegan por los nudillos. Ya he visto en ocasiones a otros hombres que se parecían a mi padre cuando iba en el autobús o en el tren, o plantados ante el urinario en los servicios de algún pub. Los he visto en Londres, en Mánchester, en Berlín y en Río de Janeiro.

En el ascensor observo a este hombre y reconozco ese gesto de mandíbula siempre encajada, el resuello enfisémico al respirar. Tiro del puño de la camisa sobre la muñeca para ocultar mi reloj y le pregunto qué hora es. No me responde con acento de Liverpool, así que no es mi padre. Tampoco lo era el hombre de Alemania ni el de Brasil. Subimos otras cinco plantas en silencio. El ascensor se detiene, se abren las puertas y el hombre sale.

Mañana por la mañana voy a entrar por primera vez en una cárcel. Voy a dar clase de filosofía en un centro penitenciario masculino. Hace unos meses escribí un artículo en el *Guardian* sobre la enseñanza de la filosofía, y allí mencionaba que mi padre, mi hermano y mi tío habían cumplido condena. El mes pasado, un filósofo que se llama Jamie, de una universidad local, me pidió que diera clases con ellos en la cárcel. Supongo que me han invitado a trabajar en el proyecto porque encajaré bien culturalmente, porque tal vez sea capaz de comprender la lógica del recluso de un modo en que no lo haría la mayor parte de los que se ciñen a la letra de sus tratados filosóficos. Desde que Jamie me pidió que trabajara con ellos, le he echado el ojo a un par de botas negras, de esas bien pesadas que te llegan por el tobillo, que hay en el escaparate de una tienda. Estamos en primavera, y tengo la costumbre de ponerme unos zapatos de estilo Oxford, con sus cordones y un cuero suave, con los vaqueros desgastados con el bajo vuelto un par de veces hacia fuera. Esta tarde he ido a la zapatería. Solo tenían las botas en un cuarenta y cinco; yo calzo un cuarenta y cuatro, pero tampoco es algo que me importe, así que me las he comprado.

La mañana siguiente, Jamie y yo ya hemos dispuesto las sillas en un círculo y estamos esperando a nuestros alumnos. La clase hace también las veces de aula de arte, y es igual que las típicas de mis días de colegio salvo por los barrotes de las ventanas y porque los lápices, los pinceles y cualquier otra cosa con un extremo puntiagudo se guardan bajo llave en armarios bien candados.

Echo un vistazo a las páginas de nuestro plan de clase sobre la teoría de la identidad de Locke. Me imagino a mi padre tratando de entender aquello y tacho párrafos enteros con un bolígrafo rojo.

—Hay que hacer esto accesible —le digo a Jamie—. Va a haber un montón de tíos sin estudios, gente que no terminó el colegio. Mejor no aturullarlos.

Oigo los golpes metálicos de unas puertas pesadas que se

abren y el eco de las voces de unos hombres en el pasillo ante el aula. Ya vienen nuestros alumnos. Llevo mis botas nuevas; cómo brillan las puntas, de estreno, como en un primer día de cole.

Un hombre se acerca a la puerta.

—¿Esto es psicología?

Viene con un aliento mañanero y los ojos inyectados en sangre.

—Filosofía —le digo.

Se encoge de hombros, entra y toma asiento.

Llega otro que me estrecha la mano con fuerza suficiente para rompérmela, con la mirada perdida más allá de mi hombro. Luego otro más con la piel cetrina y las encías retraídas. Otro agarrado a una bolsa de plástico con un letrero impreso que dice «Leeds University»: está rajada por la junta, pero el tipo sigue llevando en esa bolsa sus libros de la biblioteca. Un hombre de rostro redondeado que tiene un aspecto esquelético en la foto de su tarjeta identificativa. Voy recorriendo el grupo para presentarme, y los pies me duelen tanto que se me nota en la cara. Las botas me están haciendo una rozadura, siento el pinchazo de las ampollas en los talones. Siguen llegando más hombres, hasta que tenemos doce. Jamie y yo echamos un último vistazo a nuestras notas para la clase de hoy.

—Accesible —vuelvo a decir.

Se sientan en un círculo y les explico el pensamiento de Locke.

—Eso está mal —dice un alumno que se llama Macca.

—¿Perdón? —digo.

—A Locke no le importaba solo la memoria. —Señala mi pizarra blanca—. Más bien la consciencia.

Doce pares de ojos me están mirando. Me acerco a la pizarra blanca, de puntillas para evitar el dolor agudo en los talones, borro la palabra «memoria» y escribo «consciencia». Se echan a reír y cuchichean entre ellos. Intento explicarles las ideas de Locke otra vez y me desplazo únicamente en pasitos muy cortos, con cuidado de no plantar el pie entero en el suelo. Unos minutos después, otro alumno que acaba de sacarse un título a distancia nos cuenta que Rousseau podría estar en desacuerdo con Locke. A los veinte minutos de clase ya nos hemos quedado sin material. Desde el otro extremo del aula, Jamie cruza una mirada conmigo, y entre nosotros resuena el eco silencioso de la palabra «accesible».

Jamie pone a los alumnos a trabajar en grupos reducidos y me sugiere que nos dirijamos hacia la mesa del rincón de la sala para comentarlo. Arranca hacia la mesa y yo voy detrás de él, de puntillas.

La libertad

Tal vez una parte de ti viva sola en tu interior,
   como una piedra en el fondo de un pozo,
pero la otra parte
debe estar tan sumida
en el torbellino del mundo
   que te estremeces por dentro
cuando en el exterior, a cuarenta días de distancia,
[una hoja se mueve.

NÂZIM HIKMET

Han pasado unos meses, y ahora, todas las semanas, para ir a la cárcel me pongo los mismos zapatos de cordones que llevo casi a diario. Acabo de regresar de un viaje de tres semanas que he hecho yo solo por Tailandia; me he puesto moreno y tengo el pelo de un tono castaño como el caramelo. Recorro los pasillos de la cárcel iluminados con fluorescentes rumbo a mi clase, cuando me cruzo con un hombre que viene en dirección contraria, escoltado por guardias. Tiene la frente pálida y la piel escamosa bajo los ojos. Me bajo las mangas de la camisa para ocultar el bronceado. Llego al aula y escribo en la pizarra el tema de hoy: «Libertad».

Veinte minutos más tarde, el funcionario del pasillo grita «libre circulación»: es el momento en que se abren las puertas del interior del centro y los internos se desplazan desde las celdas hasta las aulas, los talleres u otras actividades. Unos minutos más tarde llegan los alumnos a mi clase. Entra un hombre de cuarenta años que se llama Zach. Calza unas zapatillas de lona y suela fina con cierre de velcro, las que el centro penitenciario facilita a los internos que no tienen zapatos propios. Lleva el jersey amplio remangado hasta los codos y deja a la vista decenas de cicatrices horizontales que descienden desde la parte alta del antebrazo. Zach iba a tener una vista para la condicional el mes pasado, pero justo el día anterior le dio un puñetazo en la cara a un trabajador sanitario.

Otros alumnos van entrando con cuentagotas. En la puerta aparece uno que se llama Junior; es alto y la camiseta ajustada de tirantes en color rosa pálido realza la redondez de los hombros y los pectorales. También calza un exclusivo par de zapatillas Nike. Hace unas semanas, otro hombre preguntó a Junior un «y tú de qué vas», y él le respondió: «Soy un emprendedor».

Pone un pie en el interior del aula y me estrecha la mano.

—Un placer estar de vuelta, señor —dice con una voz cavernosa.

Lleva las cejas perfiladas en los extremos. Se adentra y le da la mano a todo el mundo sin dejar de mirarlos a los ojos ni de llamarlos «señor».

Junior toma asiento al lado de Zach y estira las piernas bien abiertas. Zach cruza los brazos sobre la barriga.

Wallace es el último en llegar. Camina erguido, sin sacar pecho pero sí confiado con la protección que le ofrece ese cuerpo suyo con forma de barril. Se sienta al lado de Junior aunque no le dice una palabra. Wallace no se relaciona con la mayoría de la gente. Ya ha cumplido dieciséis de los veinte años de su condena. No utiliza el gimnasio, prefiere entrenar solo en su celda. Todos los días escribe una carta a su hijo.

Finaliza la libre circulación. Cierro la puerta.

Me siento en el círculo con el resto de los hombres, les digo:

—En la epopeya de Homero, Odiseo volvía de la guerra de Troya capitaneando su barco de regreso a casa, en Ítaca, cuando se cruzó con las sirenas, unas criaturas mitad humanas, mitad aves, que vivían en las rocas en medio del mar. Entonaban un canto tan bello que todo aquel que lo oía quedaba embriagado de amor y saltaba por la borda para nadar hacia el origen de aquel sonido. Las sirenas se alimentaban de los marinos enloquecidos.

»No hay hombre que haya oído jamás el canto de las sirenas y que haya vivido para contarlo. Odiseo ordena a su tripulación que se tape los oídos con cera para no caer presa del hechizo y, así, los marinos podrán seguir con sus quehaceres habituales, preparar la comida u organizar los cabos de la nave.

»Pero tendrá que haber alguien que pueda oír cuándo ha terminado la música, no vaya a ser que los hombres se quiten la cera demasiado pronto. De modo que Odiseo indica a los suyos que lo aten al mástil: así podrá oír el canto sin saltar por la borda. También les dice que no obedezcan ninguna orden que él les dé para que lo desaten.

»Se hacen a la mar y Odiseo oye aquella música, que le llega muy dentro y lo domina. Siente que el deseo lo invade y suplica que lo desaten, pero la tripulación no le hace caso y continúa con sus deberes cotidianos. Uno de los hombres lleva tanto tiempo navegando, que su añoranza del hogar se ha convertido en una especie de entumecimiento, ya no siente nada. Al ver lo apasionado que parece Odiseo, quiere saber cómo suenan las sirenas, así que deja la tarea que tiene entre manos, se quita la cera de los oídos, la melodía lo embriaga y salta por la borda hacia la muerte.

»El barco deja atrás a las sirenas y la tripulación desata a Odiseo, que desde ese día lleva un dolor en el corazón, ya que jamás volverá a oír nada tan bello como aquel canto.

—Las sirenas son el *crack* —dice Zach—. Si hasta están ahí en unas piedras.

El grupo se ríe, todos excepto Wallace.

Entonces pregunto:

—Tenemos a los marinos con la cera en los oídos, a Odiseo y a ese hombre que se quita la cera. ¿Cuál de ellos era el más libre de todos?

Le paso a Wallace la bolsita de judías del tamaño de un puño que utilizo a modo de testigo para el que tiene la palabra.

—Los hombres que se han puesto cera en los oídos, esos son los más libres de todos —asegura—. Esos siguen a su rollo. Igual que nosotros aquí dentro, que no tenemos que hacer cosas como pagar facturas ni llevar a los niños al colegio. Yo tengo libertades que ellos no tienen.

—¿Como cuáles?

—Me libro de elegir, igualito que el hombre con la cera en los oídos.

Junior se inclina hacia delante en su silla y le dice a Wallace:

—Pero si no tienes elección, entonces no eres libre.

—Ahí fuera hay demasiadas formas de meterse en líos —replica él—. Aquí dentro me puedo centrar.

Un momento después pregunto a Junior:

—¿Qué hombre crees tú que es libre?

—Odiseo —contesta—. Es el rey. La gente tiene que hacer lo que él diga.

—Pero si no se puede estar más atrapado que Odiseo —le rebate Wallace—. Da igual lo bien que le vayan las cosas, siempre está con el ansia de querer algo mejor, y nunca habrá nada que vaya a ser suficiente.

—Pero Odiseo ha hecho algo con su vida.

—Cada vez que recuerde lo que ha hecho se sentirá atormentado. Eres más libre en una celda.

—Si los hombres con los oídos tapados con cera no lo pasan mal como Odiseo es solo porque nunca han hecho nada con su vida. Son unos curritos —insiste Junior.

—Siguen trabajando duro para poder hacer lo que tengan que hacer cuando lleguen a casa.

—¿Y de qué les sirve volver a casa si es así como van a vivir?

Entrego la bolsa de judías a un alumno que se llama Keith. La deja en su regazo y dice:

—Muy bien... Hay varias maneras de plantearnos esto.

Cuando empecé en la cárcel, el bibliotecario me contó que Keith lleva cumplidos trece años de sentencia, que vive en una celda individual y que se termina un libro cada dos o tres días. Keith tiene un fuerte acento obrero de Glasgow y utiliza con toda naturalidad palabras como «nomenclatura».

—Podríamos verlo desde una perspectiva neurocientífica —dice.

Habla con esa velocidad tan habitual en los autodidactas, como si deseara quitarse de encima la carga de su propio pensamiento, pero hay otros alumnos que están empezando a repanchingarse en la silla y a mirar al suelo.

—El que salta por la borda es libre como lo es el bufón en Shakespeare; es libre de un modo en que no lo es el rey —prosigue Keith.

Quiero interrumpirle. Me encantaría interrumpirle. Para mí, interrumpir a la gente es una de las ventajas de ser profesor. Fuera de mi vida profesional soy una persona de voz contenida y pausada que se ve constantemente interrumpida por esa otra gente que habla deprisa y en voz más alta, y una de las razones por las que doy clase es porque puedo interrumpir a los demás de manera legítima y cobrarme mi venganza. Keith continúa hablando:

—La física cuántica nos dice que las cosas, en realidad, no están determinadas —dice, pero me veo incapaz de interrumpirlo.

¿Cómo le dices que «el tiempo apremia» a un hombre que lleva trece años viviendo en una celda?

Finalmente, Keith me devuelve la bolsita. Zach ha escondido las manos dentro de las mangas del jersey. Le pregunto qué piensa él.

—El hombre que saltó del barco —afirma.

—Estaba hechizado. No puede ser libre —dice Junior.

—Pero a lo mejor necesitó coraje para ceder a la atracción de las sirenas. A lo mejor fue el único lo bastante valiente para aceptar su libertad —replica Zach.

—Quería escapar, pero al final hizo lo mismo que si te escapas de tu celda para subirte al tejado. ¿Adónde vas después? Estás más jodido que dentro de la celda.

—Saltó por la borda porque se dio cuenta de que eso era lo más libre que podía ser en su situación.

—Saltó porque dio por perdida la libertad.

Transcurrida una hora de clase, llega el momento de que estos hombres se tomen un descanso para estirar las piernas. Abro la puerta del aula, pero un funcionario que está en el pasillo me dice que debo cerrarla y mantener a todo el mundo dentro. Se ha producido un incidente en uno de los rellanos donde están las celdas: un interno ha saltado a la rejilla en señal de protesta. Unas rejillas metálicas separan por pisos el hueco de los rellanos del módulo de la prisión e impiden que la gente arroje objetos desde arriba o que salten para quitarse la vida. Cuando un interno salta a una de estas rejillas, los funcionarios no pueden ir a prenderlo por motivos de seguridad, y si no son capaces de convencerlo para que salga de ahí, deben enviar a un equipo especial de intervención ataviado con cascos y escudos.

El funcionario me cuenta que ese hombre está a punto de ser deportado a Venezuela para cumplir allí su condena y no quiere irse. Ha saltado a la rejilla para añadir un tiempo más de condena en este centro penitenciario.

Cierro la puerta y la apestillo. Nos tomamos nuestro descanso de quince minutos dentro del aula. Zach saca la mano entre los barrotes y abre unos centímetros la ventana. Junior se ha acercado a la pizarra blanca y ha utilizado uno de mis rotuladores para pintar un diagrama y explicar a otros cuatro internos cómo hacerse millonario con bitcoins. Les está contando lo que tienen que hacer para poder permitirse un Rolex o un Mercedes en cuestión de seis meses.

Viene hacia mí un hombre que se llama Gregg. Una cicatriz enrojecida le atraviesa la barba pelirroja de varios días.

—La filosofía esta, ¿de qué va? —pregunta.

—Bueno —le digo—, es una palabra del griego antiguo que signif...

—¿Qué se hace con ella? ¿En qué se trabaja?

—Tengo amigos, conocidos, que ahora mismo trabajan en la City de Londres, según creo.

—¿En qué trabajas tú?

El hecho de que me esté preguntando esto justo después de haberle dado clase me hace pensar que la respuesta «profesor de filosofía» no va a servir de mucho.

—Hay gente que hace cursos de posgrado para estudiar Derecho después de sacarse el título de Filosofía.

Gregg me clava una mirada expectante, como si tan solo le hubiera dicho la mitad de lo que tengo que contarle.

—¿Quién crees tú que es el más libre de todos en esa historia de las sirenas? —le pregunto.

—Ninguno. Es mentira todo eso de la libertad. Solo un idiota se creería lo que dicen los liberales.

Wallace permanece en su silla y no habla con nadie durante los quince minutos enteros que dura el descanso. Hace unas semanas hubo un problema de seguridad en el centro y los hombres tuvieron que pasarse veintitrés horas al día metidos en sus celdas; solo salían una hora para lo que en el régimen penitenciario se llama «relación»: un rato en que se les permite salir de la celda para llamar por teléfono, ducharse, charlar unos con otros y estirar las piernas. Muy a menudo, cuando se anunciaba ese momento para relacionarse, Wallace se quedaba en su celda, tumbado en la cama leyendo un libro.

Los alumnos vuelven a tomar asiento en el círculo.

—El filósofo Epicteto nació en la esclavitud, pero estaba convencido de que en esencia no había dejado de ser libre —les digo—. Afirmaba que las cadenas eran una limitación para su cuerpo, pero no para su capacidad de elección.

—Puedes seguir siendo libre mentalmente —dice Wallace.

—Epicteto creía que podías aprender a ser libre si antes comprendías qué puedes controlar y qué no —les digo.

—Todas las noches, cuando los boquis hacen la ronda para cerrarnos la celda hasta la mañana siguiente, yo cierro la mía antes de que le dé tiempo a hacerlo a él —dice Wallace.

—¿Para tener el control? —le pregunto.

—Por el mismo motivo por el que siempre termino las llamadas de teléfono un minuto antes de que el boqui venga a decirnos que ya hay que colgar.

—¿Qué pasa si no lo haces?

—Que haré algo de lo que me voy a arrepentir. Hace unos años vi a un tío que seguía hablando por teléfono después de que el boqui le hubiera dicho que colgase. Un funcionario le plantó el dedo en el aparato. Si me llega a pasar eso a mí, sé que le habría soltado un puñetazo a alguien, así que nunca me permito llegar a esa situación. Cuelgo antes.

—¿Eso es libertad?

—Facilita las cosas —responde Wallace.

Media hora después, un guardia grita ante la puerta «libre circulación», lo que indica el final de la clase. Abro y la mayoría de los hombres salen arrastrando los pies, pero algunos se quedan. Uno de ellos me señala el moreno de la cara y me pregunta dónde he estado. Intento recortar al máximo mis respuestas, preocupado por que un grupo de presidiarios se pueda sentir herido al oír hablar sobre las playas tropicales de Phuket y sus fiestas a la luz de la luna llena, pero no dejan de preguntarme y de pedirme más información.

—¿Has ido a bucear?

—¿Qué parte te ha gustado más?

—¿Vas a mudarte allí?

Entonces va uno y me suelta:

—¿Has ido con tu novio?

Estudio su rostro en busca de un gesto irónico, pero no lo hay. Está siendo sincero.

—Esta vez he ido solo —le digo.

Siguen haciéndome preguntas sobre Tailandia. Algunos han estado en Bangkok y quieren saber si tal o cual karaoke sigue abierto. Me preguntan si conseguí un buen precio en los vuelos, si tuve cagalera mientras estaba allí. Según voy respondiendo a sus preguntas me planteo la posibilidad de dejarles caer que tengo novia, pero el ambiente en el aula es ahora mismo tan tolerante y tan cordial que no me atrevo a decirles que no soy gay.

La vergüenza

—Pero yo no soy culpable —dijo K.—, ha habido un error. ¿Cómo es posible, siquiera, que alguien sea culpable de algo? Aquí somos todos seres humanos, tanto los unos como los otros.

—Eso es cierto —dijo el sacerdote—, pero así es como habla el culpable.

Franz Kafka

Esta noche hago mi declaración de la renta por internet. Hago clic en el botón «Presentar declaración» y me deprimo de inmediato. Me voy a la cama, pero no puedo dormir. Estoy seguro de que la he hecho mal, de que he pagado de menos y de que me van a procesar.

Me duermo y sueño que estoy en el patio de una cárcel con mi padre. Estoy de costado ante él; me aparto porque no quiero que los guardias nos vean juntos. Es una tarde de invierno y tengo frío. Dos funcionarios de prisiones se ríen y bromean el uno con el otro. Me acerco a ellos y les digo que trabajo aquí y que me marcharé del centro con ellos al final de la jornada laboral, pero ellos continúan charlando como si no pudiesen oírme. Tanteo el llavero en busca de las llaves, pero está vacío. Pregunto a los guardias si pueden escucharme, pero no me responden.

Me despierto a las cinco de la mañana, con el amanecer. El viento arrastra al bies el agua de un chaparrón y salgo de casa sin el paraguas para ir caminando hasta la cárcel. Tengo empapada la nuca y también la parte de atrás de las orejas. Llego a la puerta de seguridad de la prisión, me quito los zapatos calados, el reloj y el cinturón, y siento la dureza del suelo a través de los calcetines húmedos al pasar por el detector de metales. Noto que me mareo, tengo el corazón desbocado. Soy presa de una culpa irracional y desatada. Mi mochila pasa por una máquina de rayos X. El funcionario de seguridad me lanza una mirada muy seria, y yo, que parto de esa mirada para ponerme a buscar cuál podría ser mi delito, me imagino que la luz del escáner está a punto de encenderse en rojo y ponerse a pitar, y que los guardias van a encontrar un kilo de heroína en mi bolsa.

No suena la alarma. Abro los brazos con un gesto lánguido para que me registre el funcionario de seguridad; tengo húmedas las mangas del jersey. Dejo atrás el control de seguridad, pero eso no me libera del pánico. Atravieso los jardines de la prisión, paso por delante de una pared con hileras de ventanas de las celdas y oigo el sonido simultáneo de múltiples televisores: cancioncillas de anuncios de yogur, noticias de última hora sobre situaciones de emergencia, risas enlatadas...

Hace ya varios años que me asalta esta paranoia de que voy a heredar los pecados de mi padre tome yo las decisiones que tome. La funesta certeza de que acabaría en la cárcel tuvo su apogeo a mis dieciocho años, cuando lo que me preocupaba no era si iban a detenerme, sino cómo me iban a detener. Esperaba que sucediera a plena luz del día, mejor que por la noche, cuando estaba solo mejor que con mis amigos. Me alteraba mucho cada vez que oía una sirena de policía y lo dejaba todo al instante para tratar de averiguar si se estaba acercando. En el pasillo de la cárcel, un funcionario que sujeta por la correa a un pastor alsaciano viene en dirección contraria, y yo aflojo el paso como si quisiera invitar al perro a ladrarme. El animal me clava la mirada de sus ojos negros y pasa de largo.

Mi alumno David no va a poder asistir hoy a clase porque tiene una visita de carácter legal, así que voy a su celda a la hora de comer, antes de entrar en el aula, para dejarle unas lecturas. Su compañero de celda me abre la puerta y el olor me golpea como una bofetada. Tienen cuatro ambientadores de color violeta en el alféizar de la ventana, y la lavanda se ha mezclado con el olor a calcetines, a tallarines instantáneos recién cocinados y a dos hombres encerrados en un espacio reducido. El tipo me cuenta que David sigue en su turno del servicio de comidas. Me dirijo a la zona del comedor, donde hay una larga cola de internos esperando en fila india; no sé yo si no será mejor volver más tarde. Me acerco a un interno con pinta de rondar los setenta años y le pregunto a qué hora suele terminar la comida.

—Tendríamos que haber comido hace ya media hora. —Tiene el mismo acento de Liverpool que mi padre—. Les he preguntado cuándo toca el rancho, y me han dicho que en un momento, pero eso ha sido hace ya veinte putos minutos. Aquí no hay horario que valga.

Dejo a David para más tarde. Llego a mi aula y me encuentro a una mujer que está metiendo juguetes en una caja. Ositos de peluche, piezas de Lego, un xilófono con los colores del arcoíris y un teléfono Fisher-Price con ruedas y una carita sonriente en la parte de delante. Me cuenta que enseña a los hombres a jugar, para que sepan qué hacer con sus hijos en los días de visita.

Se marcha. Dispongo las sillas en un círculo y espero a que los guardias anuncien la libre circulación.

Unos años antes de que yo naciera, mi padre pasó dieciocho meses entre rejas, y continuó teniendo problemas con la ley durante toda mi infancia. Cuando yo tenía dos años, mis padres me llevaron de vacaciones a Jersey. Era demasiado pequeño para acordarme, pero mi madre cuenta que, en la segunda noche de vacaciones, mi padre sintió celos de un camarero guapo que estaba siendo cortés con ella. Ella me llevó de vuelta al hotel, y él se quedó bebiendo. A la una de la madrugada entró tambaleándose por la puerta y tiró un puñado de joyas a los pies de mi madre. Allí había anillos de oro y pendientes de diamantes.

—Ahí tienes —dijo mi padre, echándole en la cara su aliento alcohólico.

—¿Qué has hecho? —le preguntó ella.

Oyeron el sonido cada vez más cercano de las sirenas de la policía. Mi padre se quedó allí de pie con un collar de perlas colgando entre los dedos.

Había reventado el escaparate de una joyería y se había llevado a puñados los artículos de los expositores. Escasos minutos más tarde, la policía llegó y lo detuvo, y al día siguiente lo presentaron ante el juez. Le habría tocado volver a la cárcel de no haber sido porque el oro, los diamantes y las perlas que se había llevado eran imitaciones de plástico de las piezas reales. El juez lo encontró culpable de causar daños materiales y le condenó a pagar una multa. Mi madre la pagó con el resto del dinero para las vacaciones. Cambió los billetes y regresamos a casa ese mismo día.

Mi padre no quería que los vecinos se enteraran de que habíamos regresado antes de tiempo, por si les daba por hacer preguntas, así que nos quedamos metidos en casa con las cortinas echadas durante el resto de la semana entera.

Mis padres se separaron cuando yo tenía siete años, y él se fue a vivir a un lugar que estaba a media hora de coche. Consiguió un trabajo como vendedor de seguros. Me quedaba con él en fines de semana alternos y jugaba con los demás niños que vivían en la misma calle. Año y medio después, hacia el mediodía de un domingo, sonó el teléfono y mi padre seguía en la cama. La llamada fue al contestador automático, y oí cómo un señor mayor lo acusaba de haberle estafado miles de libras.

Dos semanas más tarde, mi padre fue a recogerme al colegio y me metió cuatro horas de coche para llevarme a su nueva casa. Las pasé mirando por la ventanilla y contando las farolas de la autopista hasta que llegué a mil. Al llegar a las mil volví a empezar de cero, y conté otras mil más. Llegamos a un pueblo costero donde había alquilado un estudio en un ático.

Por la noche bajamos al pub y se emborrachó enseguida. Se presentaba a las camareras y a otros clientes con un nombre falso. Nos sentamos en una mesa en un rincón. Yo me mordía las uñas, jugueteaba con el pelo entre los dedos..., no paraba quieto.

—Para ya —me dijo.

Me puse las manos en el regazo y sentí náuseas de puro nervio.

Me dio un toque y señaló con la barbilla hacia dos hombres corpulentos que había en la barra.

—Si alguien de aquí intenta ponerme un dedo encima, esos dos tíos lo van a impedir. Son mis gorilas. —Pero aquellos dos tipos no le hacían el más mínimo caso. Se pimpló otro trago y me dijo—: Si alguien viene a hablar contigo, no le cuentes dónde vivíamos antes.

No había puesto ninguna foto en su apartamento. En lugar de una mesa, tenía abierta a los pies de la cama una tabla de planchar donde dejaba sus cosas: bolígrafos, encendedores, un rollo de papel celo, llaves, un peine, cartones pequeños de leche uperizada, una bolsa a medias de caramelos efervescentes y los nombres de los caballos de carreras garabateados en la parte de abajo de unos menús de comida para llevar. Se dedicó a beber por la noche y a dormir hasta bien entrada la mañana, así que yo me senté pegado a la tele a ver los dibujos animados con el volumen lo más bajo posible. Se sobresaltó en sueños y gritó «¡no!» antes de darse la vuelta y seguir durmiendo.

Me puse a ver los dibujos animados para intentar distraerme del nudo de tensión que tenía en el pecho. Se acabaron hacia las doce de la mañana, y fui zapeando por los diferentes canales, pero todos los programas eran para adultos. Me senté en el alféizar de la ventana y me quedé mirando a la gente que pasaba por la calle, allá abajo.

Por la tarde, mi padre quiso que jugáramos a pelearnos y se arrodilló para poner su rostro a mi altura.

—Pégame —me dijo.

Ladeó la cabeza y se señaló la mandíbula.

—Vamos, pégame —insistió.

Contuve las manos en los costados.

Se abofeteó la mandíbula.

—Venga. Pégame.

Seguí con las manos en los costados.

Nos fuimos al pub. Me puso un chorrito de su cerveza en la limonada y me dijo que debería probarla, pero no toqué el vaso. Quería estar seguro de que no era como él, pero ya me avergonzaba serlo. El lunes por la mañana, cuando me dejó en el colegio, entré en clase con el temor de haberme metido en un lío por haber hecho algo. Cuando mis profesores se mostraban afectuosos y abiertos conmigo, no dejaba de sentir el peso de la culpa. Tenía que guardármela muy dentro, como si fuera un secreto, y cuando el profesor de religión nos habló sobre los santos en el cielo, le pregunté qué tipo de personas van al infierno.

Nueve meses después se volvió a mudar, a una hora más de carretera desde el sitio anterior. Cuando conocíamos a alguien se presentaba con otro nombre falso distinto. Esta vez vivía en una caravana, y por la noche abríamos el sofá cama y nos lavábamos un poco a falta de ducha. Mi padre dormía con un bate de béisbol junto a la almohada, y yo estaba cada vez más tenso. Comencé a preocuparme de manera obsesiva con que yo era una mala persona, aun sin saber por qué. Mientras él dormía, yo me arrodillaba y rezaba para pedirle a Dios que me diese otra oportunidad de ser bueno.

Seis meses después, mi padre volvió a trasladarse, esta vez

a un lugar que estaba a menos de un kilómetro del muelle de un ferri. Utilizaba otro nombre falso distinto y seguía durmiendo con el bate junto a la cama. Sus borracheras empeoraron, y se volvió más agresivo. A mediodía seguía durmiendo. Yo me ponía de rodillas y rezaba. Fuera, los transbordadores hacían sonar la sirena al abandonar el puerto.

Cuando tenía doce años, un día estaba en casa de mi madre cuando recibí una carta de mi padre. Me contaba que tenía un problema con la policía y que su abogado pensaba que quizá se enfrentaba a una pena de cárcel, otra vez. Fue entonces cuando corté todos los lazos con él. Me cambié el nombre para que fuera distinto del suyo, pero el pavor se quedó conmigo.

Un fin de semana a los diecisiete años, mi mejor amigo Johnny y yo estábamos en el centro cuando vi en una tienda una camisa roja que quería comprarme, y que no me podía permitir. Al día siguiente, Johnny la compró para regalármela. Me la dio y sentí una oscura culpa. En mis pensamientos me imaginaba que esa iba a ser la última vez que alguien me hiciera un regalo, porque la gente no tardaría en descubrir quién era yo realmente, y ya no querrían ofrecerme su amistad. Me puse la camisa y sentí la imperiosa necesidad de confesar. No tenía nada que confesar, pero eso no hacía que la necesidad fuera menos urgente.

Era como si tuviese un verdugo metido en la cabeza, listo para ensombrecer el momento. Desde la adolescencia hasta entrado en la veintena fui incapaz de dejar de imaginar que no tardarían en arrebatármelo todo. Un día en la playa con mis amigos lo pasé sumido en la desesperación, como si fuese mi última comida antes de presentarme ante el juez. Intentaba recordarme que, en realidad, yo no había cometido ningún delito por el que debiera sentirme culpable, pero mi verdugo mental me soltaba su perorata kafkiana según la cual el hecho de argumentar mi inocencia no era sino una confirmación de que, en efecto, tenía algo que ocultar. No había nada que pudiera hacer o decir. Ya era demasiado tarde.

Tengo ya treinta y un años y sigo cargando con la sensación de una culpa heredada. Desde que trabajo en centros penitenciarios, mi verdugo mental se ha vuelto más agobiante. Veo a esos hombres metidos en sus celdas, y el cuerpo se me queda helado al pensar que su castigo podría —o debería— ser el mío.

Comienza la libre circulación. Llega Keith, toma asiento y se pone a leer un libro que tiene sobre lógica simbólica. Alguien remolonea al otro lado de la puerta: es Rodney, un joven de veintipocos años. Hace un mes no salía de su celda y se quedaba leyendo libros de derecho penal, hasta que le dijeron que había perdido el derecho de apelación. Ahora cumple condena a seiscientos cincuenta kilómetros de su hogar, en Glasgow.

Me mira de soslayo.

—La semana que viene no vengo —dice.

—Yo siempre me alegro de tenerte en clase —le digo yo.

Se encoge de hombros.

—Vengo esta semana porque nos han abierto, pero la semana que viene no vengo.

Rodney lleva las últimas tres semanas diciéndome lo mismo.

—Me alegro de que estés aquí —le digo.

Entra en el aula y se sienta.

Cierro la puerta.

Cuento a la clase:

—En el relato de la Antigua Grecia, Zeus quería castigar a Prometeo y a Epimeteo por haber entregado el fuego a la humanidad. Encadenó a Prometeo a una roca, y las aves acudían un día tras otro a picotearle el hígado. El caso es que, en el día de la boda de Epimeteo, Zeus regaló una preciosa caja a la novia, Pandora, pero le dijo que no tenía permiso para mirar en su interior. A lo largo de los siguientes días, Pandora no lograba quitarse de la cabeza qué habría allí dentro, y una noche acabó abriéndola. De ella salieron los espíritus de los siete males: el odio, la vergüenza, la avaricia, el aburrimiento, la pereza, el engaño y el dolor. Una voz surgió entonces desde el interior de aquel recipiente y gritó a Pandora, que volvió a abrir la caja. Esta vez salió de allí la esperanza.

Rodney se frota los ojos.

Pregunto al grupo:

—Si pudierais volver a meter uno de esos espíritus dentro de la caja, ¿cuál elegiríais?

—La esperanza —dice Rodney—. La esperanza es lo que empeora los otros males. El dolor no sería tan malo si no hubiera esperanza. Viviríamos con él, en lugar de esperar que no nos duela nada.

—Sin la esperanza no cambia nada —replica Keith—. Sin esperanza te seguiría doliendo, solo que sería un dolor desesperado, y punto.

—Si esperas que las cosas cambien y no lo hacen, entonces lo único que ha hecho la esperanza es empeorar las cosas.

Mi mirada se detiene en las espirales de la alambrada de espino que veo a través de la ventana. Rollos extendidos a lo largo de muros y tejados, ensortijados en lo alto de la prisión, allá donde mires.

—El dolor te dolería menos sin la esperanza —dice Rodney, y devuelvo mi atención al aula.

—La esperanza es producto de los otros males que hay en la caja —interviene Keith—. Cuando te duele algo, la esperanza está ahí para recordarte que hay un futuro más allá del dolor.

Rodney no está de acuerdo:

—Yo no malgasto mis energías con la esperanza de que el dolor desaparezca, solo intento acostumbrarme a él.

Continúa el debate. Escribo en la pizarra una lista de los elementos que salen de la caja de Pandora, y Keith toma la palabra:

—El año pasado tuve una vista, y había hecho todo lo posible para que me dejaran salir, todo tipo de cursos. Me porté de diez, fui el preso modélico. Esperaba poder salir. Al final, la vista duró unos ocho minutos, y me dijeron que no. Me puse en huelga de hambre y me prometí que nunca más iba a tener la esperanza de una fecha de salida.

Rodney bosteza.

—Pero no pude hacerlo —prosigue Keith—. No tener esperanza me dejaba vacío. No tenía fuerzas para entrenar ni para hablar con la gente. Estaba demasiado vacío para dormir. Cuando pasaron unos días, tres chavales de mi rellano se dieron cuenta de que no estaba comiendo y me trajeron un plato a la puerta de mi celda. No pude evitar empezar a tener esperanza otra vez.

—Es una buena historia, pero no seré yo el idiota que se ponga a tratar de nadar a contracorriente —dice Rodney.

—Hay demasiada gente decente a nuestro alrededor como para no tener esperanzas —dice Keith.

Rodney señala la lista de los males en la pizarra.

—Si vuelves a meter la esperanza dentro de la caja, también te quitas de en medio el engaño de manera automática.

A lo largo de la siguiente hora se van sumando otros que exponen sus ideas. Rodney parece aburrido. En dos ocasiones se ríe para sí, pero no está claro qué es lo que le parece gracioso. Otro interno, Ed, está cumpliendo una condena de seis años; es un tipo calvo, con una perilla canosa. Le pregunto qué devolvería él a la caja.

—La vergüenza —murmura.

—Entonces seguirías haciendo maldades —dice Rodney.

—Antes de hacerlas ya sabía que iba a sentir vergüenza, y aun así las hice —dice Ed.

—Nunca aprenderías a ser bueno si no sintieras vergüenza por las cosas malas que has hecho —dice Rodney.

—A lo mejor es la vergüenza lo que te lleva a hacer cosas malas.

—Entonces, ¿cómo coño se supone que vas a ser bueno, eh?

—Pues a lo mejor por empatía. O por remordimiento, pero no por vergüenza.

Una hora más tarde termina la clase, y los internos se van marchando. Me cuelgo la mochila al hombro. Gregg ha esperado ahí detrás para contarme que no va a venir la semana que viene porque lo van a soltar.

—Me han dado un empleo para trabajar en la compañía del metro —me dice.

—¿Vas a conducir un tren?

Me frunce el ceño, y me da la sensación de que acabo de malinterpretar algo básico, una vez más.

—Voy a arreglar las vías por la noche. Ahí los antecedentes no importan porque no hay público cerca.

—¿Y cómo te sientes?

—Algo es algo.

Se me retuerce un nudo en el estómago al pensar que uno de los pocos «algos» que hay para Gregg después de la cárcel sea un puesto de trabajo físico en las vías del metro.

Gregg se despide y se marcha. Me quito la mochila y la abro. Me arrodillo y palpo una vez más el interior para comprobar que no llevo nada que sea ilegal.

El deseo

> Mis sueños son un refugio estúpido, como un paraguas contra un rayo.
>
> FERNANDO PESSOA

Mis alumnos siguen pensando que soy gay. Durante una conversación sobre el conocimiento, un interno llamado Marcus utiliza el término «maricona», y los demás lo miran con cara de pocos amigos. Se vuelve hacia mí y dice:

—Perdón, jefe.

Le ofrezco una sonrisa amable y comprensiva y sigo dando clase como un heterosexual que no ha salido del armario. Parece que el hecho de que los alumnos crean que soy gay hace que mi presencia sea menos amenazadora para ellos, y yo, por mi parte, me siento más cómodo como su profesor.

La noche previa a una clase, Jamie y yo fotocopiamos unas lecturas sobre filosofía budista y, en ese momento, nos damos cuenta de que las páginas que hemos fotocopiado tienen imágenes tántricas de dioses y diosas en unión extática con un cielo azul de fondo. Los de seguridad ya nos han dicho que en el centro no está permitida ninguna imagen donde se vea una penetración. Hace poco que un funcionario colocó unos pósteres en las paredes de los rellanos con una lista del tipo de imágenes que se clasificarían como pornográficas y, por tanto, se considerarían contrabando. Los internos pueden poner pósteres de modelos en ropa interior en las paredes de sus celdas siempre que no enseñen ningún pezón, que no se vea ninguna vulva, mujeres orinando, ni penes erectos o semierectos.

Así que ya podemos ponernos a fotocopiar otra vez, únicamente el texto: Jamie y yo cogemos las tijeras y recortamos como locos todas las imágenes espirituales. Sobre nuestra mesa cae una lluvia de confeti de falos y pechos.

Tumbado en la cama, busco en Google: «¿Están permitidas las visitas conyugales en las cárceles del Reino Unido?». La respuesta es no.

Unas semanas más tarde llego al módulo de enseñanza del centro penitenciario y descubro que un reclutador de una cadena de comida rápida saludable está utilizando mi aula de costumbre para ofrecer empleos a los expresidiarios. Un funcionario enorme que se llama Baxter y tiene la mandíbula ancha, las mejillas picadas de viruelas y un antebrazo lleno de tatuajes me dice que use el aula nueve en lugar de esta. Abro la puerta del aula nueve y me encuentro unas estanterías altas de libros en medio de la sala. Tienen ruedas, así que las agarro por el lateral e intento empujarlas, pero no se mueven.

—¿Todo bien?

Me doy la vuelta y veo que Baxter está en la puerta, ofreciéndome su ayuda. También hay una mujer sentada ante la mesa del aula; nunca he hablado con ella, pero sé que se llama Anika.

—Lo tengo controlado.

Baxter se marcha.

Anika no despega la vista de los documentos que está rellenando.

—Disculpa, no me había dado cuenta de que estabas aquí —le digo.

—Vale —responde ella, que sigue sin levantar la mirada.

El pelo rubio de bote le cae por un lado de la cara. Sé

cómo se llama porque ya la había visto antes dando clase en el centro y le pregunté a un colega cómo se llamaba. Me parece guapa, igual que a todos los demás hombres del edificio. Tipos condenados por asesinato o por pirómanos se comportan como perfectos caballeros cuando están con ella. Me acuclillo, libero los frenos de la parte baja de las ruedas de la estantería, me incorporo de nuevo e intento moverla, pero continúa tan atascada como antes.

—Disculpa —le digo.

Sin apartar el bolígrafo del papel, Anika me mira por encima del borde superior de las gafas.

—Me preguntaba si sabrías decirme cómo funcionan estas ruedas. Creía que las había desbloqueado, pero las estanterías siguen sin moverse.

Se quita las gafas.

—Si desbloqueas las ruedas, las estanterías se mueven.

—Debo de estar haciéndolo mal.

Veo que mueve la pierna bajo la mesa en un gesto de irritación. Tiene la mandíbula afilada y los pómulos elevados. En una cárcel de hombres, su belleza —ya de por sí llamativa— adquiere tintes despiadados. La observo y me siento mal por los cientos de hombres que están metidos en sus celdas. O lo que es lo mismo, Anika me mira, me cala a la perfección, y me siento mal por mí mismo.

Cuando mi padre se metía en peleas de bares o tenía algún problema con la policía, yo veía a sus parejas cada vez más descontentas, cada vez más hartas, así que llegué a convencerme de que lo que las mujeres querían por encima de todo no eran tipos duros, sino hombres sensibles y con corazón. Apoyo el hombro y empujo las estanterías tan fuerte como puedo, pero no se mueven ni un centímetro.

Baxter está otra vez en la puerta.

—¡Vamos a echarle un vistazo a eso! —dice en cuanto me quito de en medio.

Agarra las estanterías y las mueve para echarlas a un lado.

—Gracias, agente —dice Anika con un suspiro.

—Eso, muchas gracias —repito.

Una hora después, los internos entran en fila en mi clase. Rodney llega y me dice que va a venir esta semana, pero no la siguiente, exactamente igual que lleva diciéndome las últimas cuatro semanas. Hay un alumno nuevo en clase, Jack, un antiguo contable camino de los sesenta años que ha ingresado en la cárcel por primera vez para cumplir una condena que durará seis. Lleva unas gafas de aire intelectual y un polo de un llamativo color turquesa que no ha empezado a desgastarse aún. Se sienta al lado de Solomon, que conoce bien la cárcel. Jack se queja de que no le han facilitado una pila de repuesto para su radio.

—Si alguien te habla de comprarte la radio, ven a mí primero —le dice Solomon—. Yo conozco a gente.

Cierro la puerta y les digo:

—Descartes planteó esta pregunta: ¿tenemos alguna manera de demostrar que no estamos en un sueño ahora mismo?

—Si esto es un sueño —dice Solomon—, ya verás el par de cositas bien dichas que me voy a decir a mí mismo cuando me despierte.

El resto del grupo se echa a reír.

Jack toma la palabra:

—Sé que no estoy soñando porque yo nunca sueño que estoy en la cárcel.

—Aún no llevas aquí el tiempo suficiente —replica Rodney.

Solomon saca los dos pulgares y se señala la cara:

—Yo sigo soñando con mi casa.

—Cabrón con suerte —ríe Rodney.

Solomon levanta los brazos, hace un mohín y vacila con un bailecito.

—Yo una vez soñé que estaba en casa —sigue Rodney—. Cuando intentaba coger algo, mi mano lo atravesaba hasta el fondo.

—¿Y cómo sabes que no sigues ahora en un sueño? —le pregunto—. ¿Cómo sabes que esto es la realidad?

—¿Y cuál es la diferencia, exactamente? —interviene Solomon—. Hace años, un día me desperté en el hospital y el médico me dijo que me había caído del balcón de mi casa. No me acordaba de nada porque iba muy puesto. Ni siquiera lo noté cuando estaba pasando. A veces tengo sueños de esos en que me siento como si me estuviera cayendo, que hasta siento el aire en los brazos.

—¿Cuál creéis que es la diferencia? —insisto.

Jack se toca el puente de las gafas.

—La realidad tiene sentido. Todo esto es demasiado lógico para ser un sueño. Es físico. Puedo tocar la silla. Me puedo tocar el reloj.

—Los sueños pueden ser físicos, chavalote —dice Solomon.

—Pero no físicos físicos. No como en la vida real.

—La otra noche, mi compa de celda se despertó gritando el nombre de su mujer, y tenía los gayumbos manchados. Me contó que había soñado que estaba con ella. —Solomon abre las manos ante sí, como si estuviera agarrando algo con la forma de una sandía—. Notaba su olor, su sabor. Podía tocarla.

Se me pone una sonrisa en la cara e intento cruzar una mirada con alguno de los internos, pero todos ellos están escuchando a Solomon con mucha atención.

—Los sueños pueden ser físicos. El compa tuvo que levantarse de la cama y cambiarse de gayumbos.

Rodney se apoya en el respaldo de la silla y se rasca el mentón.

—Muy bien —digo—, ¿qué implica ese sueño húmedo para la pregunta de Descartes?

La suerte

> Un hombre en el desierto puede ahuecar las manos, recibir en ellas la ausencia y saber que es algo que lo alimenta más que el agua. Cerca de El Taj hay una planta que él conoce: si le extraes el corazón, lo reemplaza con un fluido rico en nutrientes vegetales. Todas las mañanas, uno puede beberse el equivalente líquido al corazón que le falta.
>
> Michael Ondaatje

Hace siete años, mi hermano mayor Jason se mudó a su nuevo alojamiento. Dio cinco manos de pintura a unas paredes que solo necesitaban dos. Jason decía que quería estar seguro de que la casa quedara absolutamente blanca.

Fui a visitar a Jason tres días después, y su casa seguía apestando a pintura. Me recorrí el piso abriendo las ventanas para que entrara algo de aire. En el dormitorio me arrodillé sobre el colchón, me estiré para llegar hasta la ventana y la abrí. Me apoyé sobre la propia cama para levantarme de ella y me di cuenta de que había arrugado el edredón.

Hasta donde yo sé, lo de dormir en una cama no fue con Jason durante años; se quedaba dormido en una butaca con la cabeza caída hacia las rodillas. Sin embargo, llevaba los últimos trescientos setenta y cuatro días haciéndose la cama todas las mañanas antes de hacer cualquier otra cosa. En rehabilitación había aprendido a remeter las esquinas como en los hospitales.

Tiré de los bordes del edredón para alisarlo.

Me fui al salón, donde había una cuna nueva con un móvil del sistema solar colgado encima. Jason no había terminado de montarlo: Saturno, la Tierra y Venus continuaban sobre la alfombra. Me senté en el sofá mientras Jason permanecía de rodillas en el suelo vigilando a su hijo de siete meses, a su lado. Scott jugaba con un vasito amarillo de plástico, lo apretaba con la mano y lo volvía a soltar.

Yo tenía veinticuatro años, y Jason treinta y seis, pero él parecía mucho más avejentado. Había tenido la piel grisácea, aunque ahora se veía un rubor rojizo en sus mejillas. Se había puesto unos pantalones cortos nuevos. Durante los veinte años anteriores siempre iba con unos vaqueros de pernera ancha para las botas y una parka con la cremallera cerrada hasta la barbilla aunque estuviese a treinta grados. Había tenido las piernas flacuchas y llenas de bultos de antiguos abscesos, pero ahora que iba al gimnasio se le empezaban a definir los músculos de las pantorrillas.

Aquel día era la cuarta vez que veía a Jason en cuatro meses. Con eso ya lo había visto tantas veces como en los cuatro años anteriores. Tenía la piel bronceada, lo cual destacaba más aún las cicatrices que tenía distribuidas por el cuerpo: en la mejilla, en la línea del nacimiento del pelo, en la barba de tres días y en las manos. Cuando se levantó la camiseta, pude verle otra con la forma de un guijarro por debajo de las costillas. Siempre tenía que enterarme de cómo se había hecho cada una de las cicatrices, y ese día me di cuenta de que tenía una que salía desde un par de centímetros por encima de la rodilla, ascendía y desaparecía en la línea del límite de la pernera. Ladeé la cabeza para mirarla.

—¿Cómo te hiciste esa? —le pregunté.

Jason abrió la pierna, se subió los pantalones cortos y se señaló otra cicatriz más pequeña en el interior del muslo.

—Por ahí es por donde salió —dijo él.

—¿Qué fue lo que salió por ahí?

—Al mirar atrás, supongo que la mitad de la culpa fue mía. Andaba con malas compañías. Me desperté en una cocina. Eran las tres de la mañana en un bloque de protección oficial. Allí estaban un tío irlandés y su padre. Les debía pasta, y les estaba oyendo afilar el cuchillo en uno de esos afiladores. El colocón se me bajó a toda velocidad, y recuerdo que uno de los dos dijo: «Mételo en la parte de atrás de la furgo». Vinieron los dos a por mí, y yo no podía hacerles frente de ninguna de las maneras. Estaba demasiado débil por las drogas. Uno de ellos me dijo: «¿Dónde quieres que te pinchemos?».

Se me acalambraron los dedos de los pies escuchando a mi hermano. Me pellizqué en el pliegue del codo en un intento por dirigir la tensión a un solo punto.

—Le dije que «En ninguna parte», aunque uno de ellos soltó el brazo con el cuchillo en un movimiento lateral. Intenté esquivarlo, pero me caí hacia atrás y me fui al suelo de culo. Me quedé encajado entre la cocina y el frigorífico. Estaba que me cagaba encima. Sabía que esos dos ya habían matado a alguien a tiros, y me lo harían de la peor manera si me resistía, así que les dije que en la pierna.

Scott tenía alborotado el pelo en la coronilla. Jason se lo acarició para peinarlo.

—No me gusta que oigas este tipo de cosas, hermanito —me dijo—. ¿Por qué no le pongo los zapatos al pequeñajo y nos vamos al parque?

—Te apuñalaron.

Jason cogió del suelo uno de los vasitos amarillos de Scott y se lo volvió a poner a su hijo en el regazo.

—Se agacharon junto a mí, cada uno a un lado, me cogieron cada uno de un brazo, se lo pasaron por los hombros y me levantaron. Me apoyé en la encimera. El padre me clavó el cuchillo en la pierna, y lo primero que pensé fue: joder, que me acabo de comprar los vaqueros la semana pasada.

Scott se puso a cuatro patas y comenzó a balancearse, dubitativo.

—Lo que sentí fue como si me hubieran dado un puñetazo muy fuerte. No fue tan malo como yo creía. Pero me dejaron el cuchillo ahí clavado, y uno de ellos cogió carrerilla, vino hacia mí y le dio una patada al cuchillo. Me fui al suelo gritando joder joder joder joder joder.

Jason se llevó la mano a la boca.

—Perdona, peque. Papi no debería decir palabrotas. —Mi hermano se volvió hacia mí y me preguntó—: ¿Tú crees que lo habrá entendido?

—¿Cómo saliste de ahí con vida? No te preocupes, que Scott no lo ha entendido.

Le acarició la mejilla a su hijo.

—Estaba chillando esa palabra. Uno de ellos dijo: «Va a despertar a todo el mundo». El padre abrió la puerta de la cocina que daba a la calle, y el otro agarró el cuchillo y lo meneó para sacarlo por el otro lado. Volví a chillar, y uno le dijo al otro que dejara de hacer ruido. Me levantaron del suelo, me sacaron a la calle y me dejaron allí. Pillé el móvil y traté de escribir un mensaje, pero iba perdiendo el conocimiento cada dos por tres. Se me cayó el móvil. Al otro lado del aparcamiento vi a un tío con una mujer, fui cojeando hacia ellos, pidiendo ayuda a gritos, y me caí al suelo. El tío le pasó el brazo por los hombros a la mujer y se largaron en dirección contraria. «Borracho», le oí decir.

Scott se retorció y bajó la cara. Mi hermano lo levantó y le olió el pañal.

—Se ha cagado. —Jason se estiró sin levantarse del suelo para coger una bolsa de bebé con animalitos azules—. Conseguí reunir fuerzas para levantarme y caminar tambaleándome, y los pies me chapoteaban en las zapatillas porque las tenía empapadas de sangre. Llegué a las torres de pisos y llamé a todos los telefonillos. Me pesaban los párpados y los tenía calientes. Sonó un «Hola» en el telefonillo. «Me han apuñalado», dije. «¿Puede llamar a una ambulancia?» La voz dijo un montón de cosas en un idioma extranjero, y dije: «¡Ayuda! Ambulancia. Llame al 999. Estoy sangrando». Oí el clic cuando colgaron.

Jason dejó a Scott sobre una esterilla de plástico y le abrió los botones del pelele. Sacó de la bolsa unos pañales y unas toallitas y colocó un pañal limpio debajo de su hijo.

—Estaba apoyado en la pared. Fui tambaleándome hacia una luz que veía, de la gasolinera probablemente, pero me torcí el tobillo en un callejón y me caí. Intenté arrastrarme con los brazos, pero me raspé la cadera contra el suelo. Me quedé allí tirado y cerré los ojos. ¿Sabes eso que dicen de que antes de morirte se te pasan por la cabeza las imágenes de tu vida? Pues yo me acordé de cosas en las que no pensaba desde hacía años. Me daba cuenta de que me estaba yendo.

Sentí el estómago revuelto: ese olor tan fuerte a pintura, otra vez. Scott soltó un grito.

—Ya lo sé, peque. —Jason se inclinó para tocar con la nariz la de su hijo.

El niño llevó la mano hacia la cara de su padre y se quedó en silencio.

—Entonces olí algo y abrí los ojos. Estaba tirado justo al lado de una mierda de perro, y pensé: me da igual lo que pase, yo no me muero en una mierda de perro. Saqué las fuerzas suficientes para arrastrarme hasta la acera. Lo siguiente que recuerdo es a un tío que me tapaba con una manta y me decía que la ambulancia estaba al llegar.

Jason abrió las lengüetas de los laterales del pañal de Scott, se lo quitó y lo metió en una bolsa de basura. Me volví a echar sobre el respaldo del sofá, agotado con aquella historia.

Mi hermano sacó una toallita y limpió la caca del pliegue de la piel de Scott entre la pierna y la ingle.

Por culpa de una pelea en el módulo, los funcionarios solo han podido trasladar a dos internos hasta mi clase. Me siento ante la mesa, enfrente de Samson y Patrick. El primero tiene bolsas bajo los ojos y las cejas bastante altas, de manera que siempre parece estar a la vez agotado y sorprendido. Las líneas azuladas de las venas se le ven a través de la pálida piel de las sienes. No ha dicho esta boca es mía desde que empezó la clase hace diez minutos. Mañana será el trigésimo cumpleaños de Patrick, que ha vuelto a la cárcel después de pasar tan solo dos semanas fuera. Tiene largos los dientes por las encías retraídas a causa de la heroína.

—Imaginaos dos mundos ficticios —les digo a ambos—. En uno de ellos le pasan cosas buenas a la buena gente y cosas malas a la gente mala: es el Mundo Justo. En ese mundo, la gente es responsable de su situación y no recibe ni más ni menos de lo que se merece.

—Eso me parece bien. El problema es que la mayoría de la gente no piensa así. Tienen demasiada autocompasión. Igual que aquí dentro, tanta gente quejándose de que no se merece estar en la cárcel —dice Patrick.

—En el otro mundo imaginario, el Mundo de la Suerte, es posible que no les pillen. Todo se decide allí con un dado: tus ingresos, la educación, la salud mental, si eres un juez que sentencia a la gente o si eres tú quien acaba en la cárcel. Tus expectativas vitales. En el Mundo de la Suerte, un día le pueden pasar cosas buenas a la gente mala y cosas malas al día siguiente, o no. Todo depende por completo del azar. La gente no es responsable de su situación.

—Tienes razón —dice Patrick—. Ese mundo es imaginario.

—Entonces te parece que nuestro mundo se parece más al Mundo Justo que al de la Suerte —le digo.

—Estoy en la cárcel porque yo tomé una decisión: la de meterme heroína en el cuerpo. —Patrick se señala el cuello con el dedo y no alcanzo a ver en él ninguna vena viva—. Es más fácil decir que has tenido mala suerte que afrontar tu propia inmadurez —añade.

—¿Y si la gente no fuese culpable de su inmadurez? —le pregunto.

—Tengo treinta putos años y no he madurado aún. Mi hijo pequeño va a cumplir siete este año. No puedo seguir entrando en la cárcel, o, si no, cuando me quiera dar cuenta será ya un adulto.

Miro a Samson, pero él tiene la mirada perdida.

—En el Mundo de la Suerte —digo—, juegan a la oca porque ganar o perder no tiene nada que ver con tus habilidades. Es un juego de azar total. En el Mundo Justo juegan al ajedrez porque ahí no hay ningún factor aleatorio: gana el mejor.

Apoyo los codos sobre la mesa.

—¿Y nosotros? —digo—. Nuestra vida se desarrolla en la frontera borrosa entre el Mundo Justo y el Mundo de la Suerte. La vida es un juego de habilidad, pero también es aleatorio.

Miro a Samson, que parpadea una sola vez pero no me devuelve la mirada.

—Solo podemos ser responsables de las cosas sobre las que tenemos control —digo—, pero son las cosas que escapan de nuestro control las que dan forma a la mayor parte de lo que somos. Nosotros no decidimos si tenemos una infancia traumática o una personalidad adictiva.

—Los actos tienen consecuencias —afirma Patrick—. Estoy harto de las excusas. La gente te cuenta mierdas sobre la mala suerte que tuvieron por la infancia tan horrible que les tocó vivir, y me dan ganas de decirles: «Tu mala infancia no fue a buscar la heroína para que te la metieses, fuiste tú». Si yo recaigo, lo que encuentren en mi test de orina no será mala suerte, precisamente.

—Yo creo que somos un accidente. Todos y cada uno de nosotros podríamos haber sido cualquier otra persona —digo yo.

—Puedes ser otra persona si cambias de conducta. ¿Que un tío quiere salir de la delincuencia? Pues deja de ponerte la sudadera con capucha y cómprate unos putos pantalones de vestir. Cuando hagas eso, la peña dejará de buscarte. Y tú sigues con tu vida.

—Hay gente que tiene la suerte de no tener que preocuparse por la peña —le digo.

—Si ellos te miran, pues te cambias de acera y te piras de allí.

—¿La vida es un juego sin factores aleatorios, entonces? ¿En serio?

—Fui yo quien se metió en la cárcel. La próxima vez podré mantenerme fuera —me responde Patrick.

Me vuelvo hacia Samson. Es como si el hombre estuviese en otra parte.

—¿Nuestro mundo se parece más al Justo o al de la Suerte? —planteo.

Sin desviar la mirada, contesta:

—Estoy aquí por conducción temeraria con resultado de muerte. Yo ya no sé quién soy. He matado a alguien, pero no soy un asesino.

Una hora más tarde voy caminando por el rellano y alguien a mi espalda me llama a voces. Me doy la vuelta y veo que es Osman, uno de los internos que deberían haber estado en mi grupo hoy. Chocamos los puños y me llega el olor del jazmín y el sándalo. Se ha puesto Attar, un perfume que el centro incluye en la sección de «productos islámicos» de la lista de la cantina. Osman me cuenta que no va a volver a mi clase porque tiene un empleo en la cocina. Llevaba cerca de un año en la lista de espera para uno de esos empleos. Le quedan cuatro años de condena, y mi curso de filosofía apenas dura diez semanas. Necesita algo que le ofrezca una distracción a más largo plazo.

—¿De qué habéis hablado hoy? —me pregunta.

—De la suerte —respondo.

—Yo no sé qué es eso.

—¿Nunca has tenido suerte?

—Vas a tener que preguntarle a otro. Yo nunca pienso en la suerte. Te tiene mirando por la ventana.

—¿Nunca has tenido mala suerte?

—He estado fregando cacerolas. Después secándolas. Después guardándolas —se ríe Osman.

—¿Y después de eso?

—Después de eso vuelvo al día siguiente y friego, seco y guardo.

Viví con mi hermano durante la primera parte de mi infancia. Cuando él se rapó la cabeza, yo quise rapármela también. Cuando él se ponía a jugar con el ordenador, yo también quería jugar. Una vez le dijo a mi madre por simple diversión que yo le había enseñado el dedo a un coche de policía que pasaba y les había llamado «cabrones», y yo lo negué y me eché a llorar. Cuando me calmé, él se disculpó.

—Lo he dicho solo porque es algo que tú no harías jamás —me dijo.

—No tiene gracia —le dije yo.

En la segunda mitad de mi infancia tan solo veía a Jason unas pocas veces al año. Estaba en la cárcel, y cuando no lo estaba llevaba una vida muy caótica. La noche en que lo apuñalaron yo tendría unos catorce años y vivía con mi padrastro. Hijo de un huérfano, mi padrastro era un esforzado comercial de dobles acristalamientos que había sido capaz de comprarse su propia casa. Mientras Jason andaba llamando a los telefonillos con la esperanza de que alguien le ofreciese ayuda, yo debía de estar durmiendo en mi cama.

Echaba de menos a Jason a todas horas. En mi adolescencia iba a fiestas en casa de mis amigos donde me ofrecían drogas y alcohol, y siempre los rechazaba. De haberme colocado, me habría sentido como si estuviera diciendo que aquello por lo que estaba pasando Jason no era real o que no importaba. Me marchaba justo cuando la noche comenzaba a coger ritmo, y, en el paseo de camino a casa, cualquier tristeza que sintiese por estar perdiéndome algo quedaba enterrada bajo algo mucho más grande. Pasármelo bomba mientras mi hermano estaba entre rejas me habría hecho sentir una persona detestable. Era abstemio, en honor a Jason. Era una forma de quererlo en su ausencia.

Jason cree que es posible que pasara por la cárcel en unas doce ocasiones antes de ser padre de Scott. Unas veces lo encerraban durante unas semanas. Otras estuvo dieciocho meses. Casi todas sus condenas eran por algún delito relacionado con las drogas. Un día iba tan puesto ante el juez que se quedó dormido en el estrado. En otra ocasión, de madrugada, Jason iba borracho cuando vio que venía por la calle un coche de la policía. Se plantó en el asfalto, le soltó una patada al vehículo al pasar por delante de él y gritó «¡Taxi!». La policía no se detuvo, Jason se quedó allí en medio de la calle viendo cómo se alejaba el coche patrulla.

Entró en prisión por primera vez cuando tenía dieciséis años. Algo así como una década más tarde, cuando yo cumplí los dieciséis años, estaba esperando a mi hermano en los columpios de un parque, tres kilómetros más abajo por la carretera de la cárcel de la que lo iban a soltar esa mañana. En la mochila llevaba un sobre con ochenta y siete libras que me había dado uno de mis tíos para que se las pasara a Jason.

Él apareció dos horas más tarde apestando a maría. Al verlo se me rompió el corazón por el tiempo que hacía desde la última vez que lo había visto. Le entregué el sobre y nos fuimos a una farmacia. El farmacéutico le dio a Jason su toma diaria de metadona. Eran cien mililitros, la dosis más alta posible. Jason me dio la espalda y se la bebió.

Salimos a la calle.

—¿Tienes que tomarte la metadona todos los días? —le pregunté.

—Sí. No quiero que tú hagas eso nunca.

—No voy a hacerlo.

—Si tú te bebes lo que me acabo de beber yo ahí dentro, te matará.

Me hizo sentir que el hecho de seguir vivo significaba que estaba en deuda con mi hermano.

Fuimos al centro caminando. Yo era muy fan de *Star Trek* en aquella época y me podía pasar horas delante de la tele escapándome a un mundo en el que la humanidad había superado todo tipo de guerras, hambrunas y enfermedades. Jason se ofreció a robar un cofre de DVD de la serie completa en una tienda de la galería comercial.

—No tienes por qué hacerlo —le dije.

—Quiero hacerlo —insistió.

—Te lo agradezco mucho, pero no quiero que lo hagas.

—Vale, porque a lo mejor me costaba un poco. Tengo prohibido el acceso a la galería.

—No te preocupes. El detalle es lo que cuenta.

En la calle principal, Jason saludó con un gesto de asentimiento a un amigo suyo, Chris, que estaba vendiendo el *Big Issue*.*

—Me alegra verte de vuelta, Jason —voceó Chris.

Dos agentes de policía presenciaron la conversación, se acercaron y le dijeron a Jason que iban a efectuarle un registro. Jason se vació los bolsillos y abrió los brazos. Chris se quejó de que no tenían ningún derecho a registrar a Jason, y, acto seguido, los agentes lo registraron a él también.

Me saqué de los bolsillos el móvil, las llaves y la cartera y di un paso hacia los agentes.

—No hace falta que le registremos a usted —me dijo uno de ellos.

Me quedé allí plantado, ofreciéndoles mis cosas en la mano.

—Por favor, señor, apártese —me dijo el agente.

* Periódico de obra social que venden personas sin hogar o en riesgo de pobreza. *(N. del t.)*

El hecho de que mi vida haya sido menos dura que la de Jason ha influido en el modo en que yo lo vivo casi todo. Una de mis sensaciones preferidas es la emoción del momento en que se apagan las luces en el cine y la película está a punto de comenzar. Cuando cumplí veinte años, mi hermano entró en la cárcel para un periodo de un año. Fui al cine y se apagaron las luces, pero no sentí esa expectación. En cambio, sentí nostalgia de lo emocionante que era antes la experiencia. El placer se había perdido por un problema fundamental: ¿cómo podía tener yo tanta suerte?

No lloraba por el hecho de que Jason no estuviera. Las lágrimas siempre parecían inminentes, pero nunca llegaban. Sentía punzadas en la garganta como si estuviera a punto de rebosar. La tristeza, igual que la emoción, estaba ahí mismo, pero ese «ahí mismo» estaba a un mundo de distancia.

En ese periodo me quedaba absorto con series de televisión y películas sobre la cárcel, como *Oz* y *Escoria*. Las veía para mantener alguna clase de conexión con Jason; intentaba no apartar la mirada ante la violencia en la pantalla. Leía memorias penitenciarias como las de John Healy, *The Grass Arena* o *En el vientre de la bestia*, de Jack Henry Abbott, en un intento por comprender cómo sobrevive la gente a la deshumanización, si es que lo hacen. Empecé a leer las memorias de Primo Levi sobre su encarcelamiento en Auschwitz, *Si esto es un hombre*. Trata sobre las formas más extremas de deshumanización que han tenido lugar jamás, así que me sorprendí al leer las palabras con las que arranca: «Tuve la suerte de...».

Levi veía a innumerables personas desfilar camino de su ejecución, pero, por alguna clase de lógica arbitraria y cruel, él seguía vivo. Tuvo la suerte de haber sobrevivido, pero esa suerte lo atormentaba; era incapaz de sacudirse la sensación de que estaba vivo en lugar de otro, como si él fuese «el Caín de su hermano». En el prefacio de *Los hundidos y los salvados* decía que no se le debía considerar un «verdadero testigo» de Auschwitz. Los únicos testigos verdaderos, pensaba él, eran quienes habían muerto. Al final de *La tregua* describe un sueño recurrente en el que está sentado con sus amigos en un jardín. Al principio siente serenidad, pero surge una angustia sutil. Poco a poco, todo se viene abajo, se destruye, la escena, las paredes, la gente, hasta que solo queda él en el centro de un vacío turbio y grisáceo. Fuera del *Lager** nada es verdad.

La lectura de la obra de Levi puso a prueba mi capacidad para comprender. La dimensión de aquello era mucho mayor y la estructura mucho más diabólica que la de mi propia historia de ser el Caín de mi hermano. Sin embargo, me sentí agradecido a Levi por mostrar con tanta precisión lo devastadora que puede ser la vergüenza del superviviente para tu sentido de la realidad. En una tarde de domingo en aquella época, estaba tirado en el sofá de mi novia de aquel entonces, Eleanor, con los pies en su regazo. Eleanor había estado comiendo fruta, y la habitación olía a naranja. Comenzó a hacerme un masaje en la planta del pie con esos dedos suyos tan finos y elegantes. Cerré los ojos para disfrutar de la sensación relajada, pero fue un recuerdo lo que se apoderó de mis pensamientos.

La última vez que había visto a Jason compartíamos una habitación de hotel. Antes de irse a la cama tenía que inyectarse heroína para poder dormir. Se pinchaba con la aguja en la planta del pie durante algo así como una hora, hasta que encontraba una vena. No dejaba de pedirme perdón. Tenía pinta de dolerle mucho.

Eleanor seguía masajeándome el pie. Abrí los ojos y observé sus manos, que me apretaban los dedos del pie, pero ya no sentía ninguna liberación. Era como si tuviese el pie vacío por dentro. Eleanor se apartó el pelo detrás de la oreja, pero había algo en aquel movimiento que parecía fuera de sitio,

* En alemán, forma abreviada de *Konzentrationslager*, «campo de concentración». *(N. del t.)*

como si fuese una marioneta y alguien le estuviera manipulando la mano. Charlaba conmigo y me contaba cosas sobre su jornada aquel día, pero era como si sus palabras se hubieran descompuesto en sonidos inconexos. Sentí pánico por no saber cómo volver a unirlos. Tenía la clara sensación de que todo era falso. Intenté responderle algo a Eleanor, pero mis palabras me sonaban diminutas. Observé cómo mi voz pasaba por mis labios y los abandonaba.

Momentos como aquel me asaltaban a menudo durante mis últimos años de la adolescencia, hasta entrar en la veintena. Podía estar divirtiéndome, pensar entonces en Jason, y el peso de su realidad hacía que la mía se desmoronase. Estuviera donde estuviese, no podía perder de vista el sufrimiento de mi hermano.

Jason no ha vuelto a la cárcel desde que fue padre, hace ya siete años. Hoy es feliz, así que yo debería ser capaz de reclamar por extensión mi propia felicidad, pero al trabajar en la cárcel he conocido a gente que sigue sumida en lo peor del suplicio. Hace un mes tuve en clase a un alumno nuevo de una edad similar a la mía, Reiss. Llevaba una ancha melena rubia a lo afro y tenía varias cicatrices horizontales que le descendían por la cara interna del antebrazo. Me contó que quería hacerse un tatuaje para taparlas, quizá unas rosas o unos personajes de cómic, o una manga negra entera.

Dos semanas más tarde, un funcionario de prisiones entró en mi aula antes de la clase y me entregó una carpeta roja. Era un documento de vigilancia preventiva ante el suicidio, por Reiss. La abrí y leí algunas de las anotaciones de los funcionarios del día anterior: «Come un poco», «Muy callado», «Parece cansado». A las dos de la madrugada, el funcionario que miró por la portezuela de inspección de la celda de Reiss escribió: «Está en la cama. Parece que respira». A las cuatro de la mañana decía: «Se ha movido. Parece estar vivo».

El fin de semana siguiente estaba visitando a un amigo en el campo y salí a correr por el monte. Aceleré más allá de mi barrera del dolor. Las endorfinas me llegaban al cerebro en cascada. El cielo era de un azul infinito, había montones de manzanos con flores blancas. Una imagen de Reiss me vino de golpe a la mente. El hombre estaba en su celda.

Me detuve.

Observé las colinas. Eran algo que Reiss no podía ver.

El día después de mi clase con Patrick estoy con mi hermano en su apartamento. En el sofá tiene dos cojines de estilo batik que hizo él mismo en un grupo de apoyo para extoxicómanos. Tienen un dibujo de elefantes azules teñidos con una plantilla. Cada vez que Jason se levanta del sofá, ahueca los cojines y los coloca en perfecto orden. Es uno de los rituales que conserva de su recuperación además de fregar los platos y los cubiertos en cuanto termina de comer y comprobar todos los días si necesita agua el helecho del alféizar de su ventana.

En mi adolescencia, Jason no estaba ahí conmigo, pero yo lo tenía muy presente en mi corazón. Hoy lo tengo aquí delante, pero no sé qué hacer. Cada vez que vengo a su apartamento me dan ganas de estrecharlo entre mis brazos, pero me quedo ahí, tan torpe, sin saber dónde ponerme ni qué hacer con las manos. Cuando Jason se desintoxicó, fue como si hubiera regresado de entre los muertos, pero yo no había terminado aún con mi duelo por su ausencia. Necesitaba que me hablase de las cicatrices que tenía en el cuerpo, igual que el discípulo Tomás se negó a aceptar que Jesús había resucitado hasta que metió la mano en las llagas de Cristo. Ahora bien, cuando mi hermano me contó la historia de su cicatriz del muslo, me pareció aún más difícil apegarme al hecho de que siguiera vivo.

Siete años después de que Jason pintara de blanco las paredes de su piso, el hecho de que esté aquí sigue pareciendo tan solo provisionalmente cierto. A veces veo los objetos que tiene en su casa —los cojines del sofá, los platos, cuencos y tazas, la tele y la mesita del salón— y me imagino la facilidad con que podrían meterse en una caja y dejarlos en la calle. Vendrían unos desconocidos, rebuscarían entre ellos y se los llevarían a sus casas. El Jason ausente era el hermano con el que yo crecí. Mi amor por él es tan insistente como nunca.

Ahora, mi hermano tiene un hijo de dos años que se llama Dean. En el sofá, Jason quiere mostrarme una foto de sus hijos jugando juntos en el parque. Se lleva la mano al bolsillo.

—Ese cabrón —dice.

Ayer alguien pasó por delante de él en bicicleta y le mangó el móvil de la mano.

Unos minutos después, Jason quiere comprobar cómo va el marcador de un partido de fútbol y se vuelve a llevar la mano al bolsillo.

—Joder. Qué hijoputa... Mis fotos, mis contactos. Te lo juro, Andy, jamás le voy a volver a mangar a nadie el móvil.

Me echo a reír.

Jason tiene de vez en cuando alguno de estos momentos en que ha sido víctima de algún delito y se acuerda de haberlo cometido él también. El año pasado salió una mañana por la puerta de su casa y se encontró con que habían reventado el parabrisas del coche de su novia. Recordó una ocasión quince años antes en la que él forzó unos treinta coches en una sola velada. No había vuelto a acordarse de aquello hasta que se vio recogiendo los cristales de la silla de bebé de Dean.

Veinte minutos más tarde, Jason y yo estamos en su cocina. Está calentando en el microondas un rollito de salchicha vegetariana que ha comprado especialmente para mi visita.

—¿Sigues dando clase en la cárcel? —me pregunta.

—Sí —contesto.

—¿Qué tenía de malo el trabajo que tenías antes?

—Me gusta este trabajo.

—Más vale que te andes con ojo. ¿Alguien te ha dicho algo?

—Me han preguntado qué tal mis vacaciones con mi novio.

—¿Por qué tienes que trabajar en una cárcel? —dice.

Cuando yo tenía dieciocho años, Jason me presentó a uno de sus amigos diciendo: «Este es mi hermano pequeño. Nunca se ha drogado, ni bebido, ni se ha fumado un piti siquiera». Unos meses después, ese amigo se colocó, se quedó dormido en la hierba y ya no se despertó. Un año después, Jason me presentó a otro amigo. «Es increíble que sea mi hermano, ¿verdad? Jamás ha probado nada.» Ese amigo fue a la cárcel cuatro años. El día en que salió, robó un coche, lo estampó contra un muro y se mató. Aún hoy, cuando Jason me presenta a sus colegas, sigue diciendo «Andy no se ha dado ni a las drogas ni a la bebida, a nada». No le gusta que trabaje en la cárcel, quiere mantener viva mi inocencia.

En la cocina se mete la mano en el bolsillo en busca del móvil.

—Hijos de puta —dice.

Vuelvo a reírme de él.

—¿En qué centro estás trabajando? —me pregunta.

—En uno de máxima seguridad. En un par de cárceles victorianas. En una de régimen abierto. El mes que viene empiezo en otras dos —le cuento.

Salta el timbrazo del microondas. Lo abre, saca el plato y me ofrece mi comida.

—Hay que joderse, hermanito —me dice—. Que ya has estado casi en tantas cárceles como yo.

Dos días después voy caminando hacia el centro penitenciario y siento un pinchazo en una de las muelas del fondo.

Paso por delante de dos farmacias sin entrar a comprar analgésicos. Veinte minutos más tarde, en la cárcel, entro en el módulo. Están abriendo el cierre a unos quinientos hombres que se han pasado catorce horas encerrados entre rejas. Oigo gritos y el ruido de pasos y alarmas de una celda en el rellano superior al mío. La adrenalina me corre por las extremidades y dejo de sentir el dolor de muelas.

Unos minutos más tarde formo el círculo de sillas en el aula, salvo por una, ya que Osman no va a venir más. Tengo la carpeta roja de Reiss sobre mi mesa. Por la ventana que da a la pared de la cárcel entra una luz grisácea que inunda la habitación. Al otro lado de la puerta del aula, un funcionario grita «libre circulación».

El primero en llegar es Barry, un galés al que le falta un dedo en la mano derecha. Ya me había contado en alguna otra ocasión que está encerrado a causa de una broma que no le hizo ninguna gracia a un amigo suyo. Tiene una risa estridente que me atraviesa; otra vez me palpita la muela.

Reiss entra y toma asiento. Lleva una camiseta blanca limpia y da la impresión de que está ido. No parece dormido, sino ausente, como si fuera ligeramente colocado o como si le acabaran de cambiar la medicación. El resto de los internos va entrando poco a poco y sentándose. Los dos hombres que Reiss tiene a cada lado hablan entre sí, pero él se mira las uñas con aire distante.

Cierro la puerta y comienzo la clase:

—El político romano Boecio está en una celda en la cárcel, cuando se le aparece la dama Filosofía.

—¿Una mujer entra en su celda? —pregunta Barry.

—Boecio se la está imaginando. La dama es un recurso literario. Él se está lamentando de su mala suerte por estar encarcelado, y la dama Filosofía le enseña una lección.

—Ya podía yo haber conocido a la dama Filosofía cuando estaba lamentándome en mi celda —dice Barry.

Algunos internos sueltan una risita. A mí me duele la muela.

—¿Por qué lo habían encerrado?

—Por traición —respondo a Barry—. Aunque todo lo que hizo fue mantenerse fiel al antiguo régimen durante un cambio de poder. Mientras espera su ejecución, exclama: «Fortuna debería sentirse avergonzada por castigar a un hombre inocente», así que la dama Filosofía le muestra cómo es en realidad Fortuna, la diosa romana de la suerte.

—¿Es que hay una dama y una diosa en su celda?

—Nosotros ni siquiera tenemos visitas conyugales —interviene Jerome.

Jerome tiene cincuenta y pocos años y lleva desde la adolescencia entrando y saliendo de la cárcel. Su acento va y viene entre el irlandés de su infancia y el *cockney* del East End londinense de su vida actual. Tiene los brazos gruesos y grisáceos. No alcanzo a ver ninguna vena bajo su piel, ya que no le quedará por allí ninguna viva. Conoció a la directora de este centro cuando la mujer era una funcionaria en formación. El hombre tiene una sonrisa infantil y le tiembla la mano.

—La dama Filosofía le dice a Boecio que, en realidad, es un hombre afortunado —les cuento.

—Claro —coincide Jerome—. Solo porque estés encerrado no significa que no tengas suerte.

Los internos hacen sonidos de aprobación. Uno masculla que él tiene la suerte de que su madre todavía vaya a visitarlo. Otro menciona que él tiene una radio. La charla se extiende por el aula. Se cuentan unos a otros en qué se consideran afortunados: por tener una celda individual, por sobrevivir a un apuñalamiento, por un trabajo fregando el rellano.

—Estar aquí sirve para proteger a la gente a la que yo quiero —dice Reiss.

Siento un pinchazo de dolor en la muela atrás del todo, me llevo la mano ahuecada a la cara y cierro los ojos.

—¿Te duele una muela? ¡Ve a la enfermería! —dice Barry.

Me aparto la mano de la cara.

—No es nada.

—Pídele algo al dentista. O, si preguntas a alguien por el ala, a lo mejor te dan algo un poco más fuerte. —Barry se ríe de su propia frase.

Me masajeo la encía con la lengua a ver si consigo suavizar el dolor.

—¿Puedo ir contigo? Llevo meses intentando que me vean. Cada vez que llega la fecha de mi cita hay un confinamiento y no puedo ir.

—Te saldrá un absceso —le digo a Barry.

—Por ahora solo me duele lo normal.

—Es que tengo los dientes hipersensibles.

—¿Cómo lo sabes? Tienes que cuidarte, Andy.

Unos instantes después, Reiss le quita el capuchón a su bolígrafo, lo sujeta entre los dientes frontales y lo muerde. Desplaza el capuchón hacia las muelas y aprieta la mandíbula. Oigo el crujido del plástico.

—La dama Filosofía le dice a Boecio que, en realidad, es un hombre afortunado —insisto—. Le recuerda que tiene un suegro que está muy enfadado por lo que está sufriendo el propio Boecio, una esposa que todavía lo quiere y unos hijos que se comportan bien. Y la dama Filosofía le dice: «Nada es una desdicha, solo el pensamiento hace que lo sea».

—La suerte es cuestión de percepciones —dice Jerome—. Da igual lo mala que sea tu situación, que puedes seguir considerándote afortunado. Mi compañero de celda es de Eritrea, y no se puede creer lo bien que se está aquí. Dice que en su país encierran a los presos en contenedores de barco en medio del desierto, a treinta a la vez. Le oigo contar eso y me pone las cosas en perspectiva.

—Pero un hombre que ve todas las situaciones como una suerte se engaña a sí mismo —dice Barry.

—O no ha perdido aún la imaginación —dice Jerome.

—Pues yo tengo un compañero de celda que durante el

día no dice ni una palabra y se pasa toda la noche riéndose en sueños —dice Barry.

—A eso le puedes encontrar su parte positiva —dice Jerome.

—Cuando tengas tanta falta de sueño como yo, vienes y me lo cuentas.

A Jerome le tiembla la mano.

—No estoy diciendo que tener una mentalidad positiva sea bueno siempre.

Me inclino hacia delante y pregunto:

—¿Por qué no?

—Es muy fácil sentirse afortunado en la cárcel —contesta Jerome—. Me basta con mirar dos segundos a mi alrededor y veo a alguien peor parado que yo. Tú no conociste a tu padre, pero él no conoció a su padre ni a su madre. A ti te adoptaron, pero el siguiente tío al que ves jamás puso un pie en el colegio. Pensar que he tenido suerte me ha ayudado a tirar para arriba, pero el hecho de que se me dé bien tirar para arriba no es algo de lo que me sienta orgulloso ya, porque como sé que puedo volver a tirar para arriba y salir de situaciones turbias, deja de importarme si me meto en líos o no.

—¿Significa eso que deberías dejar de pensar que tienes suerte? —le pregunto.

—Pues no soy yo de los que se consideran desafortunados, pero tampoco puedo seguir diciendo que tengo suerte. Necesito otra palabra —dice Jerome.

Oigo un ruido de llaves en la puerta. La abre un funcionario y entra Osman, el interno que dejó mi clase por un trabajo en la cocina. Coge una silla de un extremo del aula y se sienta en el círculo. El funcionario cierra la puerta con llave y se marcha.

—Creía que... —empiezo a decir.

—No quiero hablar de eso —me interrumpe.

—Vale. Estamos hablando sobre Fortuna, la diosa romana de la su...

—¡Mi puto hermano! —exclama Osman—. Mi madre no me ha contado que estaba aquí dentro. Tampoco me sorprende: ella piensa que él no ha roto un plato en su vida.

—¿Qué ha pasado? —le pregunta Jerome.

—Me he tirado los últimos días trabajando en la cocina. Currando a destajo. Ha estado genial. He dormido como un bebé. Entonces llego hoy y me lo encuentro allí metido, a mi hermano pequeño. El tío ha conseguido un puesto en la cocina con algún chanchullo.

—Osman, no dejes el trabajo en la cocina —dice Jerome—. Intenta olvidarte de que tu hermano está ahí.

—Odia cocinar y fregar. Ha pillado ese trabajo solo para cabrearme —dice Osman.

Los internos se miran los unos a los otros con una cara rara. Osman apoya los codos en las rodillas y se masajea en las sienes con los pulgares.

Unos minutos más tarde, Jerome y Barry debaten sobre la idea de la dama Filosofía de que «Nada es una desdicha, solo el pensamiento hace que lo sea».

Barry levanta la mano y dice:

—La gente que es feliz suele decir que tiene suerte, ¿verdad que sí? Boecio está intentando darle la vuelta al mecanismo con tal de conseguir algo de felicidad a base de decirse que tiene suerte. Es como si la dama Filosofía le hubiera regalado el gordo de la lotería. Pero todos sabemos que en realidad no tiene suerte. Únicamente ha soñado con una mujer que le decía que sí tiene suerte solo para que no se pegue un tiro y se vuele los putos sesos.

Miro a Reiss. Desplaza con la lengua el capuchón del bolígrafo de un lado de la boca al otro. Sorbe la saliva, se la traga y sigue masticando.

Jerome se inclina hacia delante y dice:

—Pero a Boecio lo han encerrado de forma injusta. Una vez me cayeron once meses por algo que no había hecho.

He pasado muchas veces por la cárcel. Otra vez cumplí seis años y siete meses, y me merecía todos y cada uno de esos días, porque era culpable, pero esos once meses fueron mucho más difíciles de cumplir que los seis años.

—¿Por qué? —le pregunto.

—En los seis años tuve una actitud positiva. Leía, iba al gimnasio, a los grupos de apoyo, ayudaba a la gente que acababa de ingresar en prisión. Durante los once meses, sin embargo, la única energía que era capaz de encontrar era la ira. Me veía incapaz de superar lo injusto que era. Y era como si me dedicase a abrirme paso a puñetazos a lo largo de todos y cada uno de los días de aquella condena.

—¿Significa eso que Boecio se considera un hombre con suerte? —le pregunto.

—Si no lo hace, va a terminar quemadísimo —dice Jerome.

La muela me da otra punzada. Observo al grupo. Osman tiene pinta de no querer que nadie le hable. Reiss tiene los párpados caídos, así que tampoco puedo averiguar su estado de ánimo. Le pregunto:

—¿Boecio tiene que pensar que es un hombre de suerte?

Reiss se saca de la boca el capuchón del bolígrafo. El plástico negro está roído con marcas de dientes. Sorbe el exceso de saliva.

—¿Para cuánto tiempo estaba encerrado Boecio? —pregunta.

—Solo hasta su ejecución. No mucho —le digo.

—¿Y la dama Filosofía seguiría diciéndole a Boecio que tiene suerte si continuara visitándolo después de diez años?

—No lo sé —le digo a Reiss—. ¿Debería?

Se encoge de hombros.

Añado:

—El filósofo alemán Hegel pensaba que la actitud de Boecio tenía unos efectos extraños en la gente con el paso del tiempo.

Atisbo una chispa de emoción en el rostro de Reiss.

—¿Como qué?

—Hegel decía que si uno no deja de repetirse el mantra de que no hay nada verdaderamente malo en el mundo, sino que es nuestro pensamiento lo que lo hace malo, entonces, con el paso del tiempo, perderás el contacto con el mundo. El universo se reduce al tamaño de tu propio cráneo. Nos desapegamos, nos alienamos y somos infelices.

—Boecio no va a volver nunca al mundo —dice Reiss—. Va a morir entre rejas de todos modos.

—Lo que Hegel está diciendo —interviene Barry— es que Boecio tiene que dejar ya de pasar tanto tiempo con mujeres imaginarias, porque si no, como se encuentre alguna vez con una mujer desnuda de verdad, no va a saber qué hacer con ella.

Barry se ríe de su propia gracia. Reiss se vuelve a meter en la boca el capuchón del bolígrafo y sigue mascándolo.

Veinte minutos más tarde, en el pasillo, al otro lado de la puerta, un funcionario de prisiones grita «libre circulación» para indicar que es la hora de que los internos regresen a sus celdas. Mis alumnos enfilan la puerta. Barry me da una palmada en el brazo y me dice que no deje de ir al dentista. Osman se queda el último.

—Siento lo de antes, Andy. Es lo del gilipollas de mi hermano.

—La familia puede llegar a ser...

—Estaba centrado. Estaba contento cumpliendo mi condena, y ahora lo tengo aquí dentro. Si te soy sincero, ahora mismo solo tengo ganas de salir de la cárcel.

Osman se marcha y cierro la puerta tras él. Voy hasta mi mesa y saco la carpeta roja donde tengo que dejar por escrito qué tal ha estado Reiss hoy. Paso las páginas hasta una sin marcas y anoto que Reiss parecía un poco grogui pero ha participado, que ha seguido más o menos lo que estábamos haciendo. Se ha reído en algunos momentos, pero en otros no.

Siento otra palpitación de dolor en la muela. Miro lo que he escrito. No veo que nada de lo que haya escrito vaya a ser significativo. Añado algo más: que estaba relajado, pero no en una calma preocupante, aunque eso tampoco me parece mucho mejor. Me paso la lengua por la encía. Añado que no parecía agresivo y que se ha llevado bien con los demás. Sin embargo, me da la sensación de que no hago sino multiplicar las frases vacías.

Unos minutos más tarde, un funcionario pelirrojo entra en mi aula.

—Estamos intentando localizar una carpeta roja, señor.

—No tardaré —le digo.

Se acerca por detrás y mira por encima de mi hombro.

—Ha escrito ahí más que de sobra para un informe de suicidio. ¿Qué ha pasado?

—Hoy ha estado bien.

El agente coge la carpeta de la mesa y se la mete bajo el brazo.

—Es la hora de comer, salga al exterior.

La felicidad

> Fueron la propia incomodidad, los golpes, el frío y la sed lo que nos mantuvo el ánimo en aquel vacío de la insondable desesperación.
>
> Primo Levi

Antes de poder empezar a trabajar en la cárcel tuve que rellenar un gran número de formularios para el visto bueno de seguridad. Uno de los documentos preguntaba: «¿Tiene usted algún pariente encarcelado? Por favor, marque Sí o No». Junto a la casilla del No, escribí: «No en este momento».

Hace dos años, mi madre me envió un mensaje para contarme que mi tío Frank acababa de salir después de cumplir tres años. Se iba a quedar en el apartamento de protección oficial de mi abuela en el East End de Londres. La última vez que había visto a mi tío había sido una década atrás, en una boda de la familia. Lucía un traje de Armani de dos mil libras. En ese momento yo necesitaba un ordenador nuevo, y Frank me dijo que acababa de adquirir trescientos portátiles, pero, por desgracia, a todos les faltaban las tripas.

Cogí el autobús hasta el apartamento de mi abuela. La escalera de cemento del bloque olía a orina. Enfrente de su edificio había una casa con banderas de san Jorge colgadas en las cuatro ventanas. Junto a la casa había una iglesia evangélica de ladrillo rojo, con ventanas de doble acristalamiento. En la entrada, un grupo de mujeres charlaban con un acento que sonaba nigeriano.

Llamé con los nudillos a la puerta de mi abuela y me abrió Frank. Su cara tenía un aspecto más redondeado que en aquella boda, gracias a los tres años de comidas regladas en el centro penitenciario.

—Tienes buen aspecto, tío —le dije.

Se dio una palmada en la barriga.

—Me estoy convirtiendo en un gordo cabrón. A ver si soy capaz de mantenerlo —me contestó.

Me llevó a la cocina y preparó un té para los dos. Se puso tres azucarillos en el suyo y me preguntó con cuántos lo tomo yo.

—Ninguno —le dije.

Se lio un cigarrillo y arrancó la esquina de un billete viejo de lotería para usarla como boquilla.

—¿Quieres un piti? —me preguntó.

—No fumo —le dije.

Pasamos al salón. En la pared había una foto descolorida de Marilyn Monroe que la abuela había tenido durante más de cuarenta años. La moqueta de color verde pálido estaba mullida en la zona donde la abuela pasaba la aspiradora día sí, día no. Me senté en una butaca, y Frank se sentó en el brazo del sofá. Por la ventana se veía Canary Wharf. La abuela veía programas diurnos de cocina en la tele. Tenía la dentadura postiza en un tarro en la mesita del salón.

Frank tampoco llevaba puesta su dentadura postiza. Daba caladas a su cigarrillo y me hablaba sobre aquella vez en que estaba en el patio de ejercicio durante otro periodo de condena en una prisión de baja seguridad, hace ocho o nueve años.

—Hacía un calor que te asabas. Vinnie y yo teníamos la pista de vóley para nosotros solos —me contó.

Me incliné hacia delante para intentar oírle por encima del sonido de la tele.

—Se suponía que íbamos a tener una hora, pero los boqueras nos dejaban un poco más. Los tíos llevaban desabrochado el cuello de la camisa. Todos estábamos tomando un poquito el sol.

La abuela suspiró. A Frank le encantaba contar historias de la cárcel, y ella odiaba oírlas. La mujer sacó su dentadura postiza del tarro de la mesita y se la puso. Era su manera de sobreponerse a aquello.

—Estamos ahí, pasándonos la pelota el uno al otro, y entonces... —Frank se desplazó un poco hacia la esquina del sofá y separó las manos—. En la pared hay un avispero así, que por lo visto llevaba allí varios días y todo el mundo pasaba bien lejos de él. Bueno, pues Vinnie me mira con esa cara, aunque reconozco que deberíamos haber seguido jugando un rato, porque hacía un día buenísimo.

Mi abuela cogió el mando de la tele, puso un canal de teletienda y subió el volumen. Estaban anunciando una sombra de ojos antienvejecimiento.

—Los boqueras estaban a punto de dar el descanso por terminado y de ponerse a reunir a todo el mundo. Vinnie ve que el boqui se lleva el silbato a la boca y le pega una patada a la pelota hacia el avispero. Tendrías que haberlo visto, Andy. El cielo se puso negro. Joder, es que había avispas por todas partes.

La abuela apagó la tele, soltó un gruñido y salió de la habitación arrastrando los pies.

—Nos hicieron pringar por eso —me dijo—. Tres días más de condena tuvimos que chuparnos. No sabían de qué acusarnos, así que pusieron «agitar el avispero» en la hoja de papel.

—¿Por qué lo hicisteis? —le pregunté.

—¿A qué te refieres?

—Que por qué le disteis al avispero.

—Porque si el día ya era bueno, con eso fue todavía mejor.

Cuando Frank tenía catorce años robó una caja de botellas de Coca-Cola de una tienda del East End. Lo arrestaron y lo retuvieron en prisión preventiva durante cuatro meses. Cuando su caso llegó por fin ante el juez, este dijo que era desolador haber retenido tanto tiempo en custodia a un crío de la edad de Frank y archivó el caso. Frank regresó a la cárcel por robo menos de un año después. A partir de ahí se convirtió en un profesional del robo con allanamiento. Nunca se ha dedicado a las viviendas, y ha rechazado participar en robos a mano armada porque, es sus propias palabras, «La condena que te chupas es demasiado larga». Lo suyo eran las naves y los almacenes de las grandes cadenas comerciales.

Cuando Frank salió hace dos años se encontró con que la mayoría de sus colegas habían muerto ya, estaban cumpliendo condenas muy serias y largas o ya eran demasiado viejos para dedicarse a la faena. Vinnie se había hecho hare krishna, y entonces lo detuvieron por un delito que había cometido antes de su conversión. Dentro, los demás internos se reían de Vinnie por las cuentas de oración que llevaba enrolladas en la muñeca. Durante los periodos de relación se tapaba la mano derecha con una bolsa de la compra para ocultar las cuentas de sus rezos. Desde entonces, Vinnie no ha querido volver a la cárcel.

El verano en que mi tío Frank salió de la cárcel lo vi una docena de veces. Él sabía de mi curiosidad sobre él, y se la tomó como un acicate para lanzarse a contarme historias en cualquier instante en que estuviésemos juntos. Y estaba con él en casa de mi abuela en una tarde de entre semana: me estaba hablando de una ocasión hace treinta años en que Vinnie y él tuvieron que cumplir una condena de dos años en el centro penitenciario de Canterbury.

—Empezaron a odiarnos el primer día. Nos gritaban: «¡Putos cabrones de Londres!» cuando pasábamos caminando por el rellano. Miré a Vinnie y le dije: «Aquí dentro nos van a matar». El segundo día, en las duchas, entraron dos tíos. Yo ya sabía que iban a hacerlo, así que me había llevado un cacho de madera que había arrancado de una mesa. Uno de los tíos venía con una pila metida dentro de un calcetín.

—¿Y dónde estaban los de seguridad? —le pregunté.

—Miraban para otro lado, Andy.

—¿Por qué?

—Tú recuerda, Andy, que eran los tiempos en que los boqueras llevaban la insignia del Frente Nacional en el uniforme. Bueno, pues viene el menda con la pila en el calcetín, pero era un calcetín largo, y el tío lo tenía agarrado por la parte de arriba, así que colgaba unos treinta centímetros. Lo vi y supe que no sabían lo que estaban haciendo. Se supone que hay que sujetar el calcetín apenas a unos centímetros de la pila, así que, en cuanto el tío suelta el brazo a por Vinnie, voy y agarro el calcetín por el centro para que el menda no lo pueda usar. Entonces Vinnie arreó a esos cabrones con el madero hasta que uno de ellos empezó a sangrar por la cabeza, y salieron corriendo los dos.

—¿No os la devolvieron? —le pregunté.

—Pues al final solíamos fumarnos algo con esos tíos. Canterbury era una pasada, porque está muy cerca de Dover, donde los camiones desembarcaban del ferri. En esa cárcel he probado drogas que ni siquiera sabía que existían: el rubio libanés, el rojo marroquí o los palitos afganos. Dos años después, Vinnie y yo tuvimos que largarnos de allí porque ya habíamos cumplido nuestra condena. Y no queríamos irnos.

—Pero si tú siempre ibas de tranquilizantes, ¿no? Querías ser capaz de soportar aquellos días.

—Nos metíamos LSD en la celda. Los guardias nos decían que bajásemos el volumen, porque nos tirábamos toda la noche partiéndonos de risa. Menudas experiencias he vivido: en la cárcel he conocido a todo tipo de personas, todo tipo de drogas, y no me arrepiento de nada.

Estudié su rostro en busca de alguna expresión que pudiera contradecir las palabras que salían de sus labios. Fui incapaz de decir si de verdad lo creía o no.

—¿Y cuando os trincaron? —le pregunté—. ¿No te arrepentiste entonces?

—La penúltima vez que nos trincaron, la policía nos preguntaba si queríamos el té con leche y azúcar, nos llamaban «señor» y venían a preguntarnos si podían hacer algo por nosotros. Eran un cacho de pan. Lo normal es que muchos de esos maderos apenas valgan para ir trincando a criminales de medio pelo, yonquis y gente que manga en tiendas, pero nosotros éramos profesionales. Se tiraron dos años intentando cazarnos. Tenían un mapa de Inglaterra en la pared, con chinchetas en todos los sitios donde habíamos hecho algún trabajo.

Tras la caída del Muro de Berlín, algunos habitantes de la zona oriental sufrieron un «muro mental», la sensación de que aún no podían viajar al otro lado de la ciudad. Hay personas que salen de la cárcel y tienen una sensación similar de un confinamiento residual. Están fuera, pero mentalmente continúan entre rejas. Durante las conversaciones que mantuve con mi tío el verano pasado, no dejaba de interrumpirlo en sus historias para hacerle preguntas del tipo «¿Y cómo es que hiciste eso?» o «¿Y no te metiste en un lío por eso?», y Frank tenía que volver atrás para explicarme lo más básico. Cuando me soltaba una broma, mis risas solían llegar con retraso. No estaba seguro de cuándo hablaba en broma y cuándo en serio. Me movía constantemente entre la sensación de incredulidad y la de ignorancia. Era como si estuviese viviendo el muro mental, pero desde el otro lado. No era capaz de entrar.

Esto agravó una herida abierta desde mucho tiempo atrás. Había perdido a mi hermano en la cárcel y, aunque sentí alivio cuando mi padre se marchó, seguía echando de menos tener un padre. En mi familia, los hombres habían estado fuera de mi alcance con mucha frecuencia. Con mi tío estaba volviendo a vivir esa misma separación.

Hoy me encuentro en una prisión victoriana. Tiene cinco rellanos de altura y módulos individuales con más internos que algunos centros penitenciarios enteros. Bajo por el descansillo de la segunda planta, o «el dos», como lo llaman aquí, camino de mi aula. Un hombre grita por la portezuela de inspección de su celda. Es un despotrique contra los funcionarios.

—Esto no es justo. ¡Os voy a joder vivos! —dice, y sus gritos se pierden en el jaleo de los demás internos que gritan y aporrean tras las puertas de sus celdas.

Aminoro el paso para mirar hacia el interior de las celdas que tienen la puerta abierta. En una de ellas veo a un hombre de mediana edad vestido con unos pantalones de chándal. Está sentado en la cama viendo la tele, tomándose una taza de té y fumándose un cigarrillo electrónico. Mi tío cumplió condena en este centro varias veces a lo largo de las décadas. Una de estas celdas sería la suya.

Subo por la escalera metálica hasta la tercera planta. Hay un joven recostado contra la barandilla ante la puerta de su celda.

—Esto es una mierda, señora —dice.

Lleva un chaleco y las palabras «NO REGRETS» tatuadas en la clavícula.* De su celda sale una funcionaria cargada con la televisión. Si los internos incumplen las normas, los funcionarios pueden «ponerlos en básico», lo cual significa que el centro reducirá la duración de sus visitas, la cantidad de dinero que pueden ganar, y les requisa el televisor.

La funcionaria se lleva la tele del interno hacia las oficinas.

—Y qué más me da, joder. Pues me levanto otra.

* «No me arrepiento de nada.» *(N. del t.)*

A veces, cuando los ponen en básico, los internos se llevan la tele de otra celda.

Necesito ir al servicio, pero no voy a poder llegar al aseo del personal y estar de vuelta a tiempo para el inicio de mi clase, así que me dirijo al cubículo individual del pasillo de las aulas, que pueden utilizar los profesores tanto como los alumnos. La puerta está cubierta de pintadas y tiene un agujero cuadrado del que se ha retirado el cristal. La empujo y entro. El hedor a pis rancio es tan fuerte que tengo que contener la respiración para que no me den arcadas. El lavabo se está desprendiendo de la pared; hay unas franjas verticales de color cobrizo tan incrustadas en la porcelana del retrete que cualquiera diría que están grabadas; el tubo en forma de U está negro de pura descomposición, y una película que brilla en tonos añil y verde cubre la superficie del agua.

Orino y tiro de la cadena apenas con la yema del dedo. Sale el chorro de agua y hace que el pestazo a pis sea todavía más fuerte. Me tapo la nariz y salgo corriendo del servicio.

Unos minutos más tarde ya estoy metido en el aula. Saco de la mochila mis libros para la clase de hoy y los dejo sobre la mesa. Dispongo las sillas en un círculo. Miro hacia la parte alta de la pared, donde estaba el reloj, pero se lo han llevado. Yo no llevo reloj. Asomo la cabeza por la puerta y veo a un funcionario de seguridad que viene por el pasillo. Le salgo al paso:

—Disculpe, ¿hay alguna otra clase de la que pueda coger prestado el reloj, por favor?

El funcionario entra en mi aula. Tendrá unos sesenta años, un hombre enjuto con un tatuaje emborronado de una sirena en el antebrazo. Lleva su nombre en la chapa identificativa: Adamson. Me mira de arriba abajo.

—Tenía que haberme traído el mío —le digo.

—Cuando algo desaparece aquí, es por algo. El mes pasado desapareció de un aula un CD. Un preso lo partió para hacer un pincho.

—¿Se atacan unos a otros con relojes de pared? —le pregunto.

—Conviene venir aquí con tu propio reloj.

—Lo entiendo, solo he pensado que podía preguntar.

—Se sorprendería con las cosas que pueden convertir en armas. Esta gente tiene mucho tiempo libre para ponerse a inventar.

Adamson habla con el mismo acento anticuado del East End que tiene mi tío.

—Parten la escobilla del retrete para hacerse su pincho. Asegúrese de que no se quedan con ninguno de sus bolígrafos cuando se marchan. He visto cómo le dejan el cuello a otra persona.

Tengo que prepararme para mi clase. Por lo general, los funcionarios no hablan tanto tiempo conmigo. Suelen darme respuestas lacónicas, como si los estuviera distrayendo de algo, pero Adamson me recita una lista de los motivos por los que no puedo tener un reloj de pared en el aula. Asiento con la cabeza y le digo: «Claro», «Sí» y «No lo dudo» con la esperanza de que le ayude a abreviar su perorata, que termine y se largue.

—Le pueden quitar las pilas al reloj, meterlas en un calcetín y atizarle a alguien en la cabeza con ellas —dice.

Me acerco al ordenador y toco el ratón para activar la pantalla.

—Aquí tengo la hora, mire —le digo.

Adamson sigue a lo suyo.

—Entonces tendríamos un incidente.

Señalo la esquina de la pantalla.

—¿Ya es esta hora?

—Y un incidente significa más papeleo.

Cierro la boca y aprieto los dientes con la esperanza de que, si dejo de hablar, quizá él también deje de hacerlo.

—Entonces ¿qué hace usted aquí? —me dice.

—Soy profesor de filosofía —respondo.

—¿Y qué hace usted aquí, entonces?

Se queda mirando la pila de libros de filosofía sobre mi mesa. Toca con el dedo uno titulado *La filosofía de la felicidad.* Siento vergüenza, igual que un adolescente al que su abuelo le acabar de sorprender haciendo algo indecoroso.

—Muchos de ellos son felices por estar en la cárcel —dice con un gesto negativo con la cabeza—, y yo creía que se supone que la cárcel era dura.

Un funcionario en el pasillo grita «libre circulación», y Adamson se da media vuelta y se marcha.

Un interno que se llama Jim es el primer alumno en llegar. Es un antiguo soldado del SAS, con el pecho muy ancho y unos brazos fuertes. Me ofrece su habitual golpe en el hombro a modo de saludo. Pongo la barriga en tensión.

—Buenos días —le digo.

Suspira y observa el aula. Jim está tan hastiado emocionalmente como fuerte físicamente. Lleva las orejas cubiertas por unas matas de pelo de color caoba, como si deseara aislarlas del ruido del rellano.

Entra un alumno nuevo que se presenta como Salvatore. Tiene unos llamativos ojos azules y lleva en la camiseta el logo de *Cheers*, la serie de televisión norteamericana. Me estrecha la mano de un modo un tanto enrevesado y que soy incapaz de seguir. Lo vuelve a intentar y me va explicando las etapas: os dais la mano, os apretáis los pulgares, agitáis los dedos y chocáis los cinco.

—Buenos días, hermano —me dice.

—¿Qué tal estás? —le pregunto.

—Estoy bien. —Se lleva la mano al corazón—. Yo siempre estoy bien, hermano —añade y se da la vuelta para darle la mano a Jim, pero este se queda con los brazos cruzados. Salvatore se pone la mano en el corazón—. Namasté.

Salvatore parece tener algo más de veinticinco años. Me

cuenta que lleva veintidós días de una condena de nueve meses. Es su primera vez entre rejas.

—Lamento oírlo —le digo.

—¿Por qué lo lamentas? —me pregunta—. Lo he aceptado. El tiempo vuela para mí, porque no me resisto a la verdad. Estoy aquí dentro. Aquí es donde he de estar, y no voy a permitir que eso me entristezca. Esta vivencia es todo un aprendizaje, estoy aprendiendo de esto. No lo lamentes por mí, hermano. Lo he aceptado. Y ahora toca dar algo a cambio. Ya le he dicho a mi compa de celda que voy a enseñarle el lagarto, una postura de yoga que te obliga a aceptar lo que hay. Cuanto antes aceptemos lo que nos sucede, más rápido pasará el tiempo, porque el tiempo es una me...

—¿Podemos empezar la clase de una vez? —dice Jim.

Jim ya lleva un tercio de una condena a catorce años. Toma asiento en la parte opuesta del círculo, frente a Salvatore.

Llega otra media docena de internos. Entra un joven de veintiún años que se llama Yusuf y se sienta ante una mesa de espaldas al círculo. Me acerco a comprobar si se encuentra bien: está rellenando una solicitud para que lo trasladen a una celda individual. Cuenta que la semana pasada vino un funcionario que le preguntó si deseaba un compañero de celda que fuese musulmán igual que él. Yusuf le dijo que sí.

—Pero es que no puedo vivir con ese tío —dice—. Me ha tirado a la basura todas las galletas de chocolate porque dice que no son *halal*. La otra noche, yo estaba viendo una película y, a los veinte minutos de empezar, aparece una mujer en minifalda, y va y me cambia de canal. Me dijo que ver eso no era una conducta piadosa. Y me hace lo mismo cada vez que ve las piernas de una mujer en la tele, o aunque sea un hombro. ¡Un hombro, hay que joderse!

—Termina tu solicitud y te unes a nosotros cuando estés en condiciones —le digo.

—Lo mejor es que los jefes me trasladen. Yo necesito una celda individual. No puedo vivir así.

Voy hasta la puerta y la cierro. En la pizarra blanca escribo: «Bentham» y «Felicidad = Placer».

Y les digo:

—El filósofo Jeremy Bentham defin...

Se abre la puerta del aula y entra Adamson, que trae un reloj blanco de pared. Lo coloca de pie apoyado en un ordenador.

Confundido, señalo hacia la pantalla del ordenador que tengo a mi espalda.

—Puedo usar el...

Adamson cruza la puerta y la cierra al salir.

La clase me mira y espera a que continúe.

—Bentham pensaba que la felicidad y el placer eran lo mismo. Cuando digo que soy feliz, estoy sintiendo algún placer, y cuando digo que estoy sintiendo placer, estoy feliz.

—Se puede ser feliz en la cárcel, ¿sabías tú eso? —me pregunta Salvatore.

Yusuf se da la vuelta y mira a Salvatore como si estuviera a punto de dispararle rayos láser con las pupilas.

—Yo sigo sintiendo placer, todos los días, a pesar de estar aquí. Me he tomado el café esta mañana y me he asegurado de disfrutarlo de verdad. No me he quejado de que no fuese del club del gourmet. Cuando aceptas que estás aquí, puedes volver a disfrutar de esos placeres.

Jim parece más cansado con cada palabra que sale por la boca de Salvatore.

Y Salvatore prosigue:

—Oigo a gente que me dice que se aburre. ¿Sabéis qué quieren decir con eso? Yo no. Yo no me he aburrido en la vida. No existe ninguna celda en mis pensamientos. La gente me pregunta: «Salvatore, ¿por qué siempre sonríes tanto?», y yo les digo...

—Él diseñó las cárceles —lo interrumpe Jim, que señala el nombre de Jeremy Bentham en la pizarra—. Él fue quien diseñó el Panopticón.

—¿El qué? —pregunta Salvatore.

—Creía que lo sabías todo sobre la cárcel —dice Jim.

Salvatore le ofrece una sonrisa sacerdotal.

—Bentham diseñó la prisión de Millbank —dice Jim—. Tenía forma circular, con un punto de observación en el centro. Los boqueras podían verte, pero tú no podías verlos a ellos, así que nunca sabías si te estaban vigilando o no. Esta cárcel está basada en aquella.

—Así que, si Bentham diseñó lugares como este, ¿crees que sabe lo que es la felicidad? —le pregunto.

—No lo sé. He dejado de pensar en él en cuanto me he dado cuenta de quién era.

—Vamos, hermano. ¿Sabías que se utiliza el doble de músculos para fruncir el ceño que para sonreír? —dice Salvatore.

—¿Y cuántos hacen falta para que tengas la boca cerrada? —dice Jim.

Dos noches después estoy en el salón de la casa de mi abuela, sentado junto a Frank. El fuego está encendido y las ventanas, cerradas. Queda en el ambiente un ligero olor al pescado rebozado de la cena. Mi abuela ha dejado en la mesita del salón unas chocolatinas Penguin, una docena de galletas de chocolate y tres pepitos de chocolate.

Frank se toma el hecho de que ahora yo trabaje en cárceles como un mayor acicate para lanzarse a contarme sin previo aviso historias acerca de sus tiempos entre rejas. Y mi manera de escuchar sus historias también ha cambiado desde que trabajo en prisiones. Cuando él menciona el módulo, es como si me viera caminando por allí. Puedo oír el barullo del rellano y percibir el olor del aire viciado.

Le cuento a Frank que he empezado a dar clase en una cárcel en la que él había estado.

—¿Te acuerdas del número de tu celda? —le pregunto.

—Me acuerdo de que el patio de ejercicio era un cementerio antiguo —me cuenta—. Allí estaban los cuerpos de los presos a los que habían ido ahorcando con el paso de los años.

Cierra un ojo para ponerse a pensar.

—Vinnie siempre andaba enfurruñado conmigo porque mis truños olían fatal. En aquellos tiempos los plantabas en un cubo —me dice—. Yo envolvía los míos en papel de periódico y los tiraba por la ventana. Cantidad de gente hacía lo mismo. El patio entero estaba a reventar de paquetitos de mierda, y si no les caías bien a los boqueras, te ponían a recogerlos todos.

—¿Recuerdas en qué módulo estabas?

—Qué va. Si te digo la verdad, creo que solo estuve allí dentro dos o tres veces —me dice.

El ambiente en el salón es cálido, y el aire está cargado. Le doy un codazo a Frank y le digo:

—Se supone que la semana que viene va a hacer buen tiempo. Podríamos ir al monte, ¿no?

—Si tú quieres. —Se encoge de hombros—. Qué casualidad que estés trabajando en la misma cárcel en la que estuve encerrado. ¿Cómo andan las cosas por allí?

—Pues ahora mismo bastante alteradas.

A Frank se le ilumina la cara.

—La gente está irritable desde la prohibición de fumar —le cuento.

—¿La qué?

—Han prohibido fumar en todas las cárceles, desde el año pasado. Incluso en el patio.

—Por Dios santo...

—El tabaco es ilegal allí dentro. Ahora la gente vapea.

—¿Que han hecho qué? Se acabó. Ahora sí que no vuelvo nunca más a la cárcel. Cómo se atreven...

Cuando era niño, mi tío se subía al tren sin billete y se dedicaba a esquivar al revisor hasta que llegaban a Sandwich, en

Kent. Iba a las reservas naturales a lo largo de la costa, se sentaba en la orilla y veía la puesta de sol.

Frank prepara nuestra sexta taza de té de la tarde, vuelve al salón y me la ofrece. Soplo el vapor que sale de dentro. Se sienta en el brazo del sofá, a mi lado, tocándome el hombro con el codo. Huelo el humo de cigarrillo en su ropa. Al otro lado de la ventana, el brillo del sol se refleja en Canary Wharf.

Le doy otro codazo a Frank y le digo:

—Podríamos ir a Sandwich, ¿eh?

—Iba por allí a buscar huevos cuando era pequeño.

—¿A buscar huevos?

—A robar huevos de pájaros. Los coleccionaba. Tenía uno de cuervo de color verde turquesa. Y otro marrón con pintas que era de un cernícalo. Pero ya no se puede hacer eso, hay demasiada seguridad.

—¿Por qué no nos vamos a Sandwich? Podríamos ir juntos a que nos dé un poco el aire —insisto.

—Vale, nos vamos un día que esté despejado, que se pueden ver montones de pájaros diferentes en el cielo y en los árboles también. Podemos ver algún martín pescador, cuclillos o águilas pescadoras.

—Ahora no hace mal tiempo —le digo.

—Sí, claro, vamos a esperar a que haga un día despejado.

Al minuto, Frank me habla de aquella vez cuando tenía quince años y se pasó seis meses en un correccional que era famoso por su régimen de castigos muy severos y de corta duración. Dejo mi taza en la mesa para que se enfríe un poco.

—En las comidas tenías que plantarte firme delante de tu celda, entonces te llamaban por tu nombre, y tú debías salir desfilando —me cuenta.

Se levanta del brazo del sofá, tensa los labios en un gesto de seriedad y desfila unos pocos pasos por el salón con la exageración de una payasada.

—Pero yo salí así —me dijo.

Se da la vuelta y camina con los andares más extravagantes durante unos pasos; arrastra los pies y va dejando un sendero de marcas en la moqueta esponjosa.

Se vuelve a sentar en el brazo del sofá.

—El boqui me soltó un puñetazo en el estómago por hacer eso, pero al día siguiente lo hice otra vez, lo de no desfilar. Lo hacía todos los días, y todos los días me arreaban un puñetazo en el estómago.

En su rostro aparece una sonrisa.

—Entonces, los boqueras cambiaron de táctica. Me llamaron por mi nombre. Salí tan pancho y me dieron mi cena, pero me habían cubierto de sal el plato entero. Tuve que ponerme a rasparla toda con el cuchillo. Aun así, yo seguía sin desfilar ningún día, y ellos seguían poniéndome el plato entero blanco de sal. Después de una semana así me metieron en el chopano.

El «chopano» es el módulo de aislamiento.

Cojo la taza de la mesa y la rodeo con ambas manos.

—Ahí abajo solo tienes una repisa de cemento para dormir —me cuenta—. Los boqueras me despertaban todas las mañanas, me sacaban fuera, me daban una pala y me ponían a cavar un agujero de dos metros y medio de profundidad. Aquello está todo embarrado, todo es una mierda de arcilla. Y luego, al final del día, tenía que volver a tapar el agujero. A la mañana siguiente me despertaban, me llevaban fuera y me obligaban a volver a hacer lo mismo. Cavar agujeros y volver a taparlos otra vez.

—¿Y no acabaste arreándole a alguien con la pala en la cabeza? Tuviste que volverte loco.

—Cuando el boqui me abría la puerta por la mañana, yo me levantaba de un salto y le miraba con una sonrisa de oreja a oreja. Le decía: «Me encanta cavar agujeros».

—Pero lo odiabas, ¿no?

—Yo solo fingía que me encantaba. Eso me encantaba.

Vuelvo a tener con él la sensación de que me encuentro

al otro lado de su muro. Dejo la taza en la mesa y vuelvo la cabeza para mirar a Frank directamente a los ojos.

—Pero a ti no te encantaba, ¿o sí?

Se levanta del brazo del sofá, echa mano a un cigarrillo liado que tenía detrás de la oreja y se lo lleva a los labios.

—Me encantaba, Andy. Yo fingía que me encantaba, nada más.

Un par de días después me encuentro en una prisión de máxima seguridad. En la sala de profesores, la profesora de cocina me cuenta que un incidente de seguridad que se produjo hace dos días ha supuesto que los alumnos no puedan usar temporalmente ningún cuchillo, agua caliente, ni la mayoría de los utensilios de cocina por si acaso se los llevan a escondidas y los meten de vuelta en el módulo para usarlos como armas. A la profesora de cocina tampoco le permiten traer alimentos, ya que los de seguridad están tratando de tomar medidas severas contra la entrada de drogas que mete a escondidas el personal laboral. La mujer me contó que, esa misma mañana, había mostrado con mímica a los internos cómo se corta una cebolla —sin cuchillo ni cebolla—, que los nudillos han de quedar por delante de las yemas de los dedos para no cortarte. La clase iba imitando sus gestos y ella los corregía cuando era necesario. Uno de los hombres hizo como si se le saltaran las lágrimas por los gases de la cebolla.

A la mañana siguiente, en la prisión victoriana, paso por delante de ese retrete horrendo y capto el olor del pis rancio. Entro en el aula y veo que la pizarra blanca está llena de notas de una clase de gestión de la ira que dieron allí la semana pasada. Las palabras «respeto», «escalada» e «ira» están escritas en mayúsculas, con unas flechas rojas entre unas y otras. Cojo el borrador de la pizarra para limpiarla, pero no sirve de nada. Froto con más fuerza, pero las palabras no se borran. Quien las escribiera utilizó un rotulador permanente.

Asomo la cabeza al pasillo y veo al funcionario de prisiones Adamson. Le hago un gesto, y viene caminando hacia mí. En la mano lleva un sándwich envasado de beicon, lechuga y tomate y una bolsa de caramelos Haribo.

—No habrá por alguna parte un espray para limpiar pizarras blancas, ¿verdad? —le pregunto.

—Cualquier líquido de ese tipo tendría que venir sellado para que pudiese usted meterlo en el centro penitenciario —me contesta.

—Probaré con agua caliente con jabón.

Me mira como si yo fuese de otro planeta.

—¿Quiere recorrer el edificio cargado con agua caliente?

—Tengo escrita en la pizarra la clase de otra persona. ¿Puedo coger otra de algún otro sitio?

—Como no me vaya y me ponga a buscarle una pizarra blanca para su clase de psicología y abandone aquí mi puesto...

—Pues anotaré las cosas en un papel, entonces.

—Y si no estoy en mi puesto y pasa algo...

Suena su radio y se acerca el receptor un poco al oído. Aprovecho la oportunidad para librarme. Me vuelvo a meter en el aula y cierro la puerta.

Cojo un papel A4 y dibujo a un hombre que está empujando un pedrusco montaña arriba. Coloco la hoja de papel en el centro del círculo de sillas.

El funcionario del pasillo grita «libre circulación». El primero en llegar es un hombre que se llama Gurman. Ronda los veinticinco y era instructor de actividades al aire libre antes de ingresar en prisión. Viene recién afeitado y lleno de energía. Diez minutos después no ha llegado nadie más, porque no han desbloqueado aún el módulo más grande de la cárcel a causa de un incidente.

—¿Y no podemos empezar de todos modos? —pregunta Gurman.

—Tendría que volver a explicarlo todo cuando lleguen los demás.

—Nos vamos a tirar un siglo esperando.

Se dirige a la mesa del fondo del aula, donde están los periódicos y las revistas, y busca el periódico más reciente. Da con él, es de hace dos semanas. Ojea cuatro o cinco páginas y lo vuelve a dejar en la mesa.

Hace un par de meses, Gurman pidió a su madre que le enviara un reloj de pared para su celda. El que ella le envió tenía un segundero que se desplazaba con un barrido continuo en lugar de hacer tic segundo a segundo, y Gurman dijo que le parecía «incesante». Unos días después lo cambió por un paquete de galletas.

Diez minutos más tarde llega Jim.

—Un idiota le ha tirado un vaso de meados a un boqui —dice—. Y a nosotros nos ha tocado esperar a que nos abriesen mientras se llevaban al menda al chopano y limpiaban el desastre. Estoy hasta los huevos de estos héroes que me joden la mañana.

Salvatore entra en el aula arrastrando los pies. Tiene rojos e irritados los ojos azules. Se sienta en la silla al lado de Jim, que no parece muy feliz al respecto.

Ya están todos aquí. Me siento en el círculo de sillas y señalo hacia el dibujo en el centro.

—Este es Sísifo, que...

—Se han llevado a mi compa de celda —dice Salvatore—. Lo han metido en el chopano, y ahora me he quedado solo.

—¿De qué te quejas? A mí me encantaría tener la celda para mí solo —le dice Jim.

—Era él quien mataba las cucarachas. Anoche no dejaba de pensar que las notaba correteando por encima de mí. No he pegado ojo. Las hijaputas están por todas partes.

Otro interno que está de pie detrás de Salvatore le hace

cosquillas en la oreja. Salvatore le suelta un manotazo para apartarle la mano.

—Por favor. —Su voz suena como si estuviera a punto de echarse a llorar—. No me puedo creer que me queden otros ocho meses en este sitio. ¡Ocho meses!

—Qué te parece si intentas tener un pelín más de tacto —le dice Jim—. Algunos tenemos condenas de más de diez y de veinte años. ¿Cómo crees tú que me sentía al oír cómo te quejas de que te quedan ocho meses?

Cuatro o cinco de los demás internos hacen sonidos guturales de aprobación.

—Yo solo pasé nueve días fuera antes de que me revocaran la condicional y me volvieran a meter aquí —dice uno.

—Mis hijos tardan tres horas en llegar en tren para visitarme y otras tres en volver. ¿Tú sabes lo que cuesta eso? —dice otro.

—Perdonad —dice Salvatore—. No debería quejarme, pero...

—Yo no he dicho que no debas quejarte —le contradice Jim.

Se suaviza la expresión de la cara de Salvatore. Parece obtener algo de aliento de las palabras de Jim.

—Ya lo sé, estamos todos juntos en esto. Es solo que, a vec...

—Puedes quejarte todo lo que te dé la gana —lo interrumpe Jim—, pero no me vengas a mí con tus quejas. Yo me despierto feliz y contento aquí todos los días, y mañana voy a hacer lo mismo, igual que pasado mañana, y no voy a dejar que nadie me lo estropee.

El rostro de Salvatore se hunde en la desesperación.

—¿Y por qué no me traen a otro compañero a la celda? Creía que este maldito sitio estaba hasta arriba de gente.

—Y yo creía que tú estabas aquí dentro para dar algo a cambio —dice Jim, y una leve sonrisa se asoma a la comisura de sus labios.

Salvatore tiene los hombros caídos y el rostro lívido. Guarda silencio, ya no se dedica a soltar eslóganes de autoayuda. Empieza a asimilar que está en la cárcel. Me levanto de la silla y voy hasta el rincón del aula donde tengo unas botellas de agua del grifo y vasos de plástico. Sirvo un vaso, se lo doy a Salvatore y me vuelvo a sentar. Salvatore lo deja en el suelo, junto a la pata de su silla.

Junto a él está sentado Amir, un joven de veintiún años con un león tatuado en cada antebrazo.

—Tienes que sacar el mayor partido al tiempo que estés aquí —le dice, y eleva los puños delante de la cara como un boxeador—. La cárcel es mi entreno.

—¿Hay boxeo aquí? —pregunta Salvatore.

Todos se ríen de él.

—La cárcel es el cuadrilátero —dice Amir—. Yo sigo los tres principios de Floyd Mayweather. Mantén la distancia. Utiliza el jab. Evita las reyertas.

Salvatore parece desconcertado.

—Mantener la distancia: solo escucho a alguien durante quince segundos, y si la conversación es negativa, me largo. Utilizar el jab, un golpe corto, rápido y directo: entro y salgo; cojo mi comida y me la llevo a la celda; me ducho y vuelvo a la celda. No me quedo por el rellano hablando con la gente. Evito el contacto con los demás. Este no es el momento ni el lugar para hacer amigos. Evitar las reyertas: no me dejo atrapar en chorradas. Aquí dentro, la gente utiliza las peleas como pasatiempo, pero es agotador, y yo no quiero ser un matón. Yo soy un guerrero.

—Gracias, hermano —dice Salvatore—. ¿Tú crees que los funcionarios me van a asignar un nuevo compa antes de esta noche?

—Yo no creo nada. Yo mantengo la distancia, utilizo mi jab y no me meto en reyertas.

Salvatore pestañea. Las marcas de la preocupación se ahondan en su rostro.

Estoy sentado en el círculo con Salvatore, Jim, Gurman, Amir y los demás. Señalo el dibujo del suelo con ese hombre que empuja la piedra montaña arriba.

—Este es Sísifo —les cuento—. En el inframundo, los dioses lo condenaron a empujar un pedrusco montaña arriba. Cada vez que llegaba a la cima, el pedrusco volvía a caer rodando. Tenía que bajar de la montaña y empujarlo de nuevo hasta arriba del todo, y cuando volvía a alcanzar la cima, la piedra gigante volvía a caer rodando.

Los internos se echan a reír. La expresión de la cara de Salvatore es cada vez más seria.

—Tenía que volver a bajar de nuevo la montaña y empujar el pedrusco hasta la cima, de donde volvería a caer rodando, y él tendría que descender otra vez y empujarla hasta la cima, y así una y otra vez.

—A nosotros nos tocó hacer algo como eso, pero con bidones de basura —dice Brendan, que tiene setenta y tres años y una voz con el típico sonido nasal chirriante que provocan los años y años de intenso consumo de drogas—. Me encerraron en una cárcel militar por desertar cuando cumplí dieciséis. —Coge aire entre frase y frase—. Nos daban uno de esos bidones negros enormes, y me tocaba lijar toda la pintura negra para quitársela y dejar el acero a la vista, y después tenía que pulir el acero y sacarle brillo hasta que te pudieras ver la cara en él. —Coge otra bocanada de aire—. Cuando el boqui lo daba por bueno, te traía un bote de pintura negra, y te tocaba volver a pintarlo.

—Yo preferiría hacer eso —dice Gurman—. Pensaba que lo de estar en la cárcel iba a ser un castigo de verdad, pero lo único que hago es estar sentado en mi celda todo el día viendo la tele. Este sitio no es más que una pérdida de tiempo para mí.

Brendan mira a Gurman.

—Yo me quedo con tu tele si ya no te apetece verla.

—Según decía un filósofo que se llamaba Camus, Sísifo era un héroe —les digo.

Jim me mira con cara de hastío.

—Sísifo era un rebelde cuando estaba vivo —continúo—. La Muerte vino a ponerle los grilletes y llevárselo al inframundo, pero Sísifo la engañó e hizo que se engrilletara ella las dos manos. Más tarde, cuando la Muerte se llevó por fin a Sísifo, este consiguió engatusar a la reina del inframundo de tal forma que le permitiese regresar al mundo de los vivos durante una sola tarde. Prometió que regresaría aquella noche, pero no lo hizo. Los dioses se ofendieron y quisieron aplastar aquel espíritu rebelde, así que le obligaron a empujar aquel pedrusco pendiente arriba durante toda la eternidad.

—Entonces no fue un héroe por mucho tiempo, ¿no? —dice Jim.

—Camus dice que Sísifo puede seguir siendo un héroe incluso cuando está empujando el pedrusco —le contesto.

—¿Cómo?

—Pues porque Sísifo no espera que el pedrusco se quede ahí en lo alto de la montaña, sabe que tiene garantizado el fracaso, y aun así lo empuja hasta la cima. El momento en el que Sísifo se convierte en un héroe no es cuando llega a la cima sino...

—Es cuando vuelve a bajar —completa Amir.

—Exacto. Sísifo ha decidido que va a ser feliz empujando esa piedra otra vez. Ese es su mayor acto de rebeldía contra los dioses. Le da la vuelta a lo que se suponía que había de hacerle sentir vacío y lo utiliza para que lo llene.

—¿Cómo puede ser feliz haciendo eso? —pregunta Salvatore—. Ese hombre estaría enfadadísimo.

—Sísifo no está enfadado, Sísifo es desafiante —dice Amir.

—Enfadado, desafiante..., sigue sin ser feliz —replica Salvatore.

Amir se cuadra.

—Si está enfadado, significa que no ha aceptado su situación. Uno no puede ser feliz si no acepta su situación. Eres desafiante cuando aceptas tu situación pero continúas de todos modos. Sísifo es feliz porque es desafiante.

Se abre la puerta y entra Adamson con una pizarra blanca con un caballete. Los internos se callan en cuanto hay un funcionario en el aula. Monta el caballete y comprueba que las patas están bien equilibradas y que no se va a tambalear.

Parece que, cuando le pido algo, Adamson me dice un no rotundo, pero un rato después, cuando le he permitido negarse y le he consentido que me explique con riguroso detalle por qué se está negando, vuelve y me trae justo lo que le he pedido. Solo que para entonces yo ya me he acostumbrado a vivir sin ello.

—Gracias —le digo, y se marcha sin hacer ni un simple gesto con la barbilla.

Veinte minutos más tarde, Amir está haciendo un dibujo en su cuaderno con un Sísifo que empuja su pedrusco. Salvatore se pasa las manos por la cara como si se la estuviera frotando. Todavía no ha tocado el vaso de agua.

—¿Qué pasa si Sísifo va y dice que a tomar por culo, que paso de seguir empujando el pedrusco? —pregunta Jim.

—Los dioses lo pondrían en básico —dice Brendan.

—Si Sísifo pudiera elegir entre empujar la piedra y no hacer nada, estoy seguro de que empujaría la piedra —replica Gurman.

—Sísifo estaría pensando que ojalá se acabara aquello —dice Salvatore.

Ahí es cuando yo intervengo:

—Camus decía que si Sísifo empezase a desear que su tarea se terminara, entonces dejaría de ser capaz de hacer frente a las exigencias de la propia tarea.

—Porque si Sísifo tiene esa esperanza, entonces es que tiene dudas —dice Amir—, como si no estuviera del todo convencido de su propia actitud desafiante. Si espera que el pedrusco se quede en la cima, el hombre se pondría eufórico al llegar arriba, pero luego se deprimiría al ver cómo rueda otra vez montaña abajo. Si es capaz de bajar la pendiente y sentirse feliz, es precisamente porque no tiene ninguna esperanza, y como no espera nada, siempre tiene éxito.

Salvatore baja los párpados. Unas lágrimas empiezan a asomar a sus ojos y le humedecen las pestañas. Amir aparta la mirada de él.

Señalo el dibujo de Sísifo en el centro del círculo.

—Si Sísifo os dijera que es feliz, ¿os lo creeríais?

—Yo me imagino el pedrusco rodando pendiente abajo —dice Salvatore— y a Sísifo que grita al tío que está en la montaña de al lado, empujando otro pedrusco: «Menuda putada, ¿no? Va el Camus y le dice a todo el mundo que soy feliz».

Los internos miran para otro lado, y Gurman intenta contener una risita al oír cómo la emoción le ha quebrado la voz. Salta a la vista que Jim está muy cabreado con la desesperación de Salvatore.

Señalo el vaso de agua junto a la silla.

—Bebe un poco, Salvatore. Ahora tienes que cuidarte —le digo.

Un mes más tarde estoy en casa de mi abuela, haciendo un pis en el cuarto de baño. El retrete está limpio y huele a lejía con aroma de limón.

Termino, voy al salón y me siento al lado de mi tío en el sofá. Le asoma la barriga por debajo de la camiseta. Está viendo una película que se titula *El renacido*, que va de un hombre que intenta sobrevivir en unos parajes helados. En la pantalla, Leonardo DiCaprio destripa un caballo muerto y se mete dentro para dormir. El rostro de Frank descansa con una leve sonrisa.

Le pregunto:

—En ese correccional en el que estuviste, donde cavabas todos esos agujeros, ¿no se te agotaba la rebeldía? ¿Alguna vez tuviste la esperanza de que se terminara?

Aparta la vista de la pantalla y vuelve la cabeza.

—La cuestión, Andy, es que lo odiabas de cojones, pero eso significaba que al mismo tiempo te encantaba. Era un ritmo tan salvaje que tú también tenías que ir a degüello. No había tiempo para pensar que ojalá estuvieras haciendo alguna otra cosa.

—¿Y cuando volvías a tu celda? Cuando no había ningún guardia delante del que fingir que te encantaba, ¿cómo te sentías entonces?

—Dormía como un tronco. Me había tirado todo el día cavando.

—¿Y al despertar? Estabas metido en una celda de hormigón.

—Me despertaban los boquis. Yo me levantaba de un salto y decía: «Manos a la obra».

Vuelve a mirar la pantalla.

Hoy hemos tenido un día despejado, aunque ahora se está oscureciendo el cielo. Frank y yo no hemos ido a la costa. Nos hemos sentado en el sofá a ver la tele. Está con su pantalón de chándal y las chanclas, bebiendo té y fumando cigarrillos liados.

Una pausa publicitaria interrumpe la película. Frank se vuelve de nuevo hacia mí.

—De todos modos, solo estuve una semana en el chopano. Después me llevaron de vuelta al rellano principal y volvieron a llamarme por mi nombre a la hora del rancho, pero yo seguía sin desfilar, así que me volvieron a llenar el plato de sal. Y aun así me negaba a desfilar.

—Pues sí que te gustaba cavar agujeros, ¿eh?

—Entonces, un día, hice mi paseíllo, me pusieron mi plato y vi que no tenía la sal encima.

—Te ganaste su respeto.

—Me dieron por imposible. El menda me dio mi plato, y yo me volví al boqui y le dije: «¡Será una broma! ¿Dónde está mi puta sal?».

El tiempo

> ¡Te estoy tomando el pelo! No hay mejor manera de pasar el tiempo cuando esperas. Las bromas le ponen la zancadilla al tiempo.
>
> JOHN BERGER

Desde la primera vez que fui a la cárcel a visitar a mi hermano hace veinticinco años, la población penitenciaria se ha duplicado, no así el espacio disponible. Han metido literas en celdas individuales. Las celdas diseñadas para dos camas ahora tienen tres. El incremento se debe sobre todo a condenas por delitos del pasado y a unas penas de prisión más largas.

Hace unos meses tuve en mi clase a un hombre que se llamaba Lucus. Rondaba los treinta y cinco años y tenía un cabello rubio claro que no dejaba de apartarse de los ojos. Ya le habían ofrecido varias citas en la barbería de la cárcel, pero nunca le apetecía ir. Era capaz de pronunciar con seguridad los términos del griego antiguo que utilizábamos en clase, pero casi nunca aceptaba mis invitaciones para hablar. En la mayoría de las sesiones se sentaba ante una mesa a copiar pasajes seleccionados de la Biblia en unas hojas pautadas. Rellenó un fardo de papel con una escritura muy apretada. Algo así como un mes después estaba haciendo lo mismo con el Corán.

Una semana se sentó en mi aula a copiar el Sutra del Loto. Me eché a reír y le dije:

—Con eso se te va a acabar el cuaderno. El canon budista es lo bastante grande como para llenar una biblioteca pequeña.

Lucus no se rio conmigo. Mantuvo un dedo sobre la página del libro mientras continuaba escribiendo con la otra mano en su hoja de papel.

Al final de la clase, otro alumno me dijo que Lucus estaba cumpliendo una condena de IPP. Entonces entendí por qué no se había unido a mis risas.

Los sentenciados a una condena de prisión por protección pública (IPP) reciben una pena mínima de, pongamos, cinco años, pero el Estado se reserva el derecho a retenerlos durante noventa y nueve. Después de cumplir esa pena mínima de cinco años, el condenado puede solicitar su liberación a una junta de libertad condicional. Si la junta le dice que no, tiene que seguir en prisión y volver a intentarlo dos años más tarde. Las condenas de IPP se introdujeron en 2005 en el Reino Unido con la intención de que se aplicaran a los delitos más graves. El Gobierno imaginaba que se dictarían entre doscientas y trescientas sentencias con IPP, pero hubo más de ocho mil. Hay gente con una pena de IPP por hurto en comercios, por robar un móvil o por causar daños por un valor inferior a veinte libras. Estas condenas se abolieron en 2012, pero sin efectos retroactivos. Las personas como Lucus no tienen ni idea de cuánto tiempo van a estar en la cárcel.

En la mitología griega, Zeus deseaba imponer a su padre, Cronos, el castigo más enloquecedor que fuese capaz de idear, así que le obligó a contar todos los segundos, los minutos y las horas por toda la eternidad. Las condenas de IPP son la tortura de Cronos convertida en ley. En 2007, un joven de diecinueve años llamado Shane Stroughton fue sentenciado a una pena mínima de dos años y medio y una condena de IPP de noventa y nueve años. Diez años después lo hallaron ahorcado en su celda.

Lucus continuó viniendo a mi clase durante dos meses más y se traía consigo el Sutra del Loto. Nunca dijo gran cosa, y yo tampoco lo presioné para que interviniese más. Seguí dando clase como de costumbre, y de vez en cuando le echaba un vistazo para asegurarme de que seguía copiando sus pasajes de las escrituras trascendentales.

Una semana después de haber terminado con mi clase sobre Sísifo, estoy en una prisión de baja seguridad hablando con un funcionario de seguridad de pelo cano que se llama Davis. Este hombre tiene una buena relación con la mayoría de los internos del rellano. Una vez tuve un alumno que estaba a punto de salir y le escribió a Davis una carta de dos páginas durante mi clase. Decía: «Gracias a USTED por ver el potencial que hay en mí. Gracias a USTED por mantenerme a salvo». Había repasado cinco o seis veces la palabra «usted» con el bolígrafo.

—Skinner, del módulo G —me dice Davis—, me ha contado algo sobre su clase del otro día, y no dejaba de hacerme todas esas preguntas sobre cómo sabemos si somos realmente libres o no. Reconozco que me dejó la cabeza hecha un lío. Me encantaría sentarme un día en su clase diez minutos. Me gustaría saber lo que piensan ellos sobre el mundo.

Me habla entonces sobre un hombre que se llama Frederick: hace dos meses se presentó a su vista de apelación y se encontró con que le aumentaban la condena. Desde entonces no ha querido asistir a ninguna clase ni hacer ningún trabajo o actividad que le haya ofrecido el centro penitenciario.

—Me tiene un poco preocupado —me dice Davis—. Se ha vuelto muy retraído. Me gustaría apuntarlo a su clase. No sé cuánto participaría, pero, sinceramente, el simple paseo desde su celda hasta el aula ya sería bueno para él.

La semana siguiente, Frederick se presenta en mi aula. Tiene medio cerrado un ojo por culpa de una pelea que tuvo en el rellano cuando era un adolescente, hace diez años. Lleva un polo descolorido y almidonado, y se abrocha los botones hasta arriba, como si quisiera protegerse de cualquier posible indignidad que asome en el horizonte. En el brazo derecho lleva líneas y más líneas tatuadas a modo de conteo desde el codo hacia arriba, que desaparecen bajo la manga corta del polo. Le pregunto qué son y se remanga hasta el hombro. Hay cuarenta y seis marcas. Se las hizo tatuar hace unos años, cuando lo acababan de soltar después de cumplir cuarenta y seis meses.

Pongo la clase en marcha y hablo a los alumnos sobre la paradoja de la flecha de Zenón:

—Zenón dice que, para que una flecha pueda alcanzar su objetivo, antes ha de recorrer la mitad de esa distancia hasta la diana. Pero para recorrer la distancia que le queda, antes tendrá que haber recorrido la mitad de la distancia restante. Y cuando lo haya hecho, aún tendrá que recorrer la mitad de la nueva distancia que le queda.

Los internos se quejan con gruñidos.

—Incluso cuando se encuentra a un solo milímetro de la diana, tendrá que recorrer medio milímetro antes de llegar al objetivo. Después tendrá que recorrer la mitad de medio milímetro, y la mitad de lo que le queda, y otra vez la mitad de lo que le quede después de eso. Zenón dice que la flecha nunca llegará a la diana. Por muy cerca que esté, siempre tendrá que recorrer antes la mitad de la distancia que le queda.

Los internos discuten la paradoja, y a la mayoría les parece irritante. No dejan de decir: «Pero sí que llega a la diana», «En la vida real sí llega», «Pues se acercará mucho a la diana, cada vez estará más cerca, y al final llega a la diana. Sí que va a llegar».

Los internos parecen exasperados y faltos de interés, así que les doy un descanso de quince minutos. Salen al pasillo para fumar sus cigarrillos electrónicos, y yo salgo con ellos. Me fijo en el brazo izquierdo de Frederick y advierto que por debajo del borde de esa manga también asoman unas líneas de haber llevado la cuenta. Me pilla mirándolo y se remanga para que las vea. Apenas hay un par de decenas.

—Cuando me encerraron esta vez empecé a marcar el paso de la condena —me dice—. Añadía una raya cada mes, pero me deprimía mucho cuando veía la cantidad de piel sin pintar que me quedaba en el brazo. Así que empecé a pintar una al final de cada semana, y eso me hizo sentir todavía peor, así que al final lo dejé.

Mi amigo David Breakspear ha cumplido varios años en prisión. Cuando era un adolescente, sus amigos y él llamaban a la policía para informar de sus propios actos, colgaban el teléfono y salían pitando. Con veintitantos años, la cárcel era como un hogar para él. Hace poco me contaba:

—La gente me decía: «No cometas el delito si no puedes cumplir la pena», pero yo quería pasar por la cárcel. La delincuencia era un medio para conseguir un fin. El castigo era la recompensa.

Le pregunté cómo solía pasar él las horas en prisión.

—Pasando la noche fuera —me dijo.

Ese «pasar la noche fuera» es un eufemismo de «colocarse». Los guardias lo encerraban a las cinco de la tarde hasta el día siguiente, y él fumaba heroína para evadirse a una realidad donde no existía el tiempo. Cuando volvía en sí se ponía hasta arriba de agua. Sabía que si le hacían un análisis de orina y hallaban restos de heroína, el centro lo retendría allí otros treinta días. Se la jugaba cada vez que lo hacía: le servía para matar el tiempo, pero también le podría añadir más a su sentencia. La heroína suele aparecer en los análisis de orina durante las setenta y dos horas posteriores a su consumo, pero David tragaba el agua suficiente para asegurarse de ir a mear cada veinte minutos: ese era su método fiable para haber eliminado la droga de su organismo hacia las doce de la mañana del día siguiente.

Salió de prisión por última vez poco antes de cumplir los cincuenta, y se ha pasado los últimos cinco años peleando con uñas y dientes a favor de la reforma del sistema penitenciario. Hoy día su rutina diaria es la misma que solía llevar cuando estaba entre rejas. Se levanta, se acuesta, come y duerme la siesta conforme a los horarios del régimen penitenciario.

—Pero ya no me hace falta pasar la noche fuera —me dijo—. Tengo tantos proyectos en marcha que ojalá los días tuviesen más horas.

Es fin de semana y estoy en casa, sentado ante mi escritorio buscando ideas para mis clases con el portátil. Doy con un artículo que dice que en los años sesenta se representó la obra de Samuel Beckett *Esperando a Godot* en la cárcel californiana de San Quintín. El escenario fue un cuadrilátero de boxeo colocado donde en su día estaban las trampillas de la horca.

Cuando tenía veintipocos años compré entradas para dos obras distintas de Samuel Beckett —*La última cinta de Krapp* y *No yo*— con un mes de separación entre ambas. Con la emoción de vivir por primera vez la experiencia del magistral Beckett, me senté en mi butaca de *La última cinta de Krapp*. Se apagaron las luces y lo que vi fue a un hombre mayor en una habitación deprimente que se pone a escuchar grabaciones de su propia voz y después hace más grabaciones. Terminó la obra. Aliviado, salí del teatro y me fui al italiano que había un poco más abajo y me pedí un tiramisú. Un mes más tarde, el día en que debía ir a ver *No yo*, llegué a casa del trabajo y encendí la tele. Entonces me enteré de que *No yo* se representaba en un escenario completamente negro en el que solo se iluminaba la boca de una actriz. Aquella boca hablaba a una velocidad endiablada y pronunciaba un galimatías de frases. Un par de horas más tarde, justo cuando tendría que estar saliendo para el teatro, empezaba en la tele un maratón de la serie *Friends*. Agarré el móvil, llamé a la pizzería y pedí que me trajeran una margarita a domicilio.

En mi portátil me desplazo hacia abajo y continúo leyendo el artículo. El autor habla sobre Rick Cluchey, un hombre que descubrió a Beckett cuando estaba cumpliendo condena en la cárcel de San Quintín. Cuando salió, Cluchey trabó amistad con el dramaturgo y actuó en *Esperando a Godot* bajo la dirección del propio Beckett. Lance Duerfahrd, experto en la figura de Beckett, afirmó que Cluchey «fue capaz de dar vida al personaje de Beckett de un modo en que algunos actores que han pasado por la escuela de arte dramático soñarían con alcanzar».

Levanto la cabeza del portátil y dejo la mirada perdida. A esta hora suelen reponer episodios antiguos de *Los Simpson* en uno de los canales de la plataforma Freeview.

Vuelvo a mirar a la pantalla y trato de concentrarme. Descargo un ejemplar de *Esperando a Godot* y tomo algunas notas.

Dos días después estoy en mi clase. El primero en llegar es un hombre de rostro afilado y bigote ancho con las puntas hacia arriba, que se llama Ziggy. Hoy viene con una camiseta de sobra en la mano. Se repanchinga en una silla y se tapa la cara con la camiseta.

—¿Te encuentras bien, Ziggy? —le pregunto.

Se levanta a medias la camiseta de la cara, como si fuera un velo, y me dice:

—¿No dimos ayer esta clase?

—Ayer fue domingo.

—He tenido a un fantasma hablándome toda la noche. Apenas he dormido.

—No suena muy considerado por su parte.

Ziggy se sujeta la camiseta y tiene los codos abiertos y apuntando hacia arriba.

—Pues ha sido una compañía encantadora, la verdad.

—¿Era el fantasma de una mujer?

—Es una cárcel masculina —responde Ziggy.

—¿Estaba en una cárcel fantasmal?

Ziggy chasquea la lengua para negarlo.

—Mi celda está justo en el sitio donde estaba el patíbulo.

—Siempre es bueno conocer a los vecinos —le digo.

—Era un tío majo, lo he notado.

—A saber por qué lo colgarían.

—He preferido no preguntar.

Ziggy se vuelve a bajar la camiseta sobre la cara y se cruza de brazos.

Un momento después entra Wayne, que está cumpliendo una condena indefinida. Hace ya trece años que le impusieron una pena mínima de seis. En el centro penitenciario en el que estaba antes de que lo trasladaran a este hace cuatro meses, iba a clases de costura para poder salir de su celda. Durante cada clase, él trabajaba en un par de pantalones que estaba confeccionando, pero veinte minutos antes del final se ponía a descoser parte de lo que había hecho para poder seguir asistiendo. El traslado de Wayne se produjo de forma repentina, antes de que pudiese acabar sus pantalones. El profesor de confección del centro los metió en un paquete y los envió aquí. Wayne los recibió la semana pasada.

No se sienta, sino que se queda de pie detrás de la silla y me pregunta:

—¿Cuántos años tienes?

—Treinta y dos —le respondo.

—¡Qué cojones vas a tener tú treinta y dos! ¡Si yo tengo treinta y ocho!

Wayne mira a Ziggy, allí sentado con la camiseta en la cara, y me vuelve a mirar a mí.

—Un compañero charlatán —le digo.

—Yo vivo con un gilipollas —dice Wayne—. Se hizo trincar solo porque vive en la calle y quiere una cama durante el invierno. Anoche empezó a quejarse porque recibió una carta que decía que lo dejaban salir en diciembre por buena conducta. Sabe que yo estoy en IPP, y el tío siguió quejándose porque no se quiere pirar.

Ziggy se levanta la camiseta de la cara.

—Más te vale no estar en IPP. Yo dejé los delitos violentos en cuanto entró la IPP. Qué condena más horrible.

—Que yo estoy en IPP, coño —dice Wayne.

—Ah, vaya.

Ziggy se vuelve a cubrir la cara con la camiseta.

Un instante después llega Wim, un holandés de cuarenta y pocos años que lleva los últimos nueve meses en desintoxicación por drogas, y lo está consiguiendo. Lleva el pelo largo y suelto y parece diez años más joven que en la foto de la tarjeta de identificación que le han dado en la cárcel. Ve a Ziggy de pasada y vuelve a mirarle de inmediato para asegurarse.

—¿Qué pasa?, ¿que estamos en Abu Ghraib o qué?

—Que no le han dejado dormir en toda la noche —respondo yo.

—La semana pasada pusieron conmigo a un chaval de diecinueve años, solo por una noche —dice Wim—. Le iban a pagar la fianza por la mañana, pero esto le venía grande. Se tiró la noche entera despierto y tocaba el timbre cada diez minutos para decir a los jefes: «Saben que mañana me ve el juez, ¿verdad?», y lo vuelve a tocar veinte minutos después: «¿Están seguros de que lo dice en mi documentación, que mañana me ve el juez? ¡Eso, que no se les olvide!». Al final se quedó dormido, pero yo tenía un mosqueo tremendo como para pegar ojo. No dejaba de imaginarme gritándole y diciéndole que no desperdiciara su vida.

Wim se acerca a la silla de Ziggy y le pregunta:

—¿Con quién vives tú, Ziggy?

—Estoy en un chabolo individual. —La voz llega amortiguada por la camiseta.

Wim se rasca la cabeza y mueve los labios como si fuera a decirle algo, pero decide sentarse.

Entran los últimos internos y toman asiento en el círculo. El último en llegar es Andrew, un británico de origen jamaicano de treinta y pocos años. Lleva puestas unas gafas con ambas patillas sujetas con papel celo. Han pasado catorce días desde la última vez que hablé con él, y en ese periodo lo han puesto en libertad y ha regresado a la cárcel. Yo no tenía ni idea de que había salido a la calle.

—Menudo cabreo tengo conmigo mismo por estar aquí de vuelta —dice.

—Lo siento, Andrew. ¿Cuánto falta para que te vuelvan a poner en la calle?

—Diez meses —me responde en un suspiro—. Pero espero que pasen rápido. Es algo curioso que tiene lo de que te envíen a la cárcel. En el mismo momento en que te condenan, te das cuenta de lo valioso que es el tiempo, así que empiezas a desear que pase volando porque quieres volver a estar fuera.

Andrew se sienta y cierro la puerta.

—El dramaturgo Samuel Beckett vivía en París, enfrente de la cárcel —les cuento—. Podía ver los muros desde su ventana. Salía al balcón y se comunicaba con los internos con una luz y un espejo.

—¿Es que pasaba drogas? —dice Wim.

—Escribió una obra de teatro en la que Didi y Gogo, dos viejos vagabundos vestidos con harapos, llegan a un camino y se quedan de pie junto a un árbol seco. Están esperando a que aparezca un tipo que se llama Godot. Esperan allí todo el día y, justo antes de la puesta de sol, llega un niño y les cuenta que el señor Godot no va a venir hoy, sino mañana. Anochece, y Didi y Gogo continúan esperando.

Ziggy se ajusta la camiseta sobre la cabeza para asegurarse de que no se le cae.

—Didi y Gogo siguen esperando a lo largo de todo el día siguiente y, justo antes de que caiga la noche, vuelve a venir el niño y les dice que el señor Godot no va a venir hoy, sino que seguramente vendrá mañana. Didi le dice al niño que eso es lo mismo que les soltó el día anterior, pero el chico afirma que el día anterior él no estuvo allí, que debió de ser su hermano. El niño se marcha, y Gogo dice: «No puedo seguir así». Y Didi le replica: «Eso es lo que tú crees».

Wayne me mira con los ojos entrecerrados.

—El tiempo pasa muy despacio —prosigo—. Didi y Gogo buscan una distracción a la desesperada. Se tiran toda la obra diciéndose: «¿Y qué hacemos ahora?», «¿Qué vamos a hacer?» y «¿Qué deberíamos hacer mientras esperamos?».

—¿Y qué hacen? —pregunta Andrew.

—Prueban un montón de cosas. En un momento dado, intentan pasar el rato peleándose el uno con el otro —le respondo.

—Los dos de la celda de al lado sí que tuvieron anoche una pelea de las buenas —dice Wim—. Tuvieron que venir los guardias a separarlos. Uno quería ver la BBC, y el otro quería ver la ITV.

—Ya sabes, cuando entras en la cárcel por primera vez y te ponen una tele en la celda, piensas «menos mal», pero ahora todo se repite sin más.

Andrew comienza a hablar sobre una riña entre dos personajes del episodio de anoche de *Gente de barrio.* Se une Wim. Se forman grupos pequeños que hablan de *Los Simpson* y de *Love Island.* Levanto la mano para llamar la atención de la clase. Me ven, pero ya están casi todos hablando sobre la tele. Bajo la mano, apoyo la espalda en el respaldo de la silla y espero a que terminen. Hablan sobre *Hollyoaks, Padre de familia* y una serie de documentales sobre la vida en las cárceles más duras del mundo: *Inside the World's Toughest Prisons.*

Permanezco apoyado en el respaldo de la silla unos tres o cuatro minutos, aguardando a que la conversación sobre la tele pierda fuelle. Cuando lo hace me incorporo y continúo con la clase sobre *Esperando a Godot*.

—Didi y Gogo intentan matar el tiempo durmiendo, pero ambos odian que el otro empiece a soñar.

—Dormir es la manera más larga de pasar tu condena —afirma Wim—. Es como cumplirla debajo del agua.

Ziggy se levanta un poco la camiseta de la cara.

—Pues yo no pegué ojo anoche.

—¿Y por qué Didi y Gogo no se largan de allí y adiós, muy buenas? —pregunta Wayne.

—Hay un momento en el que acuerdan marcharse, pero se quedan ahí —le respondo.

—¿Quién es Godot? —dice Wayne.

—No están muy seguros del aspecto que tiene Godot. Intentan recordar por qué Godot quería verse allí con ellos, pero son incapaces. Lo único de lo que se acuerdan, poco más o menos, es de que Godot les había dicho que él no podía ofrecerles «nada concreto» y que «no podía prometerles nada».

—Entonces solo es un truco. Godot no es nadie.

—Todos estamos esperando. A Dios, a lo mejor, o a morirnos. Una epifanía.

—Tú creerás que esto es algo profundo, Wim —dice Wayne—, pero te juro que no lo es. Godot es como el monstruo de una peli de terror. Siempre te da miedo porque no lo ves, tan solo lo presientes. Así de listos son los directores de las películas de miedo, pero no es nada profundo. Beckett solo te está tomando el pelo.

—A lo mejor ni siquiera sabemos a qué estamos esperando —dice Wim—. Estás ahí esperando sin más a que llegue eso que le va a dar sentido a la razón por la que esperas.

—Eso suena muy profundo, pero no tengo ni idea de lo que estás diciendo —dice Wayne.

Wim se pasa las manos por el pelo.

—Cuando me dedicaba a mendigar, lo peor que podía hacer era perder la paciencia. Si pierdes los papeles o suenas sarcástico, nadie te va a dar dinero. Da igual las veces que te rechacen, tienes que seguir.

Wayne se burla y niega con la cabeza.

—Didi prueba a contar un chiste para pasar el tiempo —les cuento—, pero, justo antes de soltar la gracia, tiene que largarse a mear porque tiene floja la próstata. Más adelante intenta cantar una canción sobre la muerte de un perro, pero se le olvida la letra una y otra vez. Todo lo que intentan les falla, se les vuelve en contra o enseguida se queda en nada.

—Podrían recordarse el uno al otro que pueden suicidarse si fuera necesario —dice Wayne—. No digo que deban hacerlo, pero saber que tienen esa opción facilita las cosas.

—Al final de la obra —digo—, tira cada uno de un extremo del cinturón de Gogo para ver si es lo bastante fuerte para colgarse con él, pero se parte en dos y están a punto de acabar en el suelo. A Gogo se le caen los pantalones a los tobillos, y la obra se termina.

A Wayne se le hinchan los orificios nasales.

—Lo único que intenta Beckett es tocarnos las pelotas.

—¿Cómo deberían Didi y Gogo esperar a Godot? —pregunto a la clase.

—A lo mejor Godot sí que va a venir, pero va con el RHN, el Ritmo Horario de los Negros —dice Andrew.

Se ríen varios de los otros internos negros de la clase.

Las gafas de Andrew se tambalean cuando habla.

—Si un negro te dice que va a verte a las doce, eso significa que él sale a la una y media, y aun así va a llegar una hora antes. Esa es mi teoría de por qué nos meten a tantos de nosotros en la cárcel y ni con esas nos rebelamos. Nos da igual el tiempo. Sinceramente, Didi y Gogo deberían esperar a Godot en Jamaica.

Ziggy sigue repanchingado en la silla con la camiseta en la cabeza. Wayne tiene pinta de estar cada vez más irritado.

Wim se aparta el pelo de los ojos y dice:

—Si Didi y Gogo se dedican a mirar constantemente al camino a ver si viene Godot, se van a volver locos, pero también se van a volver locos si tratan de dejar de pensar en Godot. Es lo mismo que intentar no pensar en un elefante rosa, así que no deberían pensar en él y tampoco deberían evitar pensar en él.

—¿Cómo pueden hacer eso? —pregunta Wayne.

—Que se distraigan.

—Eso es lo mismo que evitar pensar en él —dice Wayne, que proyecta hacia delante la mandíbula inferior.

—Evitar pensar en Godot significa tener a Godot siempre en el centro de sus pensamientos. Distraerse significa olvidarse de él por un momento. Igual que yo aquí dentro. Relleno una solicitud para un trabajo y, semanas más tarde, estoy pidiendo a todos los funcionarios que me encuentro que miren a ver cómo va. Quiero mi respuesta para ayer, pero siempre me toca esperar hasta mañana para recibir la respuesta que yo no quiero. Soy capaz de volverme loco a menos que me distraiga para no pensar en mi solicitud.

—Didi y Gogo no tienen nada con lo que distraerse —dice Wayne.

—Siempre le pueden pedir al chaval que les lleve una china cuando vuelva a pasarse mañana —dice Wim.

Se ríe toda la clase.

—Yo les daría una paliza a Didi y a Gogo —dice Wayne.

—Sí, Didi y Gogo son el problema —dice Wim—. Si yo estuviera ahí esperando, me apartaría de ellos y me pondría a lo mío. El pánico que les entra y sus quejas me dan mal rollo. Tú tienes que seguir centrado sin que se te vaya la cabeza para controlar el tiempo, y no como esos dos, que es el tiempo el que los controla a ellos.

—¿Cómo pueden Didi y Gogo hacerse con el control del tiempo? —pregunto, y es Wim quien contesta.

—Cuando se despiertan, deberían intentar llegar hasta el mediodía. Cuando llegue el mediodía deberían intentar llegar hasta media tarde, y después intentar llegar hasta la noche. Si eso no les funciona, pues deberían intentar pasar la hora que tienen por delante, o los siguientes veinte minutos. O dos minutos.

Wayne hace una mueca.

—Entonces llega el niño y les dice que tienen que volver a hacerlo. Lo que más odio de la cárcel es cuando le pido algo a un boqui y me dice que se lo vuelva a pedir mañana. Pregunto al día siguiente y resulta que no ha venido, que está de vacaciones o que no tiene turno. Ojalá dejaran de mentirme de una puta vez. Pues dime que no, que puedo soportar que me digan que no.

—¿Qué crees tú que Didi y Gogo deberían decirle al niño? —pregunto a Wayne.

—Que pasen de él.

Wim estira los brazos. Andrew le pregunta la hora al interno que está a su lado. Se está apagando la energía en el aula. Ziggy se quita la camiseta de la cabeza, bosteza y dice:

—¿Seguimos hablando de esos dos pordioseros?

—Ahora estamos debatiendo sobre cómo deberían esperar Didi y Gogo —dice Wim.

—Dependerá de cuándo vaya a venir el pavo ese —dice Ziggy.

—No lo saben —dice Wayne.

—Tienen que saberlo, porque, si no, ¿cómo es que siguen los dos ahí? —replica Ziggy.

—Que no saben cuándo va a llegar —insiste Wayne.

—Vale, pues tendrán que enterarse de cuándo va a venir.

—Que no estabas escuchando, chavalote. Que no lo pueden saber, coño. Que de eso trata toda la puta historia.

—Me he dormido en esa parte.

—Entonces para qué opinas —dice Wayne.

—Pues deberían enterarse de cuándo va a venir, eso seguro —vuelve a la carga Ziggy—. La incertidumbre no es buena. Si no va a venir, deberían marcharse.

—¿Por qué no te duermes otra vez? —Wayne se levanta y sale del aula con un portazo.

Todos nos quedamos mirándonos los unos a los otros. Wim pone una cara rara.

—Deberían seguir al niño y punto. Eso los llevaría hasta Godot —dice Ziggy.

Digo a los internos que hablen un momento entre ellos. Me asomo a mirar por el ventanuco de la puerta del aula. Wayne se pasea arriba y abajo por el pasillo, va mascullando algo para el cuello de la camisa. A mi espalda, Andrew y Wim charlan sobre *Love Island*. Alguien menciona el concurso *Tu oportunidad*. Sube el volumen en el aula. Todo el mundo está hablando sobre la tele.

La locura

> Habéis de saber, queridos míos, que todos y cada uno de nosotros somos ciertamente culpables de todo y en nombre de todos sobre la faz de la tierra.
>
> Dostoievski

Llevo los dos últimos meses con el miedo de que voy a quemar mi casa. La mayoría de las mañanas salgo por la puerta, llego caminando hasta el final de la calle y me da por pensar que me he dejado encendido un fogón. Me digo que no, que no me lo he dejado encendido, pero pienso: «¿Y si vuelvo a casa después del trabajo y me encuentro a los bomberos, que están apagando el incendio que devora todo el edificio? Están metiendo en bolsas de plástico los cadáveres calcinados de mis vecinos y se los llevan».

Vuelvo corriendo a casa para comprobar si he apagado el fogón. A veces tengo que volver corriendo a casa una segunda vez para ver si lo he comprobado bien la primera. Aunque ni siquiera haya utilizado los fogones esa mañana, el verdugo que llevo metido en la cabeza me dice que he hecho algo mal, seguro. El temor es tan intenso que tengo que volver y asegurarme de que no es así.

Para ahorrar tiempo, ahora me ha dado por hacer una foto a los fogones antes de irme de casa y, cuando llego al final de la calle y me entra el pánico de haberme dejado encendido algún fogón, puedo echar mano del móvil y confirmar que no. Hay veces en que me tranquiliza ver la foto y me acalla esos pensamientos que me castigan, pero otros días ni siquiera eso logra que el pavor desaparezca. Es como si se tratase de una culpa tan primaria que ni siquiera requiere de un contenido. Es algo nebuloso, como un gas tóxico que me asfixia.

Hace tres meses, en un maravilloso día de verano, cogí una barcaza para bajar por el río con Johnny, mi amigo desde hace veinte años. Cada vez que veíamos un sauce llorón inclinado sobre el agua, hacíamos pasar la barca entre las ramas y nos entraba la risa con el roce de las hojas en la cabeza. Anoche saqué el móvil para ver las fotos de aquel día y tuve que pasar cerca de sesenta imágenes de los fogones antes de llegar a las del río.

Hoy espero en mi aula para dar clase a un grupo de reclusos vulnerables, los «RV», gente a la que podrían reventarle la cabeza si se juntara con los demás presos. Muchos de los RV están entre rejas por delitos sexuales, pero hay algunos que están en el módulo porque tienen deudas de drogas o están bajo la amenaza de alguna banda de entre la población de presos comunes. Esta aula tiene unos grandes ventanales que dan al rellano. Los cristales están reforzados, y los de seguridad me han dicho que debo mantener la puerta cerrada con llave en todo momento. Si ciertos presos comunes accedieran al aula, aquello se convertiría en «un baño de sangre». Sin embargo, he de dejar siempre abiertas las contraventanas para que los guardias puedan vigilar el interior del aula por si acaso los RV se atacan entre sí.

Llega un grupo de siete RV escoltado por dos funcionarios. Entran los alumnos y se sientan en dos grupos en extremos opuestos de la sala. Los del grupo del lado izquierdo del aula tienen treinta años menos que los de la derecha. La mayoría de los morosos del módulo de RV no ha cumplido todavía los veinte o hace poco que lo ha hecho. Muchos de los otros están ya camino de los sesenta o los setenta años.

Los funcionarios se marchan y cierran la puerta con llave al salir.

Ash y Devon se sientan el uno al lado del otro. Ash era profesor de geografía antes de entrar en prisión. Tiene treinta años más que yo, y su formación supera con creces la mía. Lleva una camisa de manga larga de cuadros rojos y azules con la que no me cuesta lo más mínimo imaginármelo dando clase. Una vez, en el mes de junio, le llevé unas lecturas a su celda y vi que todavía tenía una felicitación de Navidad junto a la cama.

Devon lleva un par de zapatos de los que facilita el centro y una camiseta con la imagen de una palmera y una puesta de sol por delante. Va a cumplir los cuarenta y no sabe leer. Yo creo que tiene una discapacidad de aprendizaje no diagnosticada. La semana pasada, algunos internos estaban charlando sobre Saturno y Devon tenía cara de estar hecho un lío: él pensaba que Saturno era lo mismo que la Luna, y cuando le dijeron que no, que Saturno y la Luna eran cosas distintas, se enfadó con ellos porque pensaba que estaban intentando tomarle el pelo. Hoy Devon ha traído a clase una carta legal, y Ash le está contando lo que dice. También intenta enseñarle a pronunciar una palabra. Dice Devon:

—Teee... —Mira la hoja con los ojos entornados—. Teesss-tam-meeen-taría.

Desde el otro lado del aula, alguien finge un estornudo para decir «Violaniños». Los jovencitos que se sientan a su lado se echan a reír. Edo tiene diecinueve años y ha contado a todo el mundo que está preso por un delito de drogas y que si lo han trasladado al módulo de RV ha sido por las quejas en el suyo, pero lo cierto es que está allí por un delito sexual.

Al otro lado del ventanal pasa media docena de internos a los que llevan de vuelta a sus celdas. Uno de ellos da un golpe en el cristal y grita «Putos violaniños». Edo se inclina hacia delante en su silla, se desata los cordones, se los vuelve a atar y oculta bien la cara mientras tanto. Comprueba que esos internos han terminado de pasar antes de volver a incorporarse.

Los internos me están mirando, esperan a que empiece la clase. Con los presos comunes tardas horas en lograr que se callen y te presten atención, pero a estos hombres no les gusta charlar con los demás.

—Hay un relato en la Biblia que cuenta que Jesús va un día al templo y se encuentra con que hay unos prestamistas que están comerciando allí —les digo—. Se hace un látigo con unos cordeles y los expulsa a todos, les vuelca las mesas y les dice: «No convirtáis en un mercado la casa de mi Padre».

—Creo que la frase es «No convirtáis la casa de mi Padre en una cueva de ladrones» —dice Ash.

—Mis disculpas, Ash. Una cueva de ladrones —le digo.

—¿Por qué volcó Jesús las mesas? —pregunta Devon.

—Porque estaba enfadado —responde Ash.

—¿Por qué? —insiste Devon.

—Porque estaban comerciando en el templo, que es un lugar sagrado.

—¿Qué significa «sagrado»?

—«Sagrado» es cuando algo es especial y no se debe estropear nunca.

—¡Puaj! —dice Alfie con un gesto de asco en los labios. Alfie está en RV por una deuda de drogas. Tendrá unos diecinueve años.

Intento generar una conversación sobre la limpieza del templo, pero los reclusos no dejan de lanzarse puyas entre sí. Apenas llevamos unos minutos de clase y ya estoy agotado.

Uno de los internos en clase, Louis, tiene un parecido asombroso con el padre de mi primera novia, un vendedor de coches de segunda mano que lucía anillos de oro en ambas manos y un moreno de rayos UVA. Cada vez que veo a Louis me quedo impresionado por un momento ante lo cetrino que es en comparación. A Louis no le cae bien Ash desde nuestra primera clase juntos, cuando Ash dijo: «Aprendí a sobrevivir en la cárcel gracias a haber ido a un internado» y Louis respondió: «Yo aprendí a sobrevivir en la cárcel gracias a haber crecido en unos pisos de protección oficial».

Intento mantener la clase en marcha.

—Jesús expulsó a los mercaderes del templo. ¿En qué otras situaciones debería quedarse al margen el mercado? En California, los presos pueden pagar ochenta y dos dólares por pasar la noche en una celda de lujo. En internet puedes pagar a un profesional para que escriba una carta de disculpa en tu nombre.

—El dinero puede hacer que cualquier problema desaparezca —dice Louis, y Ash niega con la cabeza—. Hay gente que ha hecho exactamente lo mismo por lo que me encerraron a mí, pero ellos no pisan la cárcel porque pueden pagar para librarse, para evitar los tribunales.

—Eso no hace que el problema desaparezca —dice Ash.

Louis se inclina hacia delante en su silla y dice:

—Los ricos viven más tiempo. Se alimentan bien.

—Eso no tiene nada que ver con el dinero. El McDonald's es mucho más caro que la fruta y la verdura fresca —responde Ash.

—Tú no entiendes lo que es la pobreza.

—La gente tiene que aprender a controlarse.

Louis abandona su silla y cierra las contraventanas. Me acerco a la ventana para volver a abrirlas.

—Tenemos permiso para cerrarlas —dice Louis.

—El funcionario ha dicho que las dejemos abiertas.

—De todos modos, la mitad de los boqueras son unos corruptos —me replica.

Abro las contraventanas.

Durante la siguiente media hora me dedico a lanzar nuevas ideas e introducirlas en la conversación para mantenerla en movimiento y que haya menos oportunidades para discutir.

—Hay una organización benéfica muy controvertida en Estados Unidos: pagan trescientos dólares a las mujeres adictas a la heroína para que se esterilicen.

—¿Y eso no plantea ningún inconveniente con el consentimiento? —dice Ash.

Edo le da un codazo a Alfie y se ríen los dos.

—¿De qué os reís vosotros?

—No se ríen de nada, Devon. No les hagas caso —dice Ash.

Una semana después hago una foto de los fogones, salgo de casa y me dirijo al centro penitenciario. En el camino al trabajo, tengo un mal presentimiento. Saco el móvil y echo un vistazo a la foto de la cocina que he hecho hoy, pero no me tranquiliza. El verdugo me dice que si no he hecho nada mal, entonces no voy a tardar en hacerlo. No puedo hacer nada para cambiar eso, es demasiado tarde para plantar batalla. Lo mejor que puedo hacer es marcharme sin hacer ruido.

Una hora más tarde, en mi aula, abro las contraventanas. Hay tres hileras de mesas de un lado al otro por el centro de la clase. Dejo caer la mochila al suelo, empujo las mesas contra la pared y formo un círculo de sillas en el centro del aula. Entra un funcionario y me dice que ha habido un cambio de ubicación de la clase de filosofía. Las mesas estaban puestas en hileras porque la sala se va a utilizar como *call center* para que los internos tengan experiencia laboral: van a hacer unas llamadas generadas por ordenador y van a pedir a la gente que participe en unos cuestionarios de investigación de mercado. Les van a pagar unas tres libras al día por hacerlo.

Cojo la mochila y me dirijo a la puerta.

—Antes de irse —me dice el funcionario—, vuelva a poner las mesas en su sitio, por favor.

Vuelvo a colocar las mesas, cierro el aula con llave y recorro la cárcel hacia mi nueva ubicación. En la pared del pasillo hay un expositor con unas cuarenta o cincuenta fotografías con el retrato de los antiguos reclusos a los que el centro invita cada mes para que hablen a los internos sobre la vida después de la delincuencia. Gente que estuvo entre rejas por tráfico de drogas, robo a mano armada, crimen organizado o asesinato les cuentan cómo se convirtieron en corredores de maratón, artistas galardonados, emprendedores de negocios, trabajadores de centros para la juventud, conferenciantes universitarios o autores publicados. Acuden como un ejemplo motivador para que los internos vean que ellos también pueden convertir sus vicios en virtudes. Ninguno de los retratos es de un delincuente sexual.

Llego ante una puerta de seguridad y accedo a la oficina para firmar en el registro. Un funcionario de cincuenta y muchos años está recostado en su silla con una taza de té en la mano. Es un hombre de Yorkshire, parco en palabras, que se llama Stiles. Otro funcionario que tendrá más o menos mi edad se dedica al papeleo en una mesa. Abro el libro de firmas.

—¿Es usted de asistencia sanitaria? —pregunta Stiles.

—Doy filosofía con los RV —le contesto.

—¿Filosofía? ¿Con esa gente? Pero si son unos animales —me dice.

Tuerzo el gesto. Me imagino cómo será vivir en una celda cuando el hombre que tiene la llave de tu puerta te considera un animal. Me imagino a mí mismo encerrado en una de esas celdas. El verdugo me dice que es ahí donde debería estar.

Interviene el funcionario más joven.

—¿Y qué se supone que vamos a hacer, tenerlos a pan y agua?

—¿Los dejarías tú de canguros de tus hijos, eh? —dice Stiles.

—Eso da igual. Seguimos teniendo la obligación de cuidar de ellos —dice el más joven.

Anoto mi nombre y mis datos en el libro y dejo allí a los dos funcionarios con su discusión.

Voy a mi aula. Abro las contraventanas y espero a que llegue mi clase. Quince minutos más tarde, una multitud de internos pasa por delante del ventanal: son los presos comunes. Voy a tener que esperar a que los hayan trasladado a su lugar y los hayan encerrado allí antes de que los funcionarios abran a los RV y los traigan. Estos dos grupos no tienen permiso para moverse en libertad por el rellano al mismo tiempo. Por el mismo motivo, los RV tienen que regresar a su celda antes que otros internos.

Limpio la pizarra blanca. Tengo los rotuladores alineados sobre mi mesa en el orden rojo, negro, verde y azul. Los reordeno así: negro, azul, rojo y verde. Espero.

Cuando era un adolescente, en algún lugar muy dentro de mí yo sabía que el verdugo de mis pensamientos era irracional, e intentaba decirme que no había hecho nada malo, pero, en aquellos tiempos, *News of the World* publicaba los nombres, las fotografías y los paraderos conocidos de los condenados por pedofilia. Poco después, ciento cincuenta personas causaron desórdenes ante la casa de un hombre al que había citado el periódico. Tiraron piedras a su ventana, volcaron un coche y le prendieron fuego. Le tiraron un ladrillo a la cara a un policía. Otras personas mencionadas en el periódico sufrieron ataques en diversos lugares de Inglaterra. Algunos eran pedófilos, otros simplemente se llamaban igual que algún pedófilo. Se me revolvió el estómago cuando encendí la tele y vi que unos justicieros habían pintado con aerosol la palabra «pedófilo» en la fachada de la casa de un pediatra. Daba igual que supiera que el verdugo de mis pensamientos era irracional: la televisión me estaba demostrando que podía sufrir un castigo sin motivo alguno.

Llevo cuarenta minutos esperando a que lleguen los RV. Cansado de estar sentado en la silla, me paseo arriba y abajo y doy vueltas por el aula vacía. Sobre mi mesa hay un ejemplar del *Inside Time*, un periódico para los reclusos. Me siento en la mesa y lo abro. En una página hay numerosos anuncios de bufetes especializados en apelaciones. En la página siguiente un anuncio asegura que si has sufrido algún accidente en prisión en los últimos dos años y no ha sido culpa tuya, podrías tener derecho a varios miles de libras.

Veo un artículo sobre un hombre de mediana edad que ha muerto hace poco por una cirrosis hepática. En los años ochenta había pasado por un centro de menores, donde fue violado por un funcionario llamado Neville Husband. Se cree que este funcionario agredió sexualmente a más de trescientos chicos en los centros penitenciarios en los que trabajaba. Buscaba niños que hubiesen crecido en acogida y no contaran con respaldo familiar. Una de las víctimas contó que Husband se disculpaba cada vez que lo violaba, le prometía que no lo volvería a hacer y, acto seguido, lo amenazaba con que lo encontrarían muerto en una celda si se lo contaba a alguien. Muchos funcionarios sabían lo que hacía Husband, pero no movieron un dedo.

Cierro el periódico. Siento náuseas y una extraña sensación de vergüenza. Al dar clase en prisión no me puedo quitar de la cabeza que trabajo para una institución que con frecuencia deshumaniza y traumatiza a la gente hasta un punto que es tan dañino como los delitos por los que estas personas fueron condenadas. Cuando leo sobre los abusos de poder, casi me siento cómplice.

Se abre la puerta. Es el funcionario Stiles, que viene con una fila de RV pisándole los talones. Les da paso al interior del aula. Cierro el periódico.

—Avíseme por radio si le dan algún problema y yo me encargo —me dice Stiles.

No respondo nada en un fallido intento por evitar sentirme cómplice.

Cierra la puerta, echa la llave y se marcha. Los internos toman asiento. Esta semana solo son cinco. Han expulsado a Alfie del módulo de RV por acosar a un pedófilo; lo han enviado al módulo de los comunes, pero sigue teniendo sus deudas de drogas allí, así que lo han puesto en una celda con un funcionario en la puerta a tiempo completo para protegerlo.

Louis va hasta el ventanal y cierra las contraventanas. Me dirijo hacia allá para volver a abrirlas, pero Louis me aborda.

—Andy —me dice—, quería decirte que tienes algo muy especial, esa forma de contar las historias, cómo te comportas. El otro día estaba buscando el nombre del actor al que me recuerdas, pero no me decidía entre si te pareces más a Christian Bale o a Tom Cruise. Tienes un don. Veo algo más que la enseñanza en tu futuro. Creo que podrías ser actor.

—Louis, me gusta dar clase —le digo.

—Ya lo sé, hombre, y eso es genial, pero es que me fastidia que no haya más gente que pueda ver tu talento. ¿Por qué no me permites que te presente a algunos de mis socios?

—No puedo hacer eso, Louis.

—Andy, estoy hablando de hacer televisión, cine, musicales. Conozco gente que podría hacerte famoso. No le digo esto a todo el mundo, pero veo grandes cosas para ti.

—Gracias, Louis, pero eso no va a poder ser.

—No te sientas en la obligación de responder hoy. Piénsatelo un poco.

Abro las contraventanas.

Pongo en marcha la clase, pero me noto apático. Cuando enseño a los presos comunes, disfruto de la energía de una conversación en un grupo de hombres. No percibo esa sensación fraternal con los RV, soy más formal. En parte se debe a que quiero mantener las distancias para que Louis no cruce mis límites, pero tal vez, como Stiles, esté siendo lo bastante engreído como para considerar que soy de una especie distinta a la de estos hombres.

Edo no ha llamado «violaniños» a nadie esta semana. Está muy callado. Le hago preguntas, pero me responde con monosílabos. Le pido que me cuente algo más, pero se le escapa una risita nerviosa. Cuanto menos diga, menores son las probabilidades de que lo descubran. Le sirve de ayuda el hecho de que exista una cultura del silencio entre estos RV. Muchos prisioneros comunes hablan abiertamente, te cuentan que están allí por estafa, o se autodenominan «traficantes» con mucho orgullo, pero los RV rara vez hablan de sus delitos y, cuando lo hacen, suele ser para negarlos, restarles gravedad, haciéndose las víctimas o con una intensa vergüenza. Intento reconducir la conversación hacia la filosofía.

A los treinta minutos de clase, entra Ash. Ha estado en una reunión con su agente para la reinserción, hablando sobre el trabajo al que se podría dedicar cuando salga de la cárcel. Cuando empezó a tener estas reuniones, el mes pasado, esperaba poder dedicarse a la enseñanza corrigiendo exámenes online, pero no estaba seguro de que los términos de su puesta en libertad le permitiesen disponer de una conexión a internet. Después de otra reunión dijo que no le importaría en absoluto trabajar en una obra, pero otro de los internos se rio de él:

—Hasta que alguien te busque en Google.

—Ojalá no hubieran inventado internet —dijo alguien.

Esta semana, Ash le cuenta al interno que tiene a su lado que va a solicitar un trabajo en un centro de acogida de animales.

Unos minutos más tarde digo a la clase:

—Derrida pensaba que solo los actos imperdonables son dignos de perdón.

—Para mí, eso no tiene ni pies ni cabeza —dice Ash.

—Quiere decir que, para perdonar, tenemos que olvidarnos de la lógica ordinaria, que lo que tiene de especial el perdón es que no es algo meditado ni calculado. Es una de las pocas sorpresas genuinas que hay en la vida.

—¿Y cómo se supone que se hace eso? —pregunta Ash.

—Derrida dice que para perdonar has de tener una especie de rapto de locura.

—¿Era un psicópata? Conozco a tíos así en el módulo. Hacen algo malo y, al minuto siguiente, ya se les ha olvidado.

—¿Tú crees que hace falta un rapto de locura para perdonar? —le pregunto.

—En este sitio, yo me paso cada minuto intentando no volverme loco.

Cuento una historia a los internos.

—Simon Wiesenthal era un arquitecto judío al que metieron en el campo de concentración de Lemberg en 1943. Un día lo sacaron del campo y se lo llevaron al hospital, junto a la cama de un soldado nazi moribundo que se llamaba Karl Seidl. Karl le contó que había ayudado a meter a unos trescientos judíos en una casa y que después habían lanzado granadas al interior. Una familia intentó escapar saltando por las ventanas del segundo piso, pero Karl les disparó antes de que lo lograran. Unas pocas semanas después, Karl estaba en combate, enfrentándose al fuego de la artillería rusa. Se quedó paralizado en mitad del campo de batalla.

—Mierda —exclama Louis.

—Le contó a Wiesenthal que «había visto a la familia judía en llamas, al padre con el niño y a la madre detrás de ellos, y venían a mi encuentro. No, no puedo dispararles una segunda vez». Entonces estalló un obús, y Karl perdió el conocimiento.

Devon está roncando. Ash le da un golpecito con el codo y lo espabila.

—Karl se despertó en la cama del hospital —prosigo—, e iba a morir pronto a consecuencia de las heridas. Pidió que le trajeran a un judío junto a su cama para poder pedirle perdón.

—¿Perdón por qué? —dice Louis.

—Simon no supo qué decir —continúo—. Se quedó sentado con Karl en silencio. La respiración de Karl se fue haciendo cada vez más débil hasta que cesó por completo y murió. Durante décadas después de aquello, Simon se preocupaba por preguntar a filósofos, escritores y religiosos si tendría que haberle dicho algo a Seidl.

Louis levanta los brazos:

—Karl no tenía ninguna necesidad de pedirle perdón.

—Preguntarle eso a Simon fue insultante por parte de Karl. No lo estaba viendo como una persona, sino como un judío —dice Ash, y Louis insiste:

—Si Simon hubiese nacido siendo Karl, habría hecho exactamente lo mismo.

Diez minutos más tarde, Ash dice:

—No creo que se tratara solo de que Karl tuviera miedo de morirse. Yo creo que de verdad quería el perdón porque sabía que había hecho algo malo.

—¿Por qué lo piensas? —le pregunto.

Ash se explica.

—Cuando vio a la mujer y al niño en el punto de mira de su rifle, se dio cuenta de lo que había hecho. Se quedó paralizado porque pensaba que se merecía morir y deseaba recibir un balazo en la cabeza. Esa fue su forma de pedir perdón, pero no fue suficiente. Por eso se despertó y siguió con ello.

—¿Significa eso que era imperdonable? —pregunto.

Ash mira más allá de mi hombro.

Me doy la vuelta. Tres hombres miran fijamente por nuestra ventana, con la frente pegada al cristal.

A falta de veinte minutos para la libre circulación, el funcionario Stiles entra en mi aula para llevarse a mis alumnos.

—Estamos en plena conversación —le dice Ash al funcionario.

—Vas a tener que calmarte —responde Stiles.

Ash aprieta los dientes.

Los internos se levantan y salen en fila. Ash me estrecha la mano y me pregunta si podría extender el curso otras dos sesiones, ya que nuestras clases son más cortas que las de los presos comunes. Le digo que tengo que pensármelo.

Se marchan los internos. Echo la llave en la cerradura en cuanto salen y me dejo caer en mi silla. Cierro los ojos y espero a que me baje la tensión.

Un fuerte golpe en la ventana me hace dar un respingo. Abro los ojos y veo a un hombre con un puño voluminoso pegado contra el cristal.

Me mira desafiante.

Le devuelvo la mirada e intento no dar muestra de ningún temor. Tengo los músculos de las piernas agarrotados.

El tipo me mira con los ojos entornados, se echa a reír y se marcha.

Suelto un largo suspiro. Estiro las piernas para tratar de relajarme, pero sigo notando un bloque de tensión en el pecho.

Creo que le voy a decir que sí a Ash sobre lo de extender las clases, por mucho que esté viendo que el trabajo en esta sección de la cárcel está provocando a mi verdugo mental.

Es más, quiero seguir con el curso justo porque lo provoca tanto. No quiero dejar que el verdugo me gane. Ya le he permitido arrebatarme demasiado. Últimamente, cuando me veo en las fotos, me parece que soy más bajo que antes, como si hubiese menguado cinco centímetros a base de acobardarme. Quiero volver a llevar la cabeza bien alta. Voy a seguir con esta clase y, cuando me envuelva el gas tóxico, demostraré que soy capaz de tenerme en pie. Cuando venga el verdugo le voy a mirar a la cara y lo voy a echar de aquí.

Un par de días después viajo hasta una prisión rural, a trescientos veinte kilómetros de casa. Me bajo del autobús y camino escuchando la mezcla que Spotify ha preparado para mí. Los primeros compases del «Billy Jean» de Michael Jackson suenan en mis auriculares. Puedo pulsar en un corazoncito en la pantalla del móvil, y Spotify me pondrá más música de Jackson. O, por el contrario, puedo hacer un barrido con el dedo, y la *app* excluirá a Jackson de mis futuras mezclas.

Llego ante las puertas del centro penitenciario. Me quito los auriculares y apago el móvil.

En esta cárcel solo hay delincuentes sexuales. Allí dentro dan clases de jardinería y de repostería. Oigo música clásica procedente de algunas celdas. Los libros que presta la biblioteca suelen tener un toque más literario, pero apenas hay nada sobre historia del arte por todas esas imágenes de querubines infantiles. Aquí soy menos cauto al respecto de mi espacio personal: hay menos violencia, autolesiones y drogas que en una cárcel común. Algunos regímenes penitenciarios piden al personal que se refiera a los reclusos como «residentes», algo demasiado orwelliano para mi gusto, pero la cantidad de gente que viste pantalones de lino en este centro hace que el término parezca apropiado.

Treinta minutos más tarde estoy enseñando a una clase de veinte personas en la biblioteca. Son un grupo de hombres muy locuaces y abiertos los unos con los otros. Hablo a los internos sobre Prometeo y su castigo por llevar el fuego a la humanidad. Por una vez no me toca comprobar que no tengo a ningún pirómano en el aula antes de proseguir con el relato.

Es una clase de lo más entretenida. En un momento dado tengo a diez o doce personas con el brazo en alto para pedir la palabra. Es un grupo alegre y relajado, con un ambiente de buen humor que no había visto con los RV en ningún centro común. Si quiero enfrentarme al verdugo cara a cara, no va a ser fácil encontrarlo por allí.

La conversación se mantiene muy viva cuando el funcionario nos dice que es la hora de que los internos regresen a sus celdas. Varios de ellos se me acercan y, en nombre del grupo, me entregan una tarjeta de agradecimiento hecha a mano.

Se marchan, y muestro la tarjeta al bibliotecario.

—La clase ha significado mucho para ellos —me dice.

—La mitad de ellos tienen un doctorado. No creo que les haya enseñado nada que no supieran ya.

—La han disfrutado. Se mueren por cualquier instante que les permita desconcctar de sí mismos.

Al día siguiente me encuentro en la zona de presos comunes de una prisión de máxima seguridad. En el rellano, oigo unos gritos que me llegan por la espalda.

—¡Que os follen! ¡Que os follen!

Me doy la vuelta. A unos cinco metros, cuatro funcionarios están reduciendo a un hombre. Lo bajan al suelo, le llevan las manos a la espalda y lo esposan. Es angustioso verlo.

—Que os follen —grita el hombre, pero más bajo esta vez.

Dos funcionarios más aparecen corriendo en el escenario. Levantan al hombre y lo ponen en pie. Tiene la cara roja como un tomate, la respiración, muy agitada.

Los funcionarios lo escoltan hacia el módulo de aislamiento, y yo voy en la misma dirección, así que camino detrás de ellos por un pasillo largo y desierto. Las paredes son de bloques de cemento embadurnados de pintura blanca. El hombre camina encorvado hacia delante, con la cabeza tan baja que no se la veo.

Se me revuelve el estómago. Los funcionarios caminan muy despacio de manera intencionada, ayuda a rebajar la tensión. Me veo obligado a caminar a un ritmo muy inferior al habitual. Se me pasa por la cabeza adelantarlos, pero quiero demostrarme que soy capaz de soportar esta imagen. Continúo detrás de él.

Esa misma noche estoy en la cama durmiendo y me despierto con la sensación de una caída, como si el pie se me resbalara de un bordillo. Me encuentro en posición fetal y estoy hiperventilando. Tengo los dedos agarrotados y no puedo estirarlos. Intento salir de la cama, pero es como si tuviera petrificadas las piernas.

Pienso en los cuchillos de la cocina. El verdugo me dice que voy a herir a alguien con ellos. Me dice que a lo mejor lo he hecho ya y que estoy bloqueando ese recuerdo. En estado de alerta, repaso todos los días de la semana pasada para asegurarme de que no le he pegado un tajo a nadie. Sé que es un pensamiento absurdo, pero también tengo la certeza de mi culpa. Aunque no haya hecho daño a nadie en el pasado, no puedo tener la seguridad de que no se lo vaya a hacer en el futuro.

El temor alcanza un punto álgido y, acto seguido, amaina. Me baja el ritmo de la respiración y puedo volver a mover los dedos. Me incorporo en la cama. Me repito que estoy bien, que no he hecho nada malo, que no tengo el menor deseo de hacer daño a nadie, pero qué fuerte es el verdugo. Qué autoridad la del temor. Debo de estar violando alguna clase de ley.

Se me acelera la respiración, se me cierran los dedos hacia el pulpejo de la mano. Una vez más, el pavor me atenaza el cuerpo.

A la mañana siguiente me preparo para irme a trabajar. Entro en la cocina y saco una foto de los fogones. Veo un cuchillo de quince centímetros en el escurreplatos. Abro un cajón, meto el cuchillo al fondo del todo y lo cierro de golpe.

—Hay que joderse —exclamo.

Cierro los ojos y suelto un suspiro. Esta mañana ha ganado el verdugo.

Unas horas más tarde abro las contraventanas de mi aula. Entran los internos y se sientan, pero Louis viene al rincón a por mí y me dice:

—Andy, se me ha ocurrido otra idea para nuestro proyecto: tu voz en off. Tendríamos que conseguirte unos anuncios de coches. Tienes una voz maravillosa, ya lo sabes.

—Tendríamos que empezar la clase —le digo.

—Conozco a unos directores de *casting* que no te dejarían escapar —insiste.

—Ya me lo he pensado, Louis.

—¡Fantástico!

—No va a poder ser.

—Mis socios son algunos de los peces gordos en ese sector empresarial.

—¿Podemos pasar a otra cosa?

Me pone la cara de un crío enfurruñado.

—Creo que hoy deberíamos dejar las contraventanas medio cerradas —me dice.

—Tienen que estar completamente abiertas —le digo.

Louis se sienta y refunfuña.

Un momento después entrego a Louis, Ash y al resto una imagen de la estatua de Edward Colston. En la placa del pedestal dice «He aquí uno de los hombres más virtuosos de esta ciudad».

—Colston era un filántropo —les digo—, una persona que daba dinero para construir escuelas, hospitales y casas para los pobres por todo Bristol.

—Perdona que te interrumpa —dice Ash—. ¿Sabes ya si tendrás tiempo para extender el curso un par de semanas?

—Creo que no.

Ash baja los párpados y aprieta los dientes.

Señalo la imagen de Colston que tiene en la mano y le digo:

—Colston era también un comerciante de esclavos. Su empresa secuestró a unas cien mil personas en África Occidental. Así fue como ganó buena parte de su fortuna.

Ash deja la imagen sobre su regazo.

—¿Deberían retirar esa estatua? —pregunto.

—Si se permite que siga ahí, es como si dijeras que no pasa nada por ser inhumano —responde Ash.

—Nunca he entendido esa palabra —dice Louis—. ¿Cómo puede ser inhumano un ser humano? Pero bueno, en esos tiempos no pensaban que la esclavitud fuese algo malo.

—Colston sí sabía que estaba mal —afirma Ash.

—Es igual que con nosotros aquí dentro. Hace doscientos años, los motivos por los que la gente de RV está entre rejas ni siquiera habrían sido delito.

—Mira todo el dinero que daba Colston —insiste Ash—. Él sabía que lo que hacía estaba mal.

—Entonces ¿qué? —dice Louis—. ¿Tenemos que hacer como si la gente como él jamás hubiera existido? Escucha lo que te digo, ¡vamos a tirar esa estatua! Pero lo vamos a hacer con la condición de que quitemos todas las estatuas que haya habido jamás. El que esté libre de pecado que tire la primera piedra. ¡No, espera, olvídate de eso! A partir de ahora, solo vamos a recordar a la gente por lo peor que hayan hecho en su vida.

—No es eso lo que yo creo que hay que hacer. —Ash alza la imagen y se queda mirándola—. Coge una motosierra y corta la estatua por la mitad, así solo quedará la mitad de él.

La confianza

Quien confía en nosotros nos educa.

George Eliot

Hace unas semanas comencé a trabajar en un centro nuevo y me senté en el ambiente viciado de una sala de conferencias con otra docena de personas. Estábamos asistiendo a una charla de seguridad que ofrecía un funcionario con una dilatada carrera; se llamaba Kern.

—A veces un residente te pide que le hagas algún favor —dijo—. Te pide que le traigas el periódico de hoy aunque sabe que no tienen permiso para tener dentro un ejemplar del periódico del día. Si dices que sí, entonces te pide el periódico todos los días hasta que te acostumbras a traerles cosas. Creará en ti la sensación de que puedes confiar en él. Entonces te pedirá que envíes una carta en su nombre, y como a ti te da lástima y no ves que eso le haga daño a nadie, vas y lo haces. En ese momento te pide que le traigas otras cosas como dinero, drogas y móviles, y si te niegas, te amenazará con denunciarte por traerle periódicos. En este mismo centro despidieron hace poco a una mujer cuando se descubrió que estaba recargándole el saldo de un teléfono ilegal a un preso. Todo había empezado con favores inofensivos dos años antes. Tal vez no os dé la impresión de que os están camelando, pero recordad que esta gente dispone de mucho tiempo, así que pueden jugar a largo plazo.

Nos mostró la imagen de un cuchillo de treinta centímetros improvisado con acero y una empuñadura envuelta en alambre. Después nos enseñó una docena más de fotos de otras armas improvisadas con una pinta espeluznante: un cepillo de dientes afilado a más no poder, un palo de escoba dentado con clavos, una bola de billar en un calcetín...

—Si veis a un recluso que se mueve de manera poco natural, como si pudiera estar tratando de ocultar un arma, decídselo a alguien.

Nos contó que a lo largo de los últimos diez años se había ido incrementando el número de actos violentos en el rellano. Unos meses antes tuvo que encargarse de un hombre que le estaba haciendo la jarra a otro: «hacer la jarra» es cuando alguien pone a hervir su tetera, le añade azúcar y le echa el agua a otro en la cara. El azúcar caliente le quema la piel. Los ataques al personal también han ido en aumento.

—Nunca permitáis que alguien se os acerque demasiado —dijo Kern—. Vigilad vuestro espacio.

A continuación añadió:

—Cualquier objeto que un preso tenga en su celda será un lugar donde ocultar drogas. Un tubo de pasta de dientes o un desodorante. En medio de un paquete de galletas. En una raja practicada en mitad de la suela de una zapatilla de deporte o en el encuadernado de un libro. Dentro de un bolígrafo que han mangado en alguna clase... Pero lo último ahora son los ciberdelitos.

Nos habló entonces de un hombre con el que había trabajado y que utilizaba un teléfono inteligente que había colado a escondidas para cometer estafas románticas. Se hacía perfiles falsos de contactos con fotografías de jóvenes atractivos y buscaba a mujeres de más de cincuenta años que dijeran estar buscando la felicidad y las manipulaba para que le transfirieran cientos de libras a su cuenta bancaria.

—El año pasado, un joven de aquí consiguió conectar a

internet un ordenador de la biblioteca. Estaba poniéndose en contacto con testigos e intimidándolos.

Concluyó diciendo:

—Mantened los ojos bien abiertos, hacedles saber lo antes posible que no sois idiotas. Jamás confiéis en un recluso.

Si yo tratara a mis alumnos con tanto miedo y tantas sospechas como Kern, se cruzarían de brazos, evitarían mis miradas y se quedarían con la boca cerrada. Si supieran que yo nunca iba a confiar en ellos, entonces ¿por qué se iban a molestar en ser dignos de confianza? El consejo de Kern será eficaz para mantener un tipo de orden muy concreto en el rellano, pero no sirve de nada si quieres construir una relación, no ayuda a que la gente crezca.

Hoy por hoy estoy trabajando en dos centros penitenciarios, uno moderno, el otro antiguo. La prisión moderna está más limpia, tiene los pasillos más amplios y las ventanas más grandes que la antigua, pero también tiene unas aristas más angulosas. Los rincones de cada estancia son más rectilíneos, mientras que los bordes de la antigua son más redondeados. No estoy seguro de cuál de los dos centros me parece más severo. La cárcel moderna es algo así como un castigo en alta resolución.

Cuando comencé a trabajar en la prisión moderna, una de las profesoras me dijo que no tuviese miedo de los internos.

—Cuando empiezas a conocerlos te das cuenta de que tienen un corazón de oro.

Dos meses más tarde la despidieron por traerle cosas de fuera a uno de ellos. A veces los profesores y los funcionarios reaccionan los unos contra los otros como una pareja de padres disfuncionales: cuanto más severos y cínicos se muestran los guardias de seguridad, más indulgentes y románticos se vuelven los profesores.

Hace unos meses me encontraba en la misma prisión dando clase a unos presos comunes y, mientras los internos hablaban por parejas, un hombre más mayor de rostro amable que se llamaba Micky se acercó a mí y me enseñó su reloj de pulsera.

—Se me está quedando sin pila —me dijo—. Hace semanas que rellené una solicitud para pedir una nueva, pero todavía no sé nada.

—La habrán perdido, seguramente. Yo rellenaría otra.

—Seguiré esperando. No te preocupes, siempre estoy esperando.

—Rellena otra solicitud. Al final conseguirás tu pila.

—Eso espero, porque era el reloj de mi hermano, antes de que se muriese. No tendrás tú una pila, ¿verdad?

—Pues no —le dije.

—Ya —me dijo como si estuviera reconociendo que el marcador estaba ahora mismo en un 1-0 a mi favor.

Hoy estoy dando clase en el mismo centro y tengo a un alumno de una edad similar a la mía que se llama Gabriel. Durante los últimos meses, Gabriel ha estado intentando escribir unas memorias de la cárcel desde su celda. La semana pasada me trajo las primeras diez páginas para que les echara un vistazo.

—Ya sé que no conozco tantas palabras como tú, Andy —me dijo—, pero sí tengo muchas historias.

Leí aquellas páginas, pero muchas de las palabras eran ininteligibles. Gabriel es disléxico y utiliza su mala letra para tapar sus errores de escritura. Yo también soy disléxico y hago lo mismo cuando escribo a mano. Tengo la certeza de que no habría logrado arrancar como escritor de no haber tenido un ordenador con un procesador de texto y un corrector ortográfico. A decir de las frases que he podido entender en la letra de Gabriel, tiene una historia interesante y una serie muy fértil de imágenes. Escribe a diario, pero me temo que está multiplicando las páginas ilegibles.

Al finalizar la clase de hoy, los internos van saliendo del aula con parsimonia. Gabriel se queda rezagado para ayudarme a recoger las sillas.

—Puedo hacerlo yo, Gabriel —le digo, pero él sigue amontonando las sillas hasta que no queda ninguna en medio.

Guardo mis cosas en la mochila y me la echo al hombro. Gabriel coge su periódico. Es de hace una semana y tiene una foto de Julian Assange en primera página. Le señalo la puerta. Él se queda quieto y dice:

—¿Has leído lo que he escrito?

—Lo he leído, pero no siempre he llegado a entender todas las palabras.

—Ni yo. Tengo una letra que es un puto desastre.

—¿Podrías escribirlo en el ordenador de la biblioteca? —le pregunto.

—Solo me dan dos horas a la semana en la biblioteca, y me las quitan si hay confinamiento. Lo que de verdad me ayudaría sería tener un portátil.

En este centro, los profesores pueden entregar un ordenador portátil para uso personal en la celda a los internos que estén cursando estudios a distancia, pero antes lo han de aprobar los de seguridad. No pueden tenerlo los internos que están presos por posesión de imágenes de abusos sexuales a menores o por ciberdelitos, o si los de seguridad prevén algún otro riesgo.

—¿Puedes ayudarme a conseguir uno? —me pregunta.

Estudio su rostro.

—De verdad, me ayudaría mucho para escribir —insiste.

—Hablaré con uno de los responsables —le digo.

Una funcionaria de seguridad asoma la cabeza por la puerta del aula:

—Caballero, vamos a tener que llevárnoslo ya de aquí.

Gabriel hace caso omiso de la funcionaria y mira la foto de Assange en su periódico.

—¿Dónde está Belmarsh?

—En Plumstead, cerca de Woolwich —le respondo, y me mira con los ojos entornados—. En el sudeste de Londres.

—Ya sé dónde está Plumstead —me dice como si acabara de hablarle como si fuera idiota—. He pasado por ahí muchas veces, aunque nunca he visto una cárcel. Pero es que nunca las ves, ¿verdad? Ni siquiera me enteré de que este sitio existía hasta la última vez que vine. Pasaba por delante en coche todos los días cuando llevaba a los niños al colegio.

—Caballero, se lo digo en serio, vamos a tener que irnos ya —dice la funcionaria.

—Hay cárceles por todas partes —dice Gabriel—, pero siempre están apartadas de la carretera, siempre detrás de una muralla de árboles porque no quieren que se vea el adefesio. Utilizan arbustos altos y espesos para que no las veas.

La funcionaria entra en el aula.

Gabriel continúa:

—Antes de que me revocaran la condicional y me hicieran volver aquí, iba una vez en un autobús y vi mucho verde junto a la carretera. Se me hizo un nudo en el estómago.

—Caballero, voy a tener que...

Gabriel se da la vuelta, pasa pegado a la funcionaria y sale por la puerta.

La funcionaria pone los ojos en blanco.

—A veces parece que estás arreando a una manada de gatos.

Al día siguiente voy a la prisión antigua. Bajo por el dos y me cruzo con tres funcionarios que están registrando una celda. El ambiente está cargado del olor humano en confinamiento: una mezcla de olor corporal, colchones viejos, maría, limpiasuelos, mal aliento y esa pintura que los centros penitenciarios están aplicando constantemente a las paredes y las puertas de barrotes de acero.

Un minuto después abro la puerta de mi aula y me doy de

bruces con el pestazo. Entro y empujo las ventanas para abrirlas después de que hayan estado cerradas durante las últimas veinte horas. La moqueta está vieja y mohosa. La gomaespuma expuesta de los asientos ha recibido el peso de los miles de hombres que han pasado por este centro penitenciario. Una rata pequeña corretea a lo largo del rodapié y desaparece detrás de un armario. Entra el aire fresco y, conforme se va disipando el olor, baja la temperatura del aula.

Unos minutos después entran en fila cinco o seis internos que toman asiento en el círculo de sillas. Les señalo el libro de registro y el bolígrafo que hay sobre mi mesa para que pongan su nombre y su firma. Entra un hombre de treinta y pocos años que se llama Wesley y dice:

—Listo para otro día más en el paraíso.

Tiene el pelo apelmazado en un lateral de la cabeza por la postura al dormir. Lleva una camiseta azul de las que proporciona el centro, pero solo ha metido uno de los brazos por la manga, de modo que la camiseta le queda en diagonal sobre el torso y muestra la camiseta blanca interior, el hombro desnudo y el bíceps. Coge mi bolígrafo, me mira y dice:

—Este boli es bueno.

—Gracias —le digo.

—No, este boli es bueno. —Habla con la cabeza ligeramente agachada, con el puño delante de la boca como si fuera un rapero—. Aquí no nos dan bolis buenos. Y además es elegante. La próxima vez tráete un boli Bic a menos que quieras ir perdiendo tus cosas por ahí. ¿Por qué hace tanto frío aquí dentro? ¡Cierra las ventanas, chavalote!

—Mientras no os importe aguantar el olor... —les digo mientras voy a cerrarlas.

Los internos me miran con cara de no entender nada. Ya se han adaptado al olor. Dejo las ventanas entornadas.

Me acerco a la pizarra blanca y dibujo un escorpión y una rana junto a un río. A mis pies, una cucaracha se retuerce panza arriba. La aparto de un puntapié.

—Hoy quiero comentar una fábu...

Pasa un avión que vuela bajo, y el rugido de los motores es demasiado escandaloso para poder hablar a la vez. Pongo los brazos en jarras y hago una pausa. En el estruendo, Wesley suelta una perorata a los internos que tiene a ambos lados. Sus dos amigos asienten con la cabeza a las palabras que salen de sus labios. El ruido del avión se va perdiendo, y Wesley dice:

—¡Ya te digo! —Baja la cabeza hablando para el puño—. Todas las veces que he comido pollo en este trullo ha sido el muslo derecho.

—¿Cómo distingues que es el muslo derecho? —le pregunto.

Wesley se levanta, se lleva las manos a las axilas para imitar unas alas y levanta un pie del suelo.

—¿Cuál es la pata en la que se aguanta el pollo?

Miro los pies de Wesley y veo que tiene el izquierdo en el suelo.

—¿La izquierda? —le digo.

—La derecha. Es la derecha la que hace todo el esfuerzo, así que tiene menos carne, esa es la que nos dan. La izquierda se la quedan los de Sanidad.

—Pero ¿cómo lo distingues? Si te fijas en un muslo de pollo, ¿cómo distingues el izquierdo del derecho?

—Si nos quejamos, ¿quién nos va a creer? —dice Wesley, y sus dos colegas, a su lado, me miran haciendo un gesto negativo con la cabeza.

—No es que yo no te crea, es que no sé cómo iba a distinguir el muslo izquierdo de un pollo del muslo derecho.

—Entonces sí piensas que les importa una mierda si comemos sano o no, ¿verdad?

—Estoy intentando averiguar cómo distingue uno entre el muslo derecho y el izquierdo.

—Me caes bien, Andy, venga ya, que no eres idiota.

—Soy vegetariano.

Se abre la puerta. Ravel, que viene de una visita legal, llega tarde. Tiene los dientes muy cortitos, todos a la misma altura, como si los hubiera desgastado a base de roer. Toma asiento y se queja de que en los rincones del aula hay dos cajas negras con trampas para ratones que contienen veneno. Eso le molesta porque los internos no tienen permiso para tener lejía en sus celdas por si alguien la utiliza para suicidarse. Ravel tiene que aguantarse con que la celda entera huela a retrete.

—Hasta las alimañas tienen más privilegios que nosotros —dice.

—¿Qué?, ¿acaso pensabas que los boqueras iban a utilizar trampas humanas? —dice Wesley.

Intervengo.

—Hoy quiero hablar de una antigua fábula sobre una rana y un escorpión.

Otro avión nos sobrevuela.

Continúo.

—La historia comienza con la rana sentada en la hierba junto al río, contemplando la puesta de sol...

Los motores del avión hacen demasiado ruido. Hago otra pausa para esperar a que pase.

Wesley se da la vuelta y habla de nuevo con sus dos amigos. Se pierde el ruido de los motores, y Wesley señala hacia arriba y dice:

—Uno de esos va a caer aquí algún día.

—Ya te digo yo que sí —masculla uno de sus colegas.

—¿Dónde? —pregunto.

—Si falla un motor y tiene que hacer un aterrizaje forzoso —dice Wesley—, ¿dónde le han dicho al piloto que lo haga? En la cárcel más cercana.

Arqueo una ceja.

—El avión cae. El piloto mira fuera de la cabina y ve el colegio, el hospital, unas casitas pijas. Pues claro que irá directo contra la cárcel —insiste Wesley.

Miro a Ravel, que asiente con la cabeza.

—No me contaron esa parte cuando me ofrecieron trabajar aquí —les digo.

—A ver, ¿qué titulares prefiere esa gente? ¿«Niños muertos en un accidente aéreo» o «Ladrones y drogatas muertos en un accidente aéreo»? —pregunta Wesley.

—¿No se escaparía todo el mundo? ¿No escribirían «Ladrones y drogatas escapan de la cárcel tras un accidente aéreo»?

Wesley chasquea la lengua un par de veces.

—Fijo que tampoco te crees que fueron los americanos los que se hicieron lo del 11-S ellos solitos.

—Volvamos a la fábula —les pido.

—No te lo crees, ¿a que no?

—Esta fábula tiene más de una interpretación.

—Tú sabes que tengo razón, Andy —dice Wesley.

Ya intenté hablar aquí una vez sobre las teorías de la conspiración, y no lo volveré a hacer. Los internos me contaron que nos estaban controlando unas fuerzas malévolas, e intenté decirles que el mundo era mucho más complicado que eso. Se miraron todos, los unos a los otros, y se echaron a reír.

—¿Tú crees que fueron los de Al Qaeda los que hicieron lo de las torres? —pregunta Wesley.

—La rana está sentada en la hierba —les digo.

—¿Y qué me dices de los viajes a la Luna? ¿Verdaderos o falsos?

—Está junto al río. Se está poniendo el sol.

—Las estelas de vapor te afectan al cerebro, Andy.

—La rana está en la hierba, junto al río, y está anocheciendo. Sale un escorpión de entre las briznas y le dice a la rana que tiene que llegar a su casa, en la otra orilla, pero no sabe nadar, y sería muy peligroso para él si anduviera por ahí cuando oscurezca. Pregunta a la rana si puede subirse a su espalda para que ella lo lleve nadando hasta la otra orilla.

Wesley por fin me presta atención.

—La rana le dice que no —prosigo—, pero el escorpión le garantiza que no la va a picar. «Si te pico cuando estemos en el agua, entonces te hundirás, y eso significa que yo también me ahogaré y que moriremos los dos. No quiero morir. Puedes confiar en mí, te lo prometo. ¿Me llevas a la otra orilla, por favor?»

Wesley me mira con los ojos entrecerrados.

—La rana se lo piensa. Cree que tiene sentido y acepta llevar al escorpión a la otra orilla. El escorpión se sube a lomos de la rana, y esta entra en el agua y comienza a nadar. A mitad de camino, la rana siente un terrible dolor en la cabeza.

Wesley eleva la mirada al techo.

—El dolor le baja por la espalda y le recorre todo el cuerpo —continúo—. Siente que le pesan las extremidades: el escorpión la ha picado. Cuando está empezando a hundirse en el agua, la rana dice: «¿Por qué lo has hecho? Ahora nos ahogaremos los dos». Y el escorpión le dice: «No he podido evitarlo. Soy así por naturaleza».

—Creí que habías dicho que esta historia tenía más de una interpretación —dice Wesley—. Las ranas fuman hierba. ¿Es esa la interpretación?

—Pues tendría que haberlo hecho —dice Ravel—. Así al menos estaría en plan paranoico. Va el escorpión, le pide que lo lleve, y la rana le dice: «Paso, que esto me da muy mal rollo, colega».

—Vale, pues setas, entonces. ¿Estaba flipando la rana? —dice Wesley—. ¿Por qué acepta llevar al escorpión?

—Es como cuando vas a pedir la condicional e intentas convencerlos de que has cambiado. Entonces te trincan otra vez, y te quedas pensando que es culpa de ellos por no haberte dejado salir la última vez —dice Ravel.

—¿Sabes lo que me gustaría saber a mí? —interviene Wesley—. ¿Sabía el escorpión desde el principio que sí que iba a picar a la rana, o solo lo supo cuando lo hizo? Igual que la gente del trullo, que te dicen que son tus colegas y que no te van a robar nada, pero entonces van y te roban. ¿Sabían ya que lo iban a hacer cuando se hicieron amigos tuyos, o no se dieron cuenta de que te iban a robar hasta que se vieron con las manos en la masa?

—Yo lo sé. —Ravel se levanta y viene a la pizarra. Me aparto y utiliza el lateral del puño para borrar el río que yo había dibujado—. Si el río no hubiese estado ahí, esto no habría pasado. La culpa la tiene el hábitat.

Se vuelve a sentar, y entonces habla Wesley:

—Pero si siempre hay un hábitat. Si no hubiese un hábitat, ahí ni siquiera habría animales.

—Pero los amigos de la cárcel, los que te roban, a lo mejor no lo harían en otro entorno distinto.

—Pero si son los amigos de la cárcel. Su nombre lo dice: este es su entorno.

—¿Qué pensáis los demás? —les digo unos segundos más tarde—. Alzad la mano los que creáis que la culpa es de la rana.

Nos sobrevuela otro avión.

Todos los internos levantan la mano, o la levantan a medias, salvo Blake, un hombre que ha puesto su silla un poco retirada del círculo. Tiene la nariz aguileña y unos bíceps tan grandes que tensan la tela de la camiseta que los cubre.

Se aleja el ruido del avión.

—Blake, tío, esa rana es idiota —dice Wesley.

—Si empiezas a culpar a la gente por ser amable, ¿qué va a pasar después? Que nadie querrá ser amable con nadie —dice Blake.

—Pero si la moraleja de la historia es que la amabilidad sobra en la naturaleza.

Blake hace caso omiso de lo que acaba de decir Wesley y añade:

—Si el escorpión ya sabía cómo es él por naturaleza, entonces tenía la obligación de contárselo a la rana. Sería lo mismo que si fueses un adicto o si te hubiesen encerrado por violencia doméstica: la próxima vez que te eches una novia estarás en la obligación de contarle cómo eres por naturaleza.

—¿Y cómo sabes tú si tu naturaleza va a seguir siendo así con esa novia nueva? —pregunta Wesley.

—La naturaleza de los drogadictos es la adicción.

—Suenas como uno de los jefes. Ya me ves; estoy en la cárcel por una buena temporada. Aunque me dejaran salir después de haber cumplido la mitad de mi sentencia, aún tendría por delante dos años además de los dos que ya he cumplido. No tengo tiempo para esa mierda de la rana.

La ira asoma a los ojos de Blake. El colega de Wesley le da un codazo y le dice en voz baja que Blake está con una pena de IPP y lo acaban de traer de vuelta cuatro días después de haberlo puesto en libertad.

—Entonces tú ya sabes cómo es el mundo real, Blake —dice Wesley—. Si un tío al que no conoces de nada te dice: «Oye, ¿por qué no entras en mi celda un minuto?», tú no entras, ¿verdad que no? Si va alguien y le dice a ese tío: «Ah, gracias, claro que entro», y después empieza a quejarse cuando aparezcan los pinchos o el agua hirviendo, entonces le dirías: «Pero bueno, ¿qué cojones esperabas?». Lo que se supone que tiene que decir el menda es: «¿Para qué quieres que entre en tu celda? Mira lo que te digo, mejor hablamos en el rellano, aquí fuera». Esa rana tendría que estar haciendo más preguntas.

—Hace quince años, yo habría culpado a la rana —dice Blake—. Siempre me habría puesto del lado del autor del delito. En aquel entonces no veía que las víctimas son víctimas.

—Los que estáis acabados siempre dais los peores consejos —dice Wesley.

—Y vosotros los jóvenes siempre pensáis que la única manera de sobrevivir en el módulo es ser un escorpión —dice Blake.

Wesley sonríe y se da unos toquecitos en el puño pegado a la boca.

Unos minutos más tarde, Blake pregunta:

—¿Y el escorpión no se dio cuenta de cuál era su forma de ser por naturaleza hasta que picó a la rana? ¿O lo sabía desde el principio?

—No lo sabemos —le digo—, pero ¿y si lo supiese desde el principio?

—Entonces es doblemente responsable. Mi responsabilidad se ha ido incrementando conforme he ido siendo más consciente de cómo soy. Yo sé que el consumo de drogas forma parte de mi personalidad, así que, cuando lo hago, tengo más por lo que responder. Hoy estoy aquí, básicamente, por el mismo delito por el que me encerraron hace diez años, pero soy más culpable por este delito de lo que fui por aquel.

Oigo que se aproxima un avión en lo alto.

—Mira, Blake, ahora que lo pienso, yo siempre les digo a las mujeres que soy un mentiroso —ríe Wesley—. Voy y les digo: «Una cosa que deberías saber sobre mí es que miento que te cagas», ¿y sabes lo que me dicen ellas? Pues me dicen: «Oye, gracias por ser tan sincero». Me dicen: «Qué bien que seas tan sincero».

Vuelve a soltar una carcajada, pero desaparece envuelta en el rugido de los motores del avión.

Conocí a Lamar cuando coincidí con él en mi descanso para el almuerzo, en una cafetería vegana que hay a la vuelta de la esquina de la cárcel. Llevaba puesto su uniforme de funcionario de prisiones. Me contó que era vegano para poder ser lo mejor posible mientras estaba en el trabajo. En la cárcel llevaba sus llaves en una bolsita de tela especial en lugar de utilizar el llavero de cuero estándar que les daba el centro. Se hizo funcionario hace dos años, y creía que había una manera más imaginativa de dirigir las cárceles. Había oído hablar de unos centros excepcionales en Suecia y Noruega donde tratan a los reclusos como personas y las tasas de reincidencia son bajas, y de otras prisiones terapéuticas en el Reino Unido, como la de Grendon, que fomentan la iniciativa y la autonomía del interno en lugar de destruirla. Lamar quería contribuir en la generalización de esa cultura penitenciaria, pero, después del primer año en aquel empleo, se sentía frustrado porque se pasaba la mayor parte del día trayendo y llevando a los internos de sus celdas y manteniéndolos encerrados en lugar de desarrollar relaciones enriquecedoras con ellos. Sus superiores no siempre respaldaban aquella ambición de Lamar. En sus turnos de noche se sentaba en el despacho con un funcionario que se llamaba Barber, que llevaba dos décadas trabajando en prisiones.

—Cuando el recluso tiene ya veintidós años, es una causa perdida —solía decirle Barber—. A los diecinueve o veinte, todavía se les puede ayudar, pero si siguen entrando aquí a los veintidós o veintitrés, van a seguir viniendo una y otra vez. Para eso, ya podríamos haberlos dejado encerrados.

Lamar no estaba de acuerdo.

—Si no le das a la gente la oportunidad de cambiar, entonces no va a cambiar nunca.

Barber se reía con un gesto de burla.

—Antes yo era como tú. Espera a llevar en este trabajo tanto tiempo como yo.

Contra toda lógica puedo identificarme con ese fatalismo de Barber, pero desde el otro lado. Cuando mi hermano estaba entre rejas, yo me irritaba en cuanto alguien mencionaba otros países que tenían una manera más progresista de tratar las adicciones o que tenían tasas más bajas de delincuencia o de muertes. Los días eran más soportables si me decía: «Esto es lo que hay». Si me hubiera permitido el lujo de imaginarme un mundo en el que Jason tuviera acceso a la ayuda que necesitaba, entonces habría estado furioso a todas horas. De existir la posibilidad de otro mundo distinto, yo no quería saber nada al respecto.

La semana pasada, Lamar me dijo que estaba perdiendo la esperanza de poder influir en la cultura penitenciaria. Me contó que cada vez que algún interno hace sonar el timbre por la noche hay un funcionario que masculla: «Tengo una bala con el nombre de cada uno de estos». Le dije a Lamar que Oscar Wilde decía que lo más aterrador sobre la cárcel «no es que te rompa el corazón —porque para eso está el corazón, para que te lo rompan—, sino que te lo haga de piedra».

—Lo que me preocupa es que, si me quedo en este trabajo, me voy a acostumbrar a la cárcel y me voy a insensibilizar —me dijo él—. Y no estoy hablando solo de los reclusos.

Al día siguiente estoy en la prisión moderna y Gabriel se me acerca al final de la clase.

—He estado escribiendo tres páginas diarias de mi libro.

—Se me ha olvidado preguntar lo de tu portátil, he estado liadísimo.

—A la gente siempre se le olvida.

—Lo siento.

—¿Por qué la gente dice que lo siente? No les creo. Si de verdad lo sintiesen, no lo habrían hecho.

—Hoy lo pregunto, Gabriel. Lo haré.

Se da la vuelta y se marcha sin despedirse.

Unos minutos más tarde, en el pasillo, veo a la funcionaria superior Walsh, una mujer de cuarenta y pocos años con un pragmático peinado con el pelo corto. Le cuento que Gabriel ha estado trabajando con mucho esfuerzo en su libro y que me ha pedido que vea si le puedo conseguir un portátil.

Walsh me mira de arriba abajo.

—¿Le importaría pasar a mi despacho, por favor? —me invita.

Entramos. El ambiente es húmedo y frío. Cierra la puerta.

—¿Qué le ha pedido el recluso?

—Justo lo que le acabo de decir —respondo.

—La última vez que concedí un ordenador portátil a alguien, descubrí poco después que tenía deudas en el módulo.

—¿Y lo vendió?

—No. Los hombres con los que estaba en deuda se pasaban por su celda y lo utilizaban para dirigir su negocio de ciberdelitos de tal forma que aquel recluso cargase con toda la culpa, no ellos.

—¿Gabriel tiene deudas?

—No es momento de tener más portátiles dando vueltas por el módulo.

Me froto la frente con los dedos.

—¿Este caballero se comporta de forma amistosa con usted? —pregunta Walsh.

—Sí, siempre me ayuda a recoger el aula.

—Los que se desviven por llamar la atención de manera positiva suelen ser los que están tramando algo.

Walsh se sienta en su mesa para ponerse con su trabajo.

Llego hasta la puerta y la abro, pero antes de salir me doy la vuelta y le digo:

—Está esforzándose de verdad con su libro.

—Comprendo su deseo de ayudar. Este lugar también solía tocarme a mí el corazoncito hace ya un tiempo, pero no quiero que nos la vuelvan a clavar.

En mi camino de salida del centro, veo a Gabriel en el rellano y le cuento que no puedo conseguirle un portátil.

—Tampoco me esperaba otra cosa —me dice.

—Entonces ¿por qué me pediste que les preguntara?

Se encoge de hombros.

—De todos modos, era una bobada eso de intentar escribir un libro.

—Tienes una buena historia, deberías seguir adelante.

—Nadie la va a entender. Solo estoy haciendo el ridículo.

Ojalá pudiese derribar este edificio y construir algo más imaginativo, un lugar que tuviera por objetivo sanar en vez de limitarse a tener a la gente ahí metida; donde se fomentara confiar y ser digno de confianza; donde la privación no llegara al extremo de que la gente tuviera que volverse «manipuladora» para satisfacer sus necesidades más básicas; donde los de seguridad fuesen capaces de distinguir entre las personas que son verdaderamente peligrosas y las que no, en vez de limitarse a dar por sentado que allí todo el mundo es un escorpión al acecho.

Pero el edificio sigue ahí en pie.

La filósofa Susan Neiman dice que cuando vives en un mundo problemático es muy fácil caer en la resignación derrotista de que las cosas son como son, o bien caer en una indignación agotadora porque las cosas no son como deberían ser. Dice Neiman que, para vivir bien en el mundo, hemos de aceptar cómo es y, al mismo tiempo, luchar por cómo debería ser. Hemos de vivir tanto por el «es» como por el «debería ser». Si quiero seguir en pie, tendré que hallar la manera de trabajar en la cárcel sin desechar ese deseo de tirarla abajo.

La mañana siguiente me despierto con un mensaje de Lamar. Me dice que ha entregado el preaviso de su baja voluntaria. Quiere trabajar con una organización benéfica que ayuda a los niños que han sido expulsados del colegio, para conseguir que no entren en la cárcel. Me alegro de percibir esta renovada sensación de esperanza, pero sé bien que me va a costar todavía más ir al centro penitenciario, consciente de que allí habrá una persona menos como él.

Unas horas después accedo a la prisión antigua y comienza a dolerme la cabeza. Recorro el dos y veo que una paloma se ha posado tan tranquila en una de las tuberías gruesas que van a quince centímetros del techo. Me detengo a observarla. Ha tenido que entrar volando por encima del muro y llegar al interior del edificio durante la apertura de las puertas de seguridad en el periodo de libre circulación. Habrá pasado por los huecos entre los barrotes de las puertas de los rellanos para poder entrar hasta aquí.

Viene caminando un funcionario y le señalo el pájaro.

—Ya, no se puede hacer nada para evitar que se cuelen —me dice antes de continuar su camino.

Llego a mi aula y abro las ventanas para librarme del olor. Tenemos un cielo azul de primavera fresco y despejado, pero la orientación norte del aula la mantiene sombría y lo agradezco, ya que la luminosidad solo serviría para empeorar el dolor de cabeza que tengo. Entran Ravel y Wesley, que vienen comentando una pelea que presenciaron anoche en el rellano.

—Oí el jaleo antes de verlo. El tío le dio de lleno —dice Wesley—. Fue algo en plan ¡zas! ¿Sabes uno de esos puñetazos que hacen que te replantees toda tu vida? El menda estaba ahí «Mmm, mmm..., ¡mmm!». —Wesley se acaricia el mentón para imitar a alguien meditabundo, y se ríen algunos de entre el resto de los internos.

Viene hasta mi mesa y firma.

—Te lo he dicho ya, Andy, que este boli es de los buenos. ¿Te mueres de ganas de que te lo levanten o qué?

Deja el bolígrafo en la mesa. Llega el resto de los alumnos. Cierro la puerta. Un ratón corretea por el rodapié.

—Dostoievski escribió una novela titulada *El idiota* —les cuento—. Trata sobre el príncipe Myshkin. Él es un personaje generoso y de buen corazón, pero todos los que le rodean en su mundo son unos corruptos y unos cínicos. Ridiculizan, insultan y amenazan a Myshkin, pero, a pesar de todo eso, él sigue viendo lo bueno que hay en ellos. Esto hace que los demás se burlen de él todavía con más ganas. Dicen que es un idiota.

—Es como un espejo para los demás, de lo corruptos que son —dice Blake—. Les da pánico ver su propio reflejo, así que la toman con él.

—Pero este pavo es un príncipe, ¿no? Estará protegido, no vive en el mundo real —dice Wesley.

—Cuando Myshkin era más joven, lo llevaron ante un pelotón de fusilamiento. Justo antes de que los soldados abriesen fuego, Myshkin vio el reflejo del sol en el chapitel de una iglesia y vio entonces de manera muy clara que la vida era algo muy bello. Su ejecución se canceló en el último instante, y, después de eso, no quiso que se le olvidara nunca lo valioso que era estar vivo.

—Así que, si quieres que la gente se porte bien contigo, a lo mejor le tienes que poner una pistola en la cara, ¿no? —dice Wesley.

Mi dolor de cabeza va a peor.

—Myshkin vive rodeado de corrupción, igual que nosotros aquí —interviene Blake—. Pero aunque este sitio esté lleno de delincuentes, a mí me resulta más fácil ser amable aquí dentro que en la calle.

—¿Por qué? —le pregunto.

—La última vez que me soltaron, cada vez que intentaba hacer algo amable o algo bueno, la gente me ponía cara rara y se preguntaba qué estaría tramando. Da igual lo que haga en la calle, que solo soy un expresidiario. Es como si en el mundo de ahí fuera solo me permitieran estar en 2D, pero aquí dentro, cuando aconsejo a alguien con su primera condena de cárcel o comparto mi economato, solo soy una persona que está ayudando a otra. Mi amabilidad solo es lo que es. Aquí dentro sí que me permiten existir en 3D.

—¿Qué significa eso para Myshkin?

—Aunque sabe que los demás son unos corruptos, eso provoca en él la necesidad de ser bueno con ellos de todos modos, aferrarse a sí mismo —dice Blake.

—Ser tan bueno en ese mundo no será bueno para él —replica Wesley—. Va a conseguir que lo maten.

—¿Tú le dirías a Myshkin que tiene que cambiar? —le pregunto.

—Si fuera a cambiar, el tío ya lo habría hecho a estas alturas. Pero nadie cambia realmente, nunca. Puedes hacer creer a la gente que has cambiado, pero eso es distinto de haber cambiado de verdad. Yo mismo, cuando llego a la cárcel, me porto muchísimo peor de lo que soy en general, y lo hago aposta, porque lo apuntan todo en mi expediente. Y luego, un mes o dos más tarde, ya me comporto como soy yo, y eso también lo apuntan en mi expediente. Cuando termine mi condena y lean el expediente, parecerá que me he rehabilitado, pero yo sigo siendo tan malo como siempre.

—El truco más viejo del mundo —dice Ravel.

—Yo no le diría a Myshkin que cambie —dice Blake—. Yo le diría que se alejara de ese mundo.

Una hora después finaliza la clase y los internos vuelven a sus celdas. Me presiono el cuero cabelludo con los dedos para intentar liberar la tensión que acumulo en la cabeza. Ahora mismo puede conmigo el deseo que tengo de salir de esta cárcel. Agarro mi mochila y me dirijo a la puerta principal.

Abandono el centro penitenciario, camino durante quince minutos hasta un parque grande y me siento en un banco debajo de un árbol. En la distancia, los periquitos van volando de una rama a otra. Son de un color verde llamativo, pero parecen plateados al recortarse contra la luz de primera hora de la tarde. Hay una larga ráfaga de brisa, los álamos se balancean sobre mi cabeza, y las hojas se agitan y generan un ruido blanco. Se me empieza a pasar la jaqueca.

Siento unas gotas de agua en los brazos y en las manos. Cae una llovizna que hace brotar el olor de la madera de los árboles y la tierra mojada, pero también percibo un cierto olor a moho. El olor de la cárcel que llevo pegado en la ropa.

Transcurridos dos meses, veo que me estoy volviendo más insensible ante la cárcel. La semana pasada, dos funcionarios de prisiones comenzaron a discutir entre sí en el rellano, y los de seguridad tuvieron que confinar los módulos mientras lidiaban con ello. Lo que más me molestó fue que no pude utilizar la fotocopiadora. Y, sin embargo, también me veo cada vez más frustrado por pequeñeces, como cuando no tengo bolígrafos suficientes para todos los internos o cuando estoy tratando de utilizar un juego de llaves que están hechas polvo.

Hace semanas que no veo a Gabriel, pero, hoy mismo, otro profesor del trabajo me ha dicho que ha vuelto a ponerse manos a la obra con su libro.

La salvación

La palabra concierne a los hombres.

TELÉMACO

En 2018, un hombre llamado Tyrone Givans se ahorcó en su celda después de tres semanas en prisión preventiva. Una investigación descubrió que Givans había pasado cerca de un mes en la cárcel sin su audífono. Los funcionarios de seguridad que trabajaron con él no se percataron de que sufría una profunda sordera. Dijeron que el hombre parecía entender lo que le decían siempre que le hablaran despacio.

Este lunes por la mañana estoy dando clase a un grupo de presos comunes. Uno de los alumnos que tengo en el círculo de sillas, Glennton, lleva un audífono. También hay unos cuantos jóvenes de veintipocos años. Es un grupo muy escandaloso. Tan solo han disfrutado de dos horas fuera de la celda desde la hora de la cena del viernes. En el volumen de sus voces se percibe su energía acumulada.

Les doy diez minutos para que se sosieguen y después le cuento a la clase:

—Platón narra la historia de un hombre que se llamaba Giges y que se encuentra un anillo de invisibilidad. Cuando se pone el anillo, puede matar, robar y hacer cualquier cosa sin que nadie lo descubra.

—A menos que se den una vuelta por su celda —dice Glennton.

—Platón pregunta: ¿tendría Giges alguna razón para ser bueno?

—Mujeres.

Arqueo una ceja, y Glennton prosigue:

—Cuando yo andaba pidiendo, veía a tres chavales por ahí juntos y sabía que no iba a pillar nada que viniera de ellos, y si pillaba, solo era después de que se hubieran reído de mí. Pero si veía a un hombre con una mujer, ahí la cosa cambia. La señora lleva una bolsa de la tienda donde él le acaba de comprar algo. Los veo ahí, con aire de estar de luna de miel, y me levanto y les pido algo de dinero. Así, el tío tiene la oportunidad de demostrar que es amable y que le sobra la pasta. Lo gracioso de esto es que yo le doy las gracias a él, cuando lo estoy ayudando a ganarse a la señora. Sin mí, el tío se iba a pasar la noche del sábado igual que los tres chavales de antes. Es él quien debería darme las gracias a mí. Soy su premio de la lotería.

—Entonces ¿Giges debería portarse bien si las mujeres pueden verlo? —pregunto.

—Mira este sitio, Andy, con todas esas profesoras, las enfermeras, las de seguridad, las de desintoxicación. Tú sácalas de aquí, ¿crees que los hombres se iban a portar mejor o peor?

Llega el sonido de unas voces en el exterior, desde el patio. Tres de los más jóvenes de mi clase van corriendo hasta la ventana y golpean el cristal.

—¡Te estoy viendo! ¡Te estoy diciendo que te veo, coño! —grita uno de ellos.

Me quedo detrás de ellos y miro por encima de sus cabezas. Al otro lado de un muro interno están trasladando a los RV de regreso a su módulo.

—¡Te juro que te corto la polla! —grita uno de los jóvenes.

—Caballeros —les digo.

—En mi última trena estaba en el servicio de comedor. Les escupía en la comida todos los días.

—¿Podemos volver con Platón? —pregunto.

Glennton se baja el volumen del audífono.

Los jóvenes continúan en la ventana gritando amenazas de tortura hasta que los RV quedan fuera de su vista. Pido a los chicos que se vuelvan a sentar en el círculo, pero están demasiado alterados, y tienen entre los tres un rápido intercambio de historias sobre peleas en las cárceles.

Me lleva diez minutos conseguir que se sienten. Continúan discutiendo sobre el anillo de invisibilidad con un rastro de violencia en su tono de voz.

Salgo del centro una hora más tarde y recojo el móvil de mi taquilla. Tengo una llamada perdida de mi hermano. Le devuelvo la llamada, pero no me lo coge.

Unas horas después recibo un correo electrónico para confirmarme que tengo el visto bueno para dar unas clases en un centro de mujeres el mes que viene. Es un alivio. No me esperaba tener tan presente ese enrevesado sentimiento mío de una culpa heredada al trabajar con hombres en la cárcel. Espero que trabajar con reclusas no me altere tanto.

A la mañana siguiente llego ante las puertas de seguridad de una prisión para hombres. Me quito los zapatos y el cinturón y los pongo en una bandeja para que los inspeccionen. Una funcionaria con el pelo teñido de blanco va llamando uno a uno a los que están preparados para pasar por el escáner de seguridad. Me uno a la fila. Entra uno de los directores del centro y se coloca detrás de mí. Se quita los zapatos y el cinturón y se une a la fila. Tiene un zigzag en rosa y amarillo en la punta de los calcetines. Charlamos unos minutos y le cuento que voy a empezar a dar clase en un centro de mujeres.

—El único día que yo he trabajado en una cárcel de mujeres me marché de allí sintiéndome fatal por ser un hombre —dice el director—. Te llegan las historias de todas esas mujeres. Todas están allí por culpa de algún tío.

—¡Siguiente! —llama la funcionaria.

—¿Qué tipo de historias? —pregunto al director.

—Yo diría que mucho más de la mitad de ellas fueron víctimas de violencia doméstica. Es frecuente que sean ellas las que van a la cárcel por haber hecho algo para ayudar a su novio en sus hábitos de consumo de drogas. En muchísimos casos traficaron con ellas o las vendieron como trabajadoras sexuales en la adolescencia. Un día allí dentro, con eso ya tuve suficiente. Esa noche volví a casa en el coche asqueado por pertenecer al sexo masculino.

—¡Siguiente! —vocea la funcionaria.

—Yo estaré allí dentro de unos días —le digo al director.

—¡Disculpe, señor! —La funcionaria me levanta la voz—. ¡Es usted el siguiente!

Paso por el escáner.

Yo tenía seis años. Mi padre estaba viendo la tele en el sofá con el torso desnudo. Tenía rizos de pelo oscuro en el pecho y los hombros y estaba fumando cigarrillos con filtro y bebiendo cerveza en lata. Yo estaba sentado en el suelo entre la televisión y él. Pusieron un anuncio que pedía donaciones para ayudar a niños que pasaban hambre; se les notaba la forma de los huesos a través de la piel. Mi padre quitó la tapa de una lata de bombones que había en la mesita del salón, cogió uno y lo tiró a la tele.

Me di la vuelta y lo miré con cara de desesperación. Él se partía de risa. Me daban ganas de decirle «no hagas eso», pero las palabras se me quedaron atrapadas dentro. Dio otro trago a su cerveza, sacó otro bombón de la lata y también lo tiró. Me pasó cerca de la cabeza e impactó contra el cristal de la tele y sonó un *dinc.*

Siempre me ponía nervioso cuando tenía cerca a mi padre. Era muy impredecible. Si estábamos en el coche y el vehículo de detrás le tocaba el claxon, podía parar el coche, bajarse y ponerse a gritar insultos a la cara del conductor. O también podría echar un vistazo por el retrovisor, soltar un juramento y continuar la marcha.

Pero había veces en las que sí sabía lo que cabía esperar. Los domingos por la tarde, antes de irnos al pub, mi padre y yo aguardábamos en el salón mientras mi madre se vestía y se maquillaba. Durante aquella época teníamos a la policía y los alguaciles llamando a la puerta de casa. Los vecinos se asomaban a mirar por la ventana, y mi madre jamás salía de casa con un aspecto que no fuese perfecto.

Mi padre y yo esperábamos a que se arreglara, y yo intentaba evitar sus miradas. Al final, ella bajaba por las escaleras con los labios pintados, oliendo a perfume, y le preguntaba si iba bien así.

—Andrew, ¿qué es esta mujer? —me preguntaba mi padre.

Yo le miraba e intentaba que no viese lo atemorizado que estaba.

—Es una fulana —decía yo.

—Correcto. Es una fulana —decía él.

Mamá ponía los ojos en blanco.

No recuerdo cuándo fue la primera vez que mi padre me enseñó aquel pequeño y odioso ritual. Solo recuerdo que, cuando él decía «Andrew, ¿qué es esta mujer?», yo sabía que si decía «Es una fulana», entonces él decía «Correcto. Es una fulana».

Mi compañera Patricia lleva dos décadas dando clase en esta cárcel. Es una mujer corpulenta con un fuerte acento de clase obrera del norte y es algo así como una figura materna para los reclusos reincidentes. He visto a hombres acudir a ella en busca de un consejo para el matrimonio o para enseñarle el dibujo que han hecho en la tarjeta de felicitación de cumpleaños de sus hijos. Prácticamente se sientan en sus rodillas y se ponen a llorar mientras otros se enfurruñan porque les están robando la atención de Patricia. Si se me ocurriera decir las cosas que ella les dice a los internos, me partirían la cara. Son frases del estilo de: «¡Si no cierras tú el pico, te lo voy a cerrar yo!», u «Os quiero a todos fuera del aula durante los próximos diez minutos. El sitio apesta, y necesito que os vayáis todos para poder volver a respirar». Los hombres casi siempre se reían con un «ji, ji, ji», como críos pequeños.

Hace unos meses, Patricia entró en mi clase y escribió en lo alto de la pizarra blanca: «Acordaos del Día Internacional del Hombre, el próximo miércoles».

—¿Y por qué hay un Día Internacional del Hombre? —preguntó Glennton—. ¿No son las mujeres las que han estado tragando mierda desde hace siglos?

—Entonces te puedes pasar el Día Internacional del Hombre limpiando mi aula —contestó Patricia.

—Pues ya es bastante duro ser hombre, ahora que lo pienso.

—De todos modos, tampoco es que la fueras a limpiar bien. Los hombres nunca lo hacen.

—En este país —dijo un albano llamado Berat—, primero va la mujer, después el niño y después el perro. Al final de todo está el hombre.

—¿Y cuál eres tú, el perro o el niño? —le dijo Patricia.

—Ji, ji, ji —se rio Berat con disimulo.

En 2010, una funcionaria de prisiones de veintiocho años fue encarcelada por mantener una relación íntima con un recluso que cumplía pena por violación y por organizar un ataque con ácido contra su exnovia. Historias como esta perduran en la cárcel durante mucho tiempo y generan situaciones imposibles para las funcionarias que trabajan con hombres.

El año pasado trabajé con una funcionaria de treinta y

tantos años, la señora Olufemi. Mantenía una estricta distancia emocional cuando hablaba con los hombres. A la mujer le preocupaba que, si la veían demasiado cariñosa, empezarían a correr los rumores de que se estaba acostando con alguno de ellos. Aunque ella supiese que no era así, seguiría siendo una vergüenza y minaría su autoridad. Un día, la señora Olufemi vino al trabajo y se encontró con que uno de los internos con problemas mentales había hecho un dibujo de ella con unos pechos enormes en la almohada. Se paseaba por el rellano abrazado a la almohada.

Ella pasó de ser distante en el plano emocional a ser seca y cortante con los hombres de un modo palpable. Hace unas semanas vi cómo uno en el rellano le pedía a la señora Olufemi que aumentara sus privilegios porque quería disfrutar de más tiempo de visita con su familia.

—No puedo darte eso sin más solo porque lo hayas pedido —respondió ella.

—Por favor, señora. Usted no es una persona cruel. Yo sé que no lo es.

—No.

El hombre hizo un gesto de desaprobación.

—¡Vamos, señora, por favor!

—Lo siento, no.

—Puta zorra insensible.

Y se marchó airado.

Viajo a una prisión rural a unos cientos de kilómetros de Londres para impartir un taller de manera excepcional. Llego temprano, me siento en un banco en el aparcamiento e intento llamar a mi hermano. Suena el teléfono, pero no lo coge.

Veinte minutos después, en la biblioteca, la clase ya está en marcha. Hay un ambiente tenso. Nadie se abre, y cuando la gente habla, comparten sus ideas conmigo, no entre sí. Los invito a debatir los unos con los otros, pero siguen hablando directamente conmigo, y apenas nadie expresa ningún desacuerdo. Dicen cosas como: «Supongo que dependerá de la opinión que tengas». La conversación se deshace en el silencio una y otra vez.

Una hora más tarde, la clase termina y los internos se marchan. Un bibliotecario de aspecto alegre me ayuda a apilar las sillas en el rincón de la sala.

—¿Qué tal ha ido? —me pregunta.

—El debate no ha prendido en ningún momento.

—Eso está bien —me dice, y me cuenta que la mitad del grupo eran presos comunes y la otra mitad eran RV.

—Me hubiera gustado que hablasen entre sí.

—Al menos no ha sido un baño de sangre.

Veinte minutos después salgo del centro, saco el móvil de la taquilla y veo que mi hermano ha intentado llamarme de nuevo. Le devuelvo la llamada, pero no me lo coge.

Estoy en una cena que se celebra en casa de mi amiga Chloe. Sentado enfrente de mí tengo a un médico que se llama Paul, muy elegante, vestido de negro. Le cuento lo que hago y me dice:

—Entonces tu padre estuvo en la cárcel, y tú das clase en la cárcel. ¿Estás intentando salvar a esos hombres a los que enseñas?

—La verdad es que no.

En clase al día siguiente llevo una camisa planchada, algo que no había hecho en años. En lugar de controlar la asistencia a ojo, paso lista como haría un profesional. Dejo de llamar «chicos» a mis alumnos y comienzo a llamarlos «caballeros». Interrumpo a los alumnos que interrumpen a otros y les digo que no deben interrumpir.

—Hoy estás de morros, ¿eh? —me dice uno.

Por la tarde, de camino hacia casa, escucho música muy alta en los auriculares, unas letras llenas de tacos, y regreso sobre una versión ficticia de mi conversación con Paul.

—¿Estás intentando salvar a esos hombres a los que enseñas? —me pregunta el Paul ficticio.

—¿A qué se dedicaban tus padres, Paul? —le replico.

—Eran médicos, los dos.

—Y tú también eres médico. Qué curioso que no patologices ese tipo de herencia.

El Paul ficticio no sabe qué responder. Parece quince centímetros más bajo. Chloe me ofrece una segunda porción de tarta. Me la tomo con un buen trago de té lapsang souchong.

Nadie quiere hablar ya con el Paul ficticio, así que coge su abrigo para marcharse, pero voy yo, le paso un brazo por encima de los hombros y le digo que se venga conmigo a tomar algo al patio. Fuera, bajo las estrellas, le digo:

—No se trata de salvar a nadie, sino de qué conocimiento han sembrado en tu organismo. No eres tú quien decide lo que te toca digerir.

—Te agradezco mucho que me hayas enseñado todo esto —me dice el Paul ficticio, que ahora parece tímido, casi como un niño.

La semana siguiente, el viernes por la noche, voy a casa de Chloe a tomar algo y Paul está sentado en el sofá. Busco el sitio libre más alejado de él.

A mi madre le encantaba la clase de dibujo cuando era niña, pero el resto del colegio era para ella «como una condena». Las aulas eran un caos. Solían llamar a la policía para que detuviese las peleas. Durante las clases le daba la sensación de que los profesores se dedicaban a cubrir el expediente con las chicas, les enseñaban cosas, pero como si fuera algo que no les hiciera falta saber. Se esperaba de ellas que se convirtieran en esposas. Dejó el colegio con quince años y se puso a trabajar en un puesto del mercado. Ganar dinero era mucho más interesante que tratar de sobrevivir a la jornada escolar. Poco después consiguió un trabajo de escaparatista en una tienda de una calle comercial. A ella le recordaba aquellos momentos en que se ponía a pintar o a dibujar en el colegio. Se casó a los diecisiete. Durante la veintena y la treintena, deseaba poder pintar, leer o aprender otro idioma, pero no tenía tiempo para hacerlo. Mi padre solía estar sin trabajo. De vez en cuando le salía alguno, pero pasadas unas semanas se peleaba con alguien y lo dejaba, y era ella quien tenía que traer el dinero a casa. Si alguna vez se sentaba en el sofá a leer un libro, mi padre se ponía celoso.

Cuando yo era niño, los sábados, él se iba al local de apuestas, y mi madre y yo nos íbamos al centro en coche a pasar «un día juntos tú y yo». En el instante en que doblábamos la esquina al final de nuestra calle, mamá se relajaba. En el centro íbamos a tiendas de ropa, y ella se probaba vestidos y zapatos. Había cosas que no se podía permitir, pero aun así se las probaba solo para mirarse en el espejo y ver cómo le quedaban. En una ocasión fuimos a una tienda de suministros de arte y cogió diferentes tonos de verde de una estantería: lima, jade, esmeralda...

—Cuando seas mayor —me dijo—, no te cases hasta que hayas cumplido los treinta. —Y volvió a colocar las pinturas en su sitio.

Íbamos al McDonald's, y cuando terminábamos de comer le decía:

—¿Tenemos que irnos a casa?

—Ya lo sé, amiguito. A mí también me da pavor —me decía ella.

Para animarla, me ponía a imitar a papá. Hacía como si fuese conduciendo y ponía un acento escocés para amenazar al conductor imaginario que tenía al lado con que lo iba a tumbar de un puñetazo. Mamá se partía de risa, y de inmediato miraba a su alrededor para asegurarse de que no tenía a papá detrás.

Hoy mi madre tiene colgado en el salón un lienzo que pintó ella. Es un paisaje naíf de montañas verdes y azules. Hace diez años se compró un diccionario bilingüe de griego para buscar palabras como «frigorífico», «silla» o «cortinas»: *psygeío, karékla, kourtínes.* Hoy día es capaz de hablarte de historia, ruinas y dioses con frases no muy fluidas. A veces compro dos ejemplares de una novela y le envío uno para que la podamos leer juntos, y cuando hablamos sobre ella por teléfono, siempre me lleva cincuenta páginas de ventaja. Después de separarse de mi padre, mamá quiso pasar página tanto como fuera posible. Ahora me mira, ve que no hay violencia, drogas, delitos y caos en mi vida y dice que todo cuanto sucedió en el pasado mereció la pena, como si mi libertad fuera su salvación. Por eso se siente mal cuando le cuento que aún llevo encima la sensación de una culpa heredada, e intento decirle que no es culpa suya.

Un día, cuando tenía siete años, estaba solo en casa con mi padre a última hora de la tarde. Él estaba en su butaca, viendo las noticias y fumándose un cigarrillo detrás de otro. Me senté en el rincón opuesto al suyo y me puse a jugar con mis juguetes. Mamá estaba trabajando, haciendo horas extra.

Eran más de las ocho y él no me había puesto la cena. Mamá llegó a casa y le dije que tenía hambre. Se sentó en el sofá y me dijo que tenía que descansar dos minutos antes de poder ponerse a cocinar.

Mi padre empezó a discutir con ella. Odiaba que hiciera horas extra porque eso significaba que habría pasado unas pocas horas más con su compañero Mark. Yo hice lo que siempre hacía cada vez que ellos se ponían a discutir y cambié el canal de la tele, quité las noticias para poner algo que me apeteciese ver a mí. Sabía que papá iba a tardar una eternidad en darse cuenta.

Una hora después, más o menos, sentía caliente la cara y me pesaban los párpados. El estómago me dolía de hambre, pero mis padres continuaban peleándose.

—Mamá, has dicho que me ibas a hacer la cena —le dije.

—Y voy a hacerla, te lo prometo —me contestó.

—¿Te he dado yo permiso para cambiar de canal? —me preguntó mi padre.

Me quedé de piedra.

—¡Vuelve a poner el telediario!

—Ya se ha terminado el telediario.

—Que hagas lo que te digo, coño.

Se me tensaron los hombros, hacia las orejas.

—Mamá, tengo hambre. Fulana.

—Ven aquí ahora mismo, joder —dijo papá.

Me acerqué y me quedé de pie entre sus piernas. Él se incorporó en la butaca de tal forma que su rostro quedó a cinco centímetros del mío. Tenía manchados de tabaco los surcos de los dientes. Me temblaban las piernas.

—¿Qué cojones acabas de decir? —me preguntó.

Sabía que si intentaba decir algo me pondría a llorar, así que mantuve la boca cerrada.

—Como vuelvas a hablar así a tu madre, te mato, joder. ¿Entendido?

La mañana previa al día en que debo iniciar las clases en la prisión de mujeres, me planto delante del espejo de mi dormitorio. Me miro el lado izquierdo de la cara y después me giro para mirarme el derecho. Hoy me parezco a mi padre. He empezado a parecerme más a él desde que cumplí los treinta. Me cardo un poco el pelo para ver si eso me cambia en algo la forma de la cara, pero sigo dándome un aire. Es por la frente y la mandíbula. El verdugo me dice que no puedo hacer nada para cambiar eso.

En el transcurso de la mañana pienso en mi padre. Me acuerdo de cuando me compró mi primera bicicleta. Hoy día disfruto mucho esas salidas ciclistas. Me imagino las yemas amarillentas de sus dedos; se fumaba sesenta cigarrillos diarios. Me imagino lo infeliz que debía de sentirse para necesitar fumar tanto. Me imagino cómo estará hoy, convertido en un anciano frágil e inofensivo. Buceo en mi memoria en busca de alguna historia que pueda contar sobre él capaz de inspirar bondad o lástima. Hice lo mismo ayer, mientras cocinaba, y antes de ayer cuando estaba intentando leer un libro. A lo largo de los veinte años que han pasado desde que decidí poner fin al contacto con mi padre, siempre hay un momento del día en que intento salvarlo.

Unas horas más tarde, estoy almorzando con Patricia en el comedor del personal. Me habla sobre una profesora de teatro de veinticuatro años, Divika, que ha estado viniendo a la cárcel una vez a la semana para dar un curso a los internos.

—Es como si ni siquiera intentase ocultarlo —dice Patricia—. Viene con una blusa de seda y se pasea sigilosa por el aula como si fuera una especie de gata. El primer día ya le cogió un cariño especial a Rudge.

Rudge tiene una cicatriz que le recorre un lateral de la cara de arriba abajo; está en el noveno año de su condena.

—Se sentó a su lado las primeras semanas, siempre en contacto con el brazo del recluso cuando ella hablaba —dice Patricia.

—La bella y la bestia —le digo.

—Vale, pues Rudge ha visto cosas como esta demasiadas veces ya. Su parte más romántica se le desconectó cuando llevaba unos cuantos años de condena. Divika no conseguía obtener una respuesta de él, así que, unas semanas más tarde, comenzó a sentarse al lado de Gareth.

Gareth sufrió un importante deterioro en los dientes durante los años de su adicción a la heroína, y estaba a medio completar un plan de reconstrucción dental cuando le revocaron la condicional y lo trajeron de vuelta al centro. Ahora sonríe con los labios cerrados y fruncidos. Decidido a resistirse a la cultura de las drogas en el rellano, se convirtió al islam hace unos meses. No está de acuerdo del todo con el imán al respecto de la abstinencia de sexo hasta el matrimonio, pero pensó que el hecho de estar en prisión le restaba cualquier relevancia de todos modos.

Según Patricia, Divika llegaba, inundaba el ambiente con el perfume de su presencia femenina y le daba un abrazo a Gareth al final de cada clase. Gareth se quedaba ahí plantado, con el pelo de la joven en la cara, e intentaba no tocarla pero sin apartarla tampoco. Los demás internos se tapaban la boca con la mano para sofocar la risa.

Después del almuerzo con Patricia, voy recorriendo el rellano. Los internos están aporreando las puertas. Suena una alarma con un tono muy agudo. Se oyen las radios del personal, gritos, llaves, y el eco de cada ruido resuena en el metal o el cemento del interior. Distingo el llanto lastimero de un hombre dentro de su celda, pero no tengo manera de saber si está arriba o enfrente de mí. Su puerta podría estar a dos metros de distancia o a diez: todos los sonidos se equilibran en el barullo. En la puerta de la celda a mi izquierda veo una nariz y una boca a través de la rendija vertical de plexiglás. Un hombre trata de pasar a voces un mensaje a la celda que tengo a mi derecha, donde otro hombre pega la oreja a la ranura. El jaleo me impide entender lo que se están diciendo, pero el hombre a mi derecha le muestra el pulgar hacia arriba al de la izquierda. Su oído está mejor adaptado a este lugar que el mío.

Llego a mi aula. En la pared, sobre mi escritorio, hay un póster descolorido. Muestra la imagen de una mujer que sufre los gritos de un hombre. Debajo dice: «La próxima vez que vayas a insultar a una funcionaria, recuerda que esa mujer es la HERMANA, MADRE, HIJA de alguien».

El póster me hace pensar en Helen, una compañera con la que estuve dando clase en una cárcel masculina de máxima seguridad el año pasado. Era una mujer bajita, con el pelo rubio rojizo y el rostro ovalado. Algunos internos se quedaban boquiabiertos ante ella con una lascivia impresionante, otros la despreciaban y solían corregirla al hablar o continuaban hablando como si ella no hubiera dicho una palabra, pero, al terminar la jornada, Helen y yo nos marchábamos del centro, cogíamos el tren a casa, y por el camino ella se quejaba de lo mucho que la desautorizaba que un interno con cadena perpetua llamado Pavel escogiera la mejor silla del aula para ella todas las semanas. Helen ya le había pedido que no lo hiciera, pero él seguía haciéndolo de todos modos. Pavel la llamaba «señora» a pesar de que ella había pedido que la tutearan y la llamaran «Helen». Cuando los demás hombres la interrumpían, Pavel intervenía y decía: «Muestra un poco de respeto. ¿Cómo te sentirías si fuese tu hermana?». Llena de frustración, Helen le decía que no era necesario que interviniese, pero Pavel nunca abandonaba aquella postura.

Transcurridas varias semanas en la misma dinámica, Helen y yo íbamos charlando sobre esto en el tren de camino a casa. Parecía agotada.

—Es que se niega a escuchar lo que le digo —protestaba.

—Eres su salvación. Tiene que protegerte de los demás hombres para demostrar que no es como ellos.

Helen sintió un escalofrío.

Un funcionario grita en el pasillo «libre circulación». Dejo la mochila sobre la mesa para tapar el póster. Salgo a la puerta y espero a que lleguen los internos.

Unos minutos más tarde aparece Mervin. Lleva unas rastas finas y una barba que le llega hasta el pecho. Chocamos los puños y se queda allí de pie, conmigo, lamentándose de lo mal que ha jugado su equipo, el Manchester United, en su último partido. A dos metros de distancia hay un funcionario que también es hincha del United, se une a nuestra conversación y se queja de la falta de fichajes decentes por parte del club. Así mantenemos una conversación entre los tres. Cuando habla conmigo, Mervin me mira a los ojos, pero cuando habla con el funcionario alza la mirada al techo.

Llega al pasillo un hombre que se llama Marlon. Tiene una porción plana de tejido cicatrizado en el lugar donde debería estar la punta de la nariz. Hace una década, unos camellos utilizaron una cuchilla para cobrarse en carne la deuda que tenía con ellos. Hoy, Marlon luce una camiseta verde con el letrero «Te escucho» en la espalda para indicar que es miembro de los Samaritans y que está disponible para ofrecer apoyo emocional a los internos del rellano. Cuando hablé con él en el módulo el mes pasado, Marlon me contó que aquel trabajo le había hecho cambiar. «Cuando era joven habría considerado que esto eran cosas de blandengues, pero yo recibo tanto al escucharlos como ellos al tener a alguien con quien hablar, y los dos podemos ser personas de verdad para variar.» Entonces nos despedimos y me quedé mirando cómo bajaba por el rellano. Seguía moviéndose con unos andares chulescos, y pensé en lo difícil que debía de ser crecer y sobrevivir al mismo tiempo en este lugar. Marlon puede abrir el corazón a los demás, pero sigue teniendo que proteger su integridad física.

Viene Gareth y llegan algunos internos más. Entramos en el aula y nos sentamos alrededor de la mesa. Mervin y Marlon se están riendo al recordar un anuncio que ponían en la tele cuando eran pequeños: ofrecía a los niños un número de teléfono al que podían llamar si sus padres les pegaban.

—Mi padre me dijo que me daba permiso para llamar a ese número si quería, pero, cuando vinieran a casa, me iba a zurrar primero a mí y luego les iba a zurrar a ellos conmigo delante —dice Marlon.

—Me acuerdo de aquellos anuncios. Mi padre se partía el culo cuando salían en la tele —dice Mervin.

Los dos hombres se ríen y chocan los cinco.

No es inusual en prisión oír a algún interno decir bravuconadas sobre la violencia de su padre hacia él cuando era niño. Esas historias siempre me estremecen, pero lo que me resulta igualmente vergonzoso es imaginarme que algunos de esos padres quizá ya contaran con que sus hijos tendrían que sobrevivir a la cárcel algún día, y les daban aquellas tundas para prepararlos para un mundo donde el castigo es algo injusto.

En la cárcel oigo muchísimas historias de críos que respiraron el ambiente de toxicidad de sus padres violentos y se han convertido también en hombres violentos. Cuando yo estaba con mi padre era como si estuviera siempre conteniendo la respiración, y para asegurarme de que no iba a repetir ese ciclo, sin saberlo le encargué a mi verdugo que me vigilara. Me ha impedido ir a la cárcel, pero no me ha liberado.

Me sitúo de pie frente al grupo, listo para comenzar, aunque los internos continúan hablando. Se están quejando de sus cosas: las cantidades de comida en los platos; los funcionarios que te miran como si fueras una mierda; los que fingen que son amables contigo pero no mueven un dedo por ti; una solicitud que han presentado ya cuatro veces sin respuesta ninguna y que les han dicho que vuelvan a presentar; el hecho de que no los hayan trasladado, o de que los hayan trasladado cuando no querían que lo hiciesen; la presión del agua en las duchas; que no les paguen por su trabajo cosiendo los calzoncillos que te facilita el centro, o no poder conseguir un trabajo cosiendo los calzoncillos que te facilita el centro.

Antes pensaba que podía quedarme esperando sin más a que terminaran de protestar y les daba cinco minutos para que se sacaran de dentro aquellas quejas. Cuando amainaba el ruido podía empezar con mi clase. Sin embargo, aquí hay una infinidad de cosas por las que mosquearte, y estos hombres tienen poca capacidad para cambiar ninguna de ellas. El runrún de las quejas nunca amaina por sí solo.

—¿Podéis ir terminando vuestras conversaciones, por favor? —les digo.

Continúan. Se quejan de la lista de espera de la barbería, de que las chaquetillas que les da el centro no son lo bastante gruesas para el frío que hace en el patio, de que el centro no les ha dado aún la chaquetilla que han pedido, de la cola para el teléfono. Se quejan del enfermero que solo te da un vasito minúsculo de agua con tu medicación por la mañana, así que te tienes que poner a tragar saliva para poder pasar las pastillas.

Un minuto después, de nuevo pido a los internos que me presten atención. Unos pocos me miran, un par de ellos están en plena queja y tienen que terminar lo que están diciendo.

Pasados unos instantes, por fin se hace el silencio en el aula.

—Norman Mailer cuenta una historia: dos hombres se cruzan por la calle y se dan los buenos días. Uno de ellos pierde —les digo.

Se echan a reír todos en la clase.

Prosigo.

—Algunos filósofos dicen que la masculinidad es una identidad que se obtiene por medio de la dominación. Para que yo sea un hombre tiene que perder otra persona, que suelen ser las mujeres o los niños. A veces también son otros hombres.

—Pero hay hombres buenos y hombres malos —dice Marlon.

—La escritora feminista bell hooks dice que la idea del hombre bueno es sexista. También la idea de la mujer buena.

—¿Y cómo eres bueno, entonces? —pregunta Marlon.

—Dice hooks que los hombres deberían intentar ser buenas personas.

—Estando en la cárcel, me da lo mismo si soy una buena persona —dice Marlon—, pero me siento mal por no ser un buen hombre. Cuando estoy al teléfono con mi ex y me entero de que mi pequeña tiene una profesora a la que no le cae bien y no puedo ir para allá y solucionarlo porque estoy aquí metido, o cuando mi madre necesita algo y no se lo puedo dar, entonces me siento como una mierda.

—Lo que dice hooks no tiene sentido. ¿Cómo vas a dejar de ser un buen hombre? Si eres un hombre, eres un hombre —dice Mervin.

Pongo en el centro de la mesa una fotografía en tamaño A3 de Malcolm X: viste un traje y está hablando desde detrás de un atril.

—Dice hooks que, a lo largo de su vida, Malcolm X dejó de preocuparse por ser un buen hombre y, en cambio, se centró más en el tipo de persona que era —les digo.

—Yo vi una peli sobre él —dice Marlon.

—Yo me leí su libro entero —dice Mervin.

—Malcolm X era un hombre de transformaciones —continúo—. Cuando fue a la cárcel por robo a los veintiún años era analfabeto, pero se formó entre rejas, y cuando salió en libertad se convirtió en una de las voces más llamativas del movimiento de la Nación del Islam. Además, se cambió dos veces de nombre. En un momento dado era un negro separatista, pero cambió de opinión después de conocer a los musulmanes blancos en La Meca.

—¿No copió el diccionario entero? —dice Marlon.

—Hasta la última página. En su celda —responde Mervin—. Era como si estuviese siempre buscando a ver qué iba a ser lo siguiente. Se convirtió en un criminal para huir de la pobreza, y después se unió a la Nación para huir del crimen. Después dejó la Nación para ir a por lo siguiente.

—Dice hooks que Malcolm X estaba en plena transformación cuando lo asesinaron —les cuento—. En alguno de sus primeros discursos, Malcolm X dice que los hombres son fuertes y las mujeres débiles por naturaleza. Piensa que las mujeres no tienen lo que hay que tener para liderar la lucha por la emancipación de los negros y aconseja a los hombres que controlen a las mujeres si quieren su respeto.

—Creció sin un padre, ¿no? Montones de hombres que hay aquí tuvieron solo a su madre cuando crecieron, y aun así muchos son unos misóginos —interviene Marlon.

—Le echan la culpa al que se queda, ¿no es eso? —dice Marvin.

—Aquí la gente ni siquiera entiende qué significa lo del sexismo —dice Marlon—. Cuando llega un violador al módulo, los tíos se ponen a la cola en la puerta de su celda, pero cuando ves a esos mismos tíos de paseo por el rellano...

—¡Con las manos en los huevos! —dice Mervin.

—Todas las veces, con las manos metidas por delante del pantalón y tocándose las pelotas, con el personal femenino paseándose por ahí. Son capaces de reventar a un violador, pero no pillan que ellos se comportan igual.

—Y son los mismos que te cuentan que pasan drogas para pagarle las facturas a su madre. ¡Los cojones! Llevan unas Nike exclusivas y un Rolex, pero su madre sigue haciendo la compra en el súper del barrio.

—Mi abuela me mataría si se enterase de que mis zapas han salido del dinero de la droga —confiesa Marlon, y Mervin replica:

—La mía me mataría si se me ocurre entrar en su casa con las zapas puestas.

Vuelvo a centrar la conversación en Malcolm X.

—En un momento posterior de su vida, cuando dejó la Nación del Islam, dijo: «Me siento como un hombre que ha estado dormido, alguien bajo el control de otra persona. Ahora pienso con mi propia mente». Conoció a unas impresionantes activistas del feminismo como Fannie Lou Hamer y Shirley Graham Du Bois. Reconoció que las mujeres desempeñaban un papel igual que el de los hombres en la lucha y dijo que, en muchos casos, las mujeres habían hecho una mayor contribución que muchos hombres. Pasó de sentirse amenazado por el hecho de que las mujeres pudieran emascularlo al no mostrarle respeto a admirar la inteligencia y la fortaleza de ciertas mujeres.

El aula se queda en silencio. Algunos internos me miran con cara de escepticismo.

Prosigo.

—Imaginemos que Malcolm X siguiera vivo y hubiese continuado madurando, menos entusiasmado por ser un hombre. ¿En qué se podría haber convertido? ¿De qué otra manera podría haber evolucionado en su relación con las mujeres?

Marlon se cruza de brazos. Mervin hace girar el bolígrafo entre el índice y el pulgar. Oigo el sonido de la radio de un funcionario que llega desde el pasillo.

—¿Qué pensáis vosotros, chicos? —insisto.

—Cuando veo a una funcionaria de seguridad que está buena, no le digo nada a propósito —dice Mervin—. No empiezas una conversación a menos que tengas la absoluta obligación de hacerlo. No das pie a la menor confusión.

Marlon suelta un gruñido en señal de acuerdo.

—Es que no puedes evitar sentir el tema sexual con las mujeres aquí dentro por lo privado que estás de contacto sexual. Llevas puestas las gafas de la cárcel. Todas las mujeres te parecen guapas.

—Es mejor ni hablar con ellas. Si de todos modos ya piensan de nosotros que somos mala gente... Y me pueden acusar de algo —dice Mervin.

—O prefieres no acabar como Gareth —dice Marlon.

Los internos se burlan y se ríen, y Gareth parece avergonzado.

—¿Sabéis qué es lo que más me jodía de toda esa historia? —dice Gareth—. Cuando iba al colegio, ninguna de las niñas pijas se interesaba por mí, porque yo ya tenía fama de macarra poligonero, así que solamente salía con las chicas de mi bloque que buscaban a un malote, pero ahora tengo treinta tacos y estoy en la cárcel, y todas las chicas de mi bloque ya tienen críos, y solo quieren a alguien que pueda mantenerlos y ser responsable, pero las chicas de clase media están encantadas conmigo. ¿Dónde estaban cuando yo tenía dieciséis años?

—Yo no les digo nada, sobre todo a las pijas —dice Mervin.

Mervin toma la palabra:

—La semana pasada, en el rellano, había una funcionaria joven delante de la celda abierta de un interno, y lo estaba vigilando porque había intentado suicidarse. No te hacía falta ni mirarla para saber que estaba buena.

—Te dabas cuenta con solo fijarte en lo limpitos que iban todos los tíos del rellano esa mañana —dice Marlon.

—No dejaban de pavonearse arriba y abajo por el rellano pasando por delante de ella. Tenían buen aspecto hasta los tíos que ni siquiera se afeitan cuando viene su mujer. Y qué zapas..., madre mía, ese día vi pares de Louis Vuitton que ni siquiera sabía que existían.

—Se paraban a charlar con ella, le preguntaban si el pavo al que vigilaba estaba bien y le enseñaban los tatuajes de los brazos —dice Marlon.

—Al final, el tío bajo vigilancia por suicidio le decía a la funcionaria quejándose: «No ha venido a cuidarlos a ellos, ha venido a cuidarme a mí».

—Pues yo le doy la espalda cada vez que la veo.

—Yo hago justo lo mismo —dice Mervin—. No me malinterpretes, que no tengo nada personal en contra de ella. Solo quiero que las cosas sigan siendo fáciles.

—Que no te atraiga.

—No hacer el idiota.

Los dos hombres apoyan la espalda en el respaldo de la silla y se cruzan de brazos.

Recojo de la mesa la imagen de Malcolm X y la sostengo en alto.

—Entonces, si él estuviese aquí hoy, ¿no diría nada?

—Es la opción más segura —dice Marlon.

—Ya te digo, la opción más segura —coincide Mervin.

Media hora más tarde estoy esperando en la parada del autobús a las puertas del centro. Me siento desinflado. Me habría gustado que los internos me hubiesen dado algo más que un «No dices nada». Chloe me escribe un mensaje para invitarme a tomar algo con ella esta noche. El autobús que me lleva a su casa para justo a mi lado, y le hago un gesto para que continúe. Lo más probable es que Paul esté en casa de Chloe. Puedo imaginármelo: si le hablara sobre la clase que he tenido hoy, cogería la copa de vino con una de sus manos tan limpias y largas, le daría un sorbito y la volvería a dejar con petulancia sobre la mesa.

Llega mi autobús y lo cojo. Me quedo de pie y me agarro a la barra que me pasa por encima de la cabeza. A mi izquierda va sentado un niño que lleva el uniforme del colegio. A su lado está su padre, centrado en su móvil, viendo chicas en Instagram. El crío juega con dos hombrecillos de Lego y hace como si se pelearan.

Unas semanas después de la noche en que mi padre me

regañó por llamar fulana a mi madre, iba sentado en la parte de atrás de nuestro coche y jugaba con un muñeco. Papá iba al volante y mamá iba en el asiento del acompañante. Íbamos al pub. Mamá sacó la barra de labios y un espejito de maquillaje.

Papá miró por el retrovisor interior y dijo:

—Andrew, ¿qué es esta mujer?

Agarré el muñeco con fuerza e hice como si volara en bucles.

—¿Qué es esta mujer, Andrew? —me preguntó.

Continué haciendo volar el muñeco de un lado a otro.

—Está en su mundo. No te oye —dijo mi madre.

Viajo en el autobús unos quince minutos. Pulso el botón de aviso para que el conductor se detenga en la siguiente parada. Al niño se le cae uno de los hombrecillos de Lego junto a mi pie. Su padre, que sigue pasando fotos en su móvil, no se percata. Recojo el muñeco y se lo entrego al niño.

Por la noche estoy en la ducha; me lavo la cabeza y me froto bien la cara. Ya estoy limpio, pero me quedo varios minutos bajo el chorro de agua.

Sinceramente, no pretendo salvar a mi padre. Quiero salvarme yo. Quiero convertirlo a él en algo menos malo para no tener que heredar su maldad, pero mientras tanto me veo encerrado en la lógica de la culpa heredada: si mi padre es malo, yo soy malo. Si quiero considerarme una persona decente, mi padre ha de ser también decente. No puedo separarlo de mí.

Salgo de la ducha y me lavo los dientes delante del espejo. Parezco agotado.

Entro en mi dormitorio y preparo la mochila con los libros y la identificación para acudir por la mañana a la cárcel de mujeres. Compruebo dos veces el contenido para asegurarme de que no hay dentro un kilo de heroína ni un cuchillo de veinte centímetros.

Me siento en el extremo de la cama con la luz del techo aún encendida. Oigo el sonido del último tren que sale de la estación que hay a la espalda de mi apartamento. Cojo el teléfono y llamo a mi hermano.

Descuelga.

—Hermanito —me dice—. Es tarde. ¿Te encuentras bien?

—Solo quería oír tu voz.

El olvido

De todas nuestras amarguras, la memoria es la peor.

MARY BOYKIN CHESNUT

El centro penitenciario de mujeres era antes una cárcel de hombres, pero cuando aumentó la población penitenciaria femenina, el Estado trasladó a los hombres, sustituyó los urinarios por cubículos y trajo aquí a las mujeres. Hay puertas hechas de barrotes de hierro, pero algunos de los pasillos están pintados en rosa pálido. En la sala de seguridad de uno de los centros en los que trabajo tienen fotos enmarcadas de los pastores alsacianos de la cárcel. Por toda la prisión de mujeres hay diversas fotos impresas en lienzo con el mismo gatito blanco. Tiene los ojos verde esmeralda y unas orejas más grandes de lo que le corresponde. En una está jugando con un cordel, en otra aparece acunado en la mano de una persona.

La prisión de mujeres es el doble de grande que la de hombres en la que estuve la semana pasada, y aun así apenas tiene un cuarto de la población carcelaria que la masculina. Te castiga menos los sentidos: hay más espacios verdes, y más luz, porque no hay edificios altos. Se puede oler la hierba y, al contrario que en las prisiones masculinas, cuando paseo por los terrenos del centro me saludan los desconocidos.

Cuando mi jefa Hannah se enteró de que iba a trabajar en una cárcel de mujeres, sonrió de oreja a oreja:

—Seguro que todas van a querer aprender filosofía con el señor West.

En mi primera clase, quince mujeres abarrotaron el aula. Hoy, en la segunda, solo han aparecido cuatro.

Agnes, una mujer con el pelo canoso y corto estilo pincho, mete la mano en la bolsa textil que lleva, saca dos chocolatinas pequeñas Mars y me las ofrece.

—Pero son tuyas —le digo.

—Y yo quiero que te las quedes tú —me dice al tiempo que vuelve a empujar hacia mí las chocolatinas.

Pasa por el aula una funcionaria que nos echa un ojo. Las normas de la prisión dictan que el personal no puede aceptar regalos de las mujeres. A los de seguridad les preocupa que nos puedan camelar, las relaciones inapropiadas o que el personal laboral intente meter objetos de contrabando para las mujeres.

—Lo siento, Agnes.

Deja caer la mano sobre el regazo.

—¿Quién pone estas normas de mierda? Disculpa las palabrotas. Solo es una puta chocolatina.

Vuelve a guardarlas en su bolsa, y la funcionaria se marcha del aula.

Una mujer rumana llamada Sofia dice:

—¿Podemos empezar ya?

Lleva puesta una blusa de color azul marino muy oscuro que sería apropiada para una entrevista de trabajo. Lleva en la cárcel más de diez años, pero, no se sabe muy bien cómo, aún se frustra cuando las cosas se dilatan. La semana pasada me contó que a veces las funcionarias le abren la puerta con puntualidad por la mañana, pero hay otras en las que abren con veinte minutos o una hora de retraso. Ella hace caso omiso del reloj y se entrega a un intenso ejercicio a base de flexiones de brazos, abdominales levantando las rodillas y con giros del torso, etcétera. «Cuando me abran la puerta, no me van a encontrar ahí sentada esperando —me dijo—. Me van a ver disparada.»

Pongo en marcha la clase, hablo sobre la memoria y la identidad durante unos minutos y les pregunto:

—Si perdierais la memoria, ¿seguiríais siendo la misma persona?

—Yo creo que eres más tú misma conforme te vas haciendo mayor —dice una mujer que se llama Dita y lleva unas gafas de sol porque esta mañana no ha tenido tiempo de maquillarse para tapar las bolsas que tiene bajo los ojos—. Igual que yo me estoy volviendo más yo misma desde que vine aquí —remata.

—¿Aquí? —le pregunto.

—Esto es un tiempo para mí.

Antes de venir aquí, algunas de estas mujeres dormían mal que bien, o eran madres desde los quince años, o eran trabajadoras sexuales que recibían el diez por ciento del dinero de manos de sus chulos.

Llaman a la puerta. Abro y entran en fila ocho de mis alumnas. Vienen de charla y con risas y dicen que llegan tarde porque han ido a la puerta a despedir a una de sus amigas a la que ponían en libertad.

Todas ellas toman asiento en el círculo de sillas. Algunas están tan cerca de las otras que prácticamente se sientan en su regazo. Esa parece ser una de las mayores diferencias con las clases en las cárceles masculinas. Aunque los hombres viven juntos en el mismo rellano, no se conocen a un nivel personal. Tengo que ayudarlos a convertirse en un grupo, mientras que las mujeres ya son un grupo. A ellas les corresponde decidir si me dejan entrar en él o no.

Una joven llamada Imani está encorvada en la silla y agarrada a un pañuelo. Las sillas a ambos lados de esta mujer están vacías. Enfrente de Imani hay otra joven más o menos de la misma edad que se llama Anjela, que tiene a una amiga sentada a cada lado, ambas con la cabeza apoyada en sus hombros.

Anjela tararea la música del «Umbrella» de Rihanna, y sus dos amigas la acompañan. Imani gimotea.

Intento cruzar con ella una mirada para ver si está bien, pero Imani no despega los ojos del pañuelo.

Retomo la clase y les pregunto:

—Si perdierais la memoria, ¿seguiríais siendo la misma persona?

Cuando llevamos unos minutos de conversación, Anjela interviene:

—Andy, yo tengo una pregunta. ¿Y si antes eras guapísima, pero ahora eres fea? Entonces no serías la misma persona, ¿verdad? Nadie te desearía nunca más.

Imani rompe a llorar, se levanta y se marcha del aula.

—Pero ¿qué le pasa? —dice Anjela con la sombra de una sonrisa dibujándosele en la cara—. Yo no he hecho nada.

Aunque la arquitectura sea aquí menos claustrofóbica que en la cárcel masculina, es de una intensidad social increíble. La conversación vibra con algún trasfondo que ya existía mucho antes de que yo llegara. Por más que yo sea el profesor, a veces soy el último en el aula en enterarse de qué va el debate.

Hacia la mitad de la clase entra un bedel con té y pastas. Nos tomamos un descanso. En la cárcel, el té sabe a moho amargo. Después de tomármelo, siempre me paso la lengua por los dientes para intentar librarme del regusto químico. Las mujeres van hasta el rincón del aula para servirse su té y se quedan por allí charlando. Yo permanezco en mi mesa y echo un vistazo a mis notas para la clase de hoy.

Agnes se aproxima.

—Déjame que te traiga un té —me dice.

El té es una laguna legal en la norma de no aceptar nada de los reclusos.

—Gracias —respondo.

Agnes parece complacida. Se da la vuelta y se dirige hacia el rincón. Unos segundos más tarde, Sofia se me acerca y me pone en la mesa un vasito de poliestireno con un té.

—Deberías tomar menos azúcar, siempre estás bostezando —me dice.

Cojo el vaso y lo levanto para que lo vea.

—Si ya me...

—¿Qué has desayunado? —me pregunta.

—Una tostada con mantequilla.

—Tienes que tomar fruta por la mañana.

Viene Agnes con un vasito de poliestireno.

—Ah. —Se vuelve hacia Sofia—. Iba yo a por su té.

—Pues ya le he traído yo uno.

Hablamos de ello entre todos y decidimos que esta semana me tomaré el té de Agnes y la semana que viene será Sofia quien me lo traiga.

Veinte minutos después, la clase está de nuevo en marcha. Imani ha regresado a su silla gracias a los ánimos de otras dos mujeres que han ido a consolarla. Continuamos debatiendo cuestiones sobre la memoria.

—No importa lo vieja y olvidadiza que te hagas —dice Agnes—, que nunca se te olvidan las personas a las que quieres, ¿verdad? Eso es lo más importante.

—No es que se te olvide la gente —dice Sofia—, es que la recuerdas mal, pero no te das cuenta de que la estás recordando mal.

—Pues a mí eso no me pasa —dice Agnes.

Unos minutos después les digo:

—Los neurocientíficos afirman que nuestra memoria no es como una cámara de vídeo, sino que va editando y volviendo a encuadrar lo sucedido para crear una historia que encaje con nuestra situación actual. Nuestros recuerdos siempre se están adaptando para que nosotros nos podamos adaptar a lo que sea que esté pasando ahora.

—¿Qué estás diciendo? —dice Agnes con la voz temblorosa—. No tengo una foto de mi padre aquí dentro, conmigo. Mi prima tiene una de las pocas fotos que quedan de él. Cuando salga, voy a ir a visitarla para poder ver esa foto, pero mientras tanto, todas las noches antes de dormir me aseguro de recordar el rostro de mi padre y lo mantengo ahí en la cabeza.

—Lo siento, no pretendía...

—¿Estás diciendo que me he pasado años recordándolo mal?

Abro la boca, pero no sé qué decir sin disgustarla todavía más.

Sofia se inclina hacia delante en su silla y toca a Agnes en la rodilla.

—No te tortures, querida. Tienes que mantener la cabeza en la cárcel.

—Pues no quiero —dice Agnes.

A la mañana siguiente troceo una manzana en un cuenco y me la tomo. Me doy cuenta de que la prisión me parece más brutal ahora que he entrado en una de mujeres. He oído a todo tipo de hombres en prisión que decían cosas como «Mantén la cabeza en la cárcel» o «Cuanto antes te olvides del mundo exterior, más rápido se te pasará la condena». Muchos de ellos ya habían aprendido a aislarse antes incluso de haber cruzado las puertas de la cárcel, pero esa desconexión no es algo natural en alguien como Agnes. A través de ella veo de una forma nueva lo dolorosa que es la separación penitenciaria.

A pesar de la pintura rosa en las paredes, la cárcel de mujeres me recuerda en última instancia que las prisiones son una de las demostraciones más contundentes del poder patriarcal que existen. Estoy acostumbrado a ver que el centro penitenciario empuja a los hombres a caminar con los hombros bien erguidos y los puños medio apretados, siempre a punto para la violencia. También veo esa manera de andar en las cárceles de mujeres, pero veo además que la prisión empuja a algunas mujeres hacia una versión mucho más vulnerable y aniñada de sí mismas. Cuando entras en el edificio, te puedes convertir en un pastor alsaciano o en un gatito.

Igual que le sucede a Agnes, yo tampoco tengo una fotografía de mi padre. Hace una década, un miembro de la familia me enseñó una foto de los suyos. Durante las dos semanas siguientes, tuve una vaga sensación de culpa y pensamientos al estilo del verdugo. No he visto una foto suya desde entonces. Pero aún me cruzo con algunos hombres y por un instante pienso que, tal vez, ese que va en el autobús, el de los urinarios en el aseo de un pub o en la foto de la ficha policial en el periódico podría ser mi padre. Me gustaría olvidarme de él, pero mi imaginación no me lo va a permitir. Eso es la vergüenza: la incapacidad de olvidar. Es la memoria en su versión más insistente.

Cuando Sofia le dijo a Agnes que mantuviese la cabeza en la cárcel, le estaba diciendo que tenía que mantenerse en el presente. Para mí, vivir en el presente significaría algo así como permitirme salir de la cárcel, alejarme caminando de mi culpa heredada.

La verdad

> No obstante, en la estela de nuestras mentiras voy soltando el dorado hilo de Ariadna, ya que el mayor de todos los gozos es poder desandar el camino de las propias falsedades, regresar al origen y dormir una noche al año limpios de toda superestructura.
>
> Anaïs Nin

—El filósofo Sam Harris afirma que contar una mentira es perder una oportunidad de profundizar en nuestra conexión con otra persona —les digo a los internos—. Esto incluye las mentiras piadosas. Piensa que la mayoría de las veces mentimos por debilidad. Tal vez la verdad sea demasiado vergonzosa para admitirla, o no nos gusta el conflicto, así que preferimos mentir. Harris cree que estas mentiras van minando nuestras relaciones. Si mientes a alguien, esto genera una brecha en la relación. Además, mentir puede ser muy estresante y alienante para quien miente, así que la filosofía de Harris es que casi siempre debemos decir la verdad.

Terry, un hombre de pelo cano y piel rubicunda, se cruza de brazos.

—¿Y si viene un pavo y le dice a Sam Harris que quiere saber dónde vive su familia? ¿Y si Sam Harris se da cuenta de que el pavo parece mosqueado? ¿Qué dice entonces?

—Harris dice que ese tipo de situaciones tan extremas no deberían influir en nuestra regla general sobre las mentiras —respondo—. Lo compara con unos astronautas. Cuando los astronautas están en el espacio, tienen que tomarse una pastilla para asegurarse de que no pierden densidad ósea en el ambiente de gravedad cero, pero cuando regresan a la Tierra no hay necesidad de seguir tomando esa pastilla.

—¿Por qué cojones se pone a hablar de astronautas? —dice Terry.

—Lo que está diciendo es que, en una situación extrema, alguien te puede chantajear o amenazar, y no te queda más remedio que mentir, pero no es algo que suceda la mayor parte de los días, así que en esa mayor parte de los días, deberíamos ceñirnos a esa regla general de ser sinceros.

—¿Y si alguien quisiera violar a su hermana? ¿Le va a decir Sam Harris dónde anda? —insiste Terry.

—No, pero estamos otra vez en el caso de los astronautas. La mayoría de nuestras decisiones morales tienen lugar dentro de la normalidad. La situación en que alguien te dice que quiere violar a tu hermana la podemos situar fuera de esa normalidad. De manera que el hecho de que tengas que mentir a un violador que está buscando a tu hermana no significa que sea bueno mentir el resto de los días de la semana.

—Vale, ¿y si quiere violar a su madre?

—Lo mismo, Terry, los astronautas.

—Bueno, pues Sam Harris parece un tío muy sincero. —Dibuja una exagerada sonrisa de oreja a oreja.

—¿En qué estás pensando, Terry? —le pregunto.

—Estoy pensando... —cruza los brazos—, estoy pensando que me largo a plantar un pino.

Apoya la palma de la mano sobre la rodilla, suelta un gruñido al levantarse de la silla y se dirige a la puerta.

Tenía siete años. Se acercaba la Navidad y hacía ya un par de meses que no había visto a mi hermano. Mi madre me había contado que Jason estaba fuera trabajando en una fábrica y que volvería a casa cuando hubiera terminado su trabajo, al cabo de unos pocos meses.

El día de Nochebuena iba sentado junto a mi madre en el asiento del acompañante. Íbamos a visitar a mi hermano. Salimos de la autopista, recorrimos unas carreteras comarcales y llegamos por fin a un aparcamiento. Había un letrero grande que decía «Prisión de la Corona Británica».

La miré confundido.

—Jason está trabajando fuera —me dijo—. Pronto volverá a casa, no te preocupes. Hoy solo vamos a verlo una hora. Vamos a estar un rato a gusto, ¿vale?

Nos bajamos del coche y entramos en el edificio. Accedimos a seguridad. Mamá me sonrió de oreja a oreja y me hizo sentir como si hubiera estado mal decir «pero si esto es una cárcel». Le permitieron introducir un paquete cerrado de cuatro chocolatinas Mars, pero dejamos mis juguetes, el dinero de mamá, las llaves y todo lo demás en una taquilla. Acto seguido, un funcionario nos acompañó a la sala de visitas.

Veinte minutos más tarde estaba sentado con mi madre en una sala con montones de mesas con mucho espacio de separación entre ellas. Había barrotes en las ventanas. Teníamos delante una silla de plástico vacía. En la mesa de al lado había otra madre con otro hijo con una silla vacía enfrente. Entró por la puerta una fila de hombres con petos amarillos como los que te ponen en el entrenamiento de fútbol para saber con quién vas. Uno de ellos era Jason. Me emocioné al verlo.

Nos acercamos a él, me dio un abrazo y me raspó con la barba en la frente.

—Sin contacto —nos dijo un funcionario.

Jason se sentó enfrente de nosotros.

—Supongo que ya te lo ha contado mamá. Estoy liado aquí haciendo un trabajo —me dijo.

Me senté sobre las manos y balanceé una pierna hacia delante y hacia atrás.

Mamá le tendió una chocolatina Mars a Jason, que abrió el envoltorio y le dio un mordisco. Hablaron entre ellos en voz baja. Mamá quería saber si estaba evitando meterse en líos, y recuerdo que Jason le hizo un pequeño gesto en forma de O con el índice y el pulgar para mostrarle lo canijos que eran los tomates de las comidas que servían allí. Los guardias de seguridad patrullaban la sala. Jason dio otro mordisco a la chocolatina Mars y, al separarla de la boca, se hizo un hilillo de caramelo que se estiró, se rompió y se le quedó pegado al mentón.

—¿Tienes una celda para ti solo? —susurró mamá.

—Ya me han cambiado de celda tres veces —dijo Jason.

—Estás en la cárcel —le dije.

Se me quedaron mirando los dos.

—Estoy haciendo un trabajo, hermanito.

—He visto *Birds of a Feather*. Esto es la cárcel.

Birds of a Feather era una serie de la tele sobre dos mujeres que iban a la cárcel a ver a sus maridos.

Mamá y Jason se echaron a reír.

—Esto es una cárcel —dije.

En enero volví al colegio. Me senté en mi sitio, abrí mi cuaderno de ejercicios y cogí un lápiz. Me invadió una sensación de vacío. Mi hermano estaba en la cárcel, ¿cómo podía importar cualquier otra cosa? El profesor me dijo que anotara la fecha en la parte superior de la página. Me quedé mirándolo y partí la punta del lápiz contra el borde del pupitre.

No le conté a nadie que mi hermano estaba en la cárcel. Sentía ganas de ponerme a gritar: «Nada de esto es real, dejad ya de fingir que lo es». En una ocasión, el profesor nos estaba explicando algo y movía mucho las manos. Me reí de él. Se puso muy serio, me señaló con el dedo y me dijo:

—¿Te parece gracioso?

Lo imité, puse cara seria, lo señalé y dije:

—¿Te parece gracioso?

Me dijo que me marchara de clase. Me encogí de hombros y salí del aula.

Mi realidad se había desmoronado. En clase me ponía respondón o bien alicaído. En el instituto de secundaria, en las raras ocasiones en que hacía algún trabajo, sacaba insuficientes y muy deficientes, lo cual interpretaba como la confirmación de que era cierto que los profesores no entendían nada en absoluto. No es de extrañar que saliera del instituto con todo suspendido salvo dos asignaturas.

Unos meses después, unos amigos iban a acudir a la jornada de puertas abiertas de la universidad local. Pensé que no tendría sentido ninguno ir con ellos ya que no tenía nota para acceder. Justo antes de mis exámenes finales, un profesor había fotocopiado el trabajo de clase de un antiguo alumno y me lo había dado para que lo presentara con mi nombre. Su gesto me hizo sentir que sí había profesores que comprendían que mi realidad no era justo esa en la que el colegio esperaba que yo viviese, así que fui con ellos a la universidad y me metí en una demostración de una clase de filosofía.

El profesor, Robert, planteó la pregunta: «¿Cómo sabemos que esto no es más que un sueño? ¿Cómo sabemos si esto es real o no?».

Qué alivio sentí al escucharle plantear aquella pregunta.

Robert me permitió hacer aquel curso aun cuando mis calificaciones no llegaban a la nota de corte que ellos exigían. Aquellas lecciones fueron tremendamente emocionantes para mí.

Aquel era el periodo de mi vida en que mi verdugo mental se mostraba más condenatorio. Mis pensamientos eran de una agotadora dicotomía: o bien yo era bueno o bien era malo. No podía existir entre aquellos dos polos. El verdugo me decía que estar entremedias suponía que iba camino de ser malo, y me cortaba la conversación antes de que me diese tiempo a pensarme dos o tres veces quién podría ser yo.

Sin embargo, en clase de Robert leíamos sobre las ideas de los filósofos a lo largo de los siglos, y en las páginas de esos libros vi que había gente que sí entendía lo compleja que es la vida. Era como si los filósofos viviesen en un lugar que trascendía a los extremos del «blanco o negro», donde los matices eran la norma, la conversación podía continuar y la mente podía expandirse. Pensé que, si continuaba haciendo filosofía, tal vez pudiera verme libre de condena.

Me esforcé mucho durante el primer mes del curso, pero me resultaba muy difícil. Obtuve una calificación de 3 sobre 11 en mi primer ensayo y un 6 sobre 18 en el segundo. Robert anotó en el margen: «He tenido que releer muchas de tus frases. Tus ideas no siempre tienen sentido». Y me dieron ganas de decirle: «No lo sabes tú bien».

Seguí esforzándome, pero mi tercer ensayo le pareció a Robert tan incomprensible como los otros dos. Yo sabía lo que estaba diciendo, pero nadie más lo sabía. Asumí que mi universo interior debía ser de una inenarrable singularidad y sentí un distanciamiento sin remedio. Robert me pidió que acudiera a su despacho en el descanso del almuerzo y me enseñó cómo escribir una frase de tal modo que alguien que no fuese yo mismo pudiera entender lo que decía. Hicimos esto unas cuantas veces, pero cuando él me explicaba las cosas, a mí me daba miedo interrumpirlo y decirle sin querer alguna crueldad. No sé con qué palabras se expresaría esa crueldad, y me preocupaba que fueran a salir de mis labios en cualquier momento. Qué incómodo se sentía mi verdugo con la amabilidad de Robert.

Él continuó ofreciéndome su apoyo añadido, y mis calificaciones fueron mejorando de manera constante. Pasé de sentirme incomprensible a conocer la satisfacción de que se me entendiera. Le estoy realmente agradecido por haber creído en mí durante una época en la que me costaba mucho ver en mí nada bueno. Cuando terminé de estudiar filosofía, aún tenía aquella voz condenatoria metida en la cabeza, pero ahora también tenía acceso a un segundo espacio mental, un espacio de imaginación y de posibilidades. Era como si hubiese obtenido una versión mental de la doble nacionalidad. Me despertaba por la mañana con el verdugo en la cabeza, y no era capaz de echarlo de allí por completo, pero sí podía cruzar un puente hacia una isla distinta dentro de mi propia cabeza y disfrutar de estar en otro sitio.

Una vez asistió a mis clases en la cárcel un hombre que se llamaba Dris y se dedicaba a las artes marciales mixtas. Era un tipo con una musculatura increíble, pero siempre lo veías un poco encorvado. Podría haberse hecho muy rico con los delitos que había cometido, pero había grabado en la pared de su celda, junto a la cama, la frase «No debo ser tan avaricioso». Había cumplido la mitad de su segunda condena a quince años. Veía llegar y marcharse a los demás reclusos, incluso a los que entraban para varios años, que aparecían y se largaban como los extras en una película. Estaba tan hastiado que ni se molestaba en mantener charlas insustanciales con ningún recién llegado al módulo. Era como si estuviese viviendo en un edificio con mil trescientos cuerpos sin rostro, pero al hombre le gustaba la filosofía. Era el único momento en que lo veía mirar a la gente en lugar de al infinito. Una vez, al final de la clase, Dris me pasó un trocito de papel antes de marcharse. Decía: «Dos horas de vacaciones. Gracias». «Dos horas de vacaciones» era su forma habitual de referirse a una visita de familiares o amigos. En clase de filosofía, Dris podía ir a otro sitio.

Esta mañana llego a las puertas de la prisión, pero todas las taquillas para el personal donde dejo mi móvil están ocupadas. Accedo a la estructura prefabricada del centro de visitas, que cruje a cada paso. El aire caliente de los calefactores eléctricos genera condensación en las ventanas. Abro una de las taquillas y guardo dentro mi móvil. Hay un póster del teléfono de ayuda a los familiares de los reclusos con la imagen de un niño con mirada triste y un texto que dice: «¿Otra vez se ha ido papá a trabajar fuera?».

Giro la llave de mi taquilla y me marcho a dar mi clase.

Paso el control de seguridad y entro en una sala con ocho vitrinas cerradas en las paredes. Cada vitrina tiene el frontal de plexiglás reforzado. Dentro hay unas hileras de llaves. Pongo la yema del dedo en un panel junto a la vitrina, la máquina verifica mi huella y me abre la puerta de la vitrina. Cojo un juego de llaves y me lo cuelgo del cinturón. Recorro la cárcel, hago uso del juego de llaves para ir abriendo las puertas y las cierro a mi espalda. A lo largo de la mañana voy de los rellanos al patio, a la enfermería, a la cocina, al despacho del director y al módulo de aislamiento. Cuando vuelvo a pensar en aquella Nochebuena en la que se suponía que no debía saber que me encontraba en una cárcel, casi me parece ilícito llevar estas llaves en el cinturón. No dejo de imaginarme que va a venir un funcionario y me las va a quitar.

Media hora después, en mi aula, se une al grupo un alumno nuevo que se llama Eddie. Alguien comenta que Brasil fue el último país en abolir la esclavitud, y Eddie interviene para contarnos a todos que él tenía un apartamento en Río que daba a la playa de Ipanema. Al cuarto de hora sale Kosovo en la conversación y Eddie nos dice que ganó allí una medalla de lucha.

Luego alguien critica a la selección española de fútbol y Eddie nos cuenta que una vez tuvo un romance de verano con una mujer que más tarde se convertiría en Miss España.

A la semana siguiente es la víspera de la boda real en Inglaterra, y un alumno trae a clase un paquete de galletas de chocolate para compartirlas y celebrarlo. Eddie muerde una y dice:

—Hace años me invitaron a casa de la princesa Margarita. —Mientras habla, veo que tiene la papilla de galleta en la lengua—. Pero al final decidí no ir.

Durante la misma clase, Eddie nos cuenta que una vez acertó los seis números de la lotería, pero perdió el boleto cuando estaba de juerga con dos raperos famosos.

Una semana después, Eddie nos dice que había compartido celda con algunos de los criminales más destacados de Gran Bretaña, incluidos Charles Bronson y Abu Hamza.

—Charles Bronson es uno de los tíos más majos con los que puedes hablar —asegura.

La semana siguiente, Eddie dice:

—Pues voy una noche de micro abierto y canto una canción que compuse yo, y Ed Sheeran se está forrando ahora con ella.

Al principio, cuando Eddie interrumpía a alguien con estas historias, los demás lo miraban con mala cara, pero ahora se quedan todos mirando al vacío. Nadie se molesta en pedirle que cante alguna canción de Ed Sheeran ni le pregunta cómo huele el pelo de Miss España.

Eddie lleva ya dos meses en clase cuando escribo en la pizarra: «¿Verdad = Bien?».

—Platón argumentaba que el rey filósofo sería el líder ideal del Estado —les cuento—. Un rey filósofo es alguien con un magistral dominio de la geometría y las matemáticas, y Platón pensaba eso porque el rey filósofo comprendía las verdades abstractas y, por tanto, entendería también lo que era bueno. La verdad equivale al bien, así que los reyes filósofos serían los mejores gobernantes.

—¿Como si tuviéramos a Stephen Hawking en Downing Street? —pregunta un alumno.

—Algo así —respondo—. Es más, hay algo parecido a un ejemplo de esto en la vida real. Cuando se formó el Estado de Israel, ofrecieron a Albert Einstein que fuera su presidente, pero declinó la invitación.

—No es así —dice Eddie.

—Sí lo es —le digo.

—Eso no se lo habrían propuesto nunca.

Me rasco la cabeza.

—Lo he leído.

Eddie hace un gesto negativo con el dedo.

—Pasé mucho tiempo en Israel cuando era consultor. Einstein, jamás.

Sonrío para intentar ocultar que se me están inflando las narices de pura irritación. Miro a los demás alumnos y señalo el «¿Verdad = Bien?» escrito en la pizarra.

—¿Estáis de acuerdo? —les pregunto.

Cuando llego a casa unas horas más tarde, enciendo el portátil y busco «Einstein rechazó la presidencia de Israel». Encuentro un artículo que confirma que, en efecto, a Einstein le ofrecieron la oportunidad de ser presidente de Israel. En el encabezamiento de la página aparece la icónica fotografía de Einstein en blanco y negro haciendo una mueca. La lengua estrecha y puntiaguda aparece por debajo del bigote canoso.

Imprimo el artículo y lo guardo en la carpetilla de los papeles de clase.

Unos días después, en la cárcel de mujeres, las alumnas van entrando en el aula. Una mujer que se llama Stacey se sienta en la mesa del rincón y añade varias líneas a una carta que está escribiendo. Viste una sudadera gris con capucha remangada hasta los codos y lleva el nombre de su hija tatuado en la cara interior del antebrazo. Le pregunto qué tal está. Termina la frase que está escribiendo con la lengua apretada contra los dientes superiores y me dice:

—Tengo que escribir a mi novia todos los días. Al principio no se creía que las cartas fueran mías. Fuera tengo siempre una letra horrible, pero aquí dentro tengo tiempo, y mi letra ahora es preciosa.

Llega el resto de las mujeres, y Stacey se une al círculo. A mi derecha tengo a una joven de diecinueve años que se llama Britney. Lleva los labios pintados de morado muy oscuro y le falta un diente en la comisura de la sonrisa. Enfrente está Leanne, una mujer de Glasgow camino de los treinta. Está hablando con su vecina sobre un folleto de salud mental que el centro ha distribuido a comienzos de esta semana. Se recomienda hacer ejercicio y meditación con regularidad, y Leanne está molesta con que el folleto también hablara de «pasar tiempo con las personas con las que te gusta estar».

—Sinceramente —dice—, no debe de hacer falta gran cosa para conseguir un trabajo en este sitio. Ni siquiera tienes que vivir en el mundo real.

Me siento un poco avergonzado. Me imagino que Leanne debe de verme como otro de esos que no viven en el mundo real.

Unos minutos después, la clase está en marcha.

—En 1944 —les digo—, el ejército japonés destinó al soldado Hiroo Onoda a una isla en Filipinas para combatir en la Segunda Guerra Mundial. Antes de marcharse, el oficial al mando, el mayor Taniguchi, le dijo a Onoda que regresaría a buscarlo y le prohibió rendirse.

Leanne está garabateando en una revista que tiene en el regazo, pintando con bolígrafo negro el blanco de los ojos y los dientes de una modelo en un anuncio de cosméticos.

—Un año después, los Aliados tomaron la isla, y Onoda se ocultó en la jungla. Sobrevivió a base de plátanos, cocos y lo que robaba de las granjas de la isla cuando podía. Medio año más tarde se encontró un panfleto en la jungla que le decía que la guerra había terminado meses atrás. Pensó que el panfleto era falso, que era cosa del enemigo, que intentaba engañarle para que se rindiese.

Britney suelta una risotada. Leanne parece molesta con ella.

—A finales de 1945 —continúo—, unos isleños cogieron un avión, sobrevolaron la jungla y lanzaron unos panfletos con la carta de rendición del general Yamashita. Onoda no se creyó aquella carta. Pensaba que Japón no podía haber perdido la guerra, de ninguna de las maneras, que eso era que los Aliados intentaban engañarlo de nuevo.

Intento alzar la voz un poco más para ver si soy capaz de llamar la atención de Leanne.

—Arrojaron más panfletos, periódicos japoneses, fotos y cartas de los seres queridos de los soldados.

Leanne continúa garabateando sin levantar la cabeza.

—Onoda no se creyó nada de aquello. Los japoneses enviaron a unos representantes que recorrieron la jungla gritando con un megáfono, y Onoda pensó que lo más probable era que fuesen unos soldados capturados por el enemigo obligados a engañarlo para que se rindiera.

—El hombre tenía que estar paranoico —dice Stacey.

—Onoda llevaba treinta años en la jungla cuando lo encontró un estudiante que viajaba por Filipinas. El joven le dice que la guerra terminó, pero Onoda asegura que no va a creérselo a menos que vuelvan sus oficiales al mando para decírselo.

Entonces pregunto a la clase:

—¿Debería Onoda creer que la guerra ha terminado?

—Por supuesto que sí —dice Britney.

—¿Por qué? —pregunta Leanne.

—Porque es la verdad.

—Eso no es más que una palabra —replica Leanne—. Mi abogado me dijo que me pusiera manga larga en mi juicio para esconder los tatuajes. Y si tengo tatuajes en los brazos, ¿qué tiene eso que ver con si soy inocente o culpable?

—Pero tú sí sabes si eres inocente o culpable. La verdad sí que es real para ti —dice Britney.

—La verdad es real, pero lo cierto es que no importa.

Dicho esto, Leanne sigue pintando la revista; ya están negros dos tercios de los dientes de la modelo rubia.

—La verdad importa, sin duda, si Onoda va a vivir en la realidad.

—El mundo se ha olvidado de él —dice Leanne—. Su familia y sus hijos habrán pasado página. Él cree que está combatiendo contra los americanos, y seguro que han puesto ya un McDonald's en su pueblo. Nadie se va a acordar de él, y él no va a reconocer nada. —Sigue garabateando sin alzar la cabeza—. ¿Es que no puede creer lo que le dé la gana?

—¿No dicen que la verdad te hará libre?

—Ay, por favor, Britney... Oye, Andy, ¿el tío se larga de la jungla o no?

—El estudiante vuelve a Japón y busca al mayor Taniguchi, que trabaja en una librería. Le cuenta la situación, y Taniguchi viaja a la isla. Cuando llega allí, se encuentra con que Onoda va vestido igual que cuando le dio la orden de no rendirse, tres décadas atrás. Tiene el uniforme impoluto.

Leanne deja el bolígrafo y levanta la cabeza para mirarme. Tiene un brillo de dolor en los ojos.

—El rifle también está impecable. Taniguchi tiene que tomar una decisión —les cuento, y siento que me quema la mirada de Leanne. Me tiembla la voz muy ligeramente—. Puede decirle a Onoda que la guerra ha terminado, o puede pedirle que siga manteniendo la posición... ¿Qué debería decirle?

Stacey se incorpora en su silla y toma la palabra:

—Es peligroso decírselo. Podría ser igual que despertar a un sonámbulo.

—No puede seguir durmiendo para siempre —replica Britney.

—Si solo hubieran pasado cinco años desde el fin de la guerra, ¡pero han pasado treinta! —exclama Stacey.

—Cinco años o treinta años, eso no cambia la verdad —dice Britney.

—Yo cumplí seis años una vez —dice Stacey—. Cuando salí me daba la sensación de que todo pasaba muy rápido.

Aquí dentro el tiempo es diferente, todo va despacio, y en cuanto salí por la puerta fue como si tuviera que ponerme a correr solo para no perder comba con el resto de la gente. Casi me da algo solo con hacer lo más básico, y fue después de únicamente seis años. Lo más seguro es que Onoda nunca cogiera el ritmo.

Britney no está de acuerdo:

—Yo sigo creyendo que se puede adaptar —dice y Leanne se burla con un bufido—. Además, es deshonesto si no se lo cuenta —remata.

—En mi juicio me dijeron que iban a decidir si había mentido o no en función de si le parecía sincera a una persona normal —recuerda Leanne—. ¿Qué significa eso? ¿Una persona normal que es un juez, una reclusa normal, un soldado normal que lleva treinta años viviendo en la jungla? Cuéntame tú qué es una persona normal.

—¿Se merece Onoda la sinceridad? —les planteo.

—¿Le dice Taniguchi la verdad? —pregunta Leanne.

—Sí.

—Vale, ¿y cómo termina la historia?

—Taniguchi le dice a Onoda que la guerra ha terminado. Onoda tira del cerrojo de su rifle, descarga las balas y deja el arma en el suelo. Dice que todo se ha vuelto negro y que ojalá hubiese muerto en combate con sus hombres hace treinta años. Ya no entiende para qué han servido sus últimos treinta años como soldado.

Leanne vuelve a coger el bolígrafo y continúa pintando la cara de la modelo.

Una hora después termina la clase. Salgo de la prisión y entro en el centro de visitas. Veo en la pared un póster que anuncia un teléfono de ayuda. Tiene la imagen de una niña pequeña con la frase: «Echo de menos a mamá». Abro mi taquilla, saco el teléfono y la cartera y me marcho de allí.

Varios días después, Eddie no viene a clase de filosofía porque está con su asistente social. Quiero darle la lectura de esta semana sobre Descartes y también quiero mostrarle el artículo que confirma que le ofrecieron a Einstein la presidencia israelí. Bajo por el rellano, y todo es gris, todo el mundo bosteza. El ambiente está cargado del olor de la falta de aseo en los hombres y el sonido de los programas matinales de la tele. Llego a la celda de Eddie y veo que la puerta sigue abierta. Me quedo justo ante la entrada. Ha puesto un cartón estrenado de leche en el marco de la ventana abierta para mantenerlo fresco. Eddie está tumbado en el colchón, mirando al techo. Junto a la cama tiene un rollo de papel higiénico al que apenas le quedan unas vueltas.

—Tengo dos cosas para ti —le digo.

Se levanta y viene hacia mí. Saco de mi carpeta la lectura de Descartes y se la entrego. Asoma la cabeza de la celda, mira a izquierda y derecha y retrocede un paso. Se muerde la uña del pulgar.

Paso las hojas en mi carpeta y estoy a medio sacar el artículo sobre Einstein cuando Eddie me dice:

—Dos tíos se han llevado mi tele. Entran aquí, se ponen a pasar los canales y les digo: «¿Qué cojones hacéis?», y ellos van y se ríen. La han desenchufado y se han largado con ella.

Observo su celda. Una fina capa de polvo cubre la mesa excepto un cuadrado que está limpio en el lugar que ocupaba la tele.

—Se han marchado y no he podido hacer nada —me dice—. Salgo de aquí dentro de siete meses si mantengo el buen comportamiento, pero esos dos están cumpliendo diez años, pueden jugar con sus propias reglas. Saben que se pueden reír de mí y que no puedo hacer nada para devolvérsela.

—Lo siento, Eddie —le digo.

—También soy cinturón negro de kárate.

—¿Se lo has contado a los de seguridad?

Eddie aparta bruscamente la mirada. No quiere ser un soplón.

—Pero vas a ver a esos hombres todos los días. ¿Y si siguen haciéndolo? —le pregunto.

Eddie se aparta, se tumba en la cama y suelta un quejido.

—¿Qué es lo otro que querías?

Miro el artículo que asoma de mi carpeta. Puedo ver la imagen de Einstein que me saca la lengua.

—Perdona, Eddie.

Levanta la cabeza de la almohada para mirarme.

—No había nada más —le digo.

Vuelve a dejar caer la cabeza sobre la almohada. Vuelvo a meter el artículo en la carpeta.

La mirada

> La mirada es un acto singular: mirar algo es llenar tu vida entera con ello.
>
> OCEAN VUONG

Cuarenta años después de salir de Auschwitz, Primo Levi publicó un ensayo titulado «La vergüenza» en el que acudía a un amigo para pedirle ayuda a fin de entender por qué él había sobrevivido al *Lager* y otros no. Su amigo le dijo que había sobrevivido para «dar testimonio» de lo que habían sufrido otros.

Hace veinticinco años, cuando mi madre y yo fuimos a la cárcel a visitar a Jason, se acabó el tiempo y los funcionarios se lo llevaron de vuelta a su celda. Nosotros cruzamos la puerta y salimos al aparcamiento. Tuve la sensación de que había algo que no estaba bien en el hecho de que yo me pudiese marchar de allí y Jason no. Nos metimos en el coche y arrancamos. Me di la vuelta, me arrodillé en el asiento y me quedé mirando la cárcel por el cristal de atrás. Mamá me dijo que me sentara bien, mirando al frente, pero yo no podía apartar de allí la mirada.

Al bajar por el rellano esta mañana oigo un grito a mi espalda. Me doy la vuelta y veo a un joven que no aparenta más de veinte años y va escoltado por seis funcionarios. Lo sujetan por los brazos. Se revuelve para tratar de soltarse y le pasa el cabello largo y negro por la cara a uno de los seis.

—¡Se la estaba pelando conmigo! —grita el joven.

Lleva el pómulo ensangrentado y tiene desgarrado el cuello de pico de la camiseta blanca. En los ojos se le ve una furia desatada.

—¡Se la estaba pelando en mi puta cara!

Los funcionarios se lo llevan por el rellano camino del módulo de aislamiento para tranquilizarlo.

Un funcionario que se llama Fowler me cuenta que anoche le trajeron un compañero de celda nuevo a Jonesy —el chico al que se llevan a aislamiento—, y que, esta mañana, Jonesy se ha despertado y se ha encontrado con que el tipo se estaba masturbando en su cara, así que se ha levantado de un salto y lo ha empujado contra la pared. El otro ha respondido, apuntando con aquella erección. Han tenido que separarlos los de seguridad.

—Madre mía —le digo.

A Fowler se le escapa una risa nerviosa. Algunos de los internos del rellano se burlan de Jonesy simulando una paja con las manos. Un funcionario grita «libre circulación», y Fowler se marcha para ocupar su puesto.

Me quedo allí mirando cómo se llevan a Jonesy por las escaleras hacia aislamiento.

Levi intentó dar testimonio lo mejor que pudo, pero eso no le hizo sentir menos atribulado por seguir vivo. El simple hecho de poder observar el sufrimiento de los demás le recordaba que él había sobrevivido y otros no. Dar testimonio solo aumentaba su vergüenza.

Cuando termino de trabajar, me siento en el tren que está esperando en el andén. Cada vez que parpadeo, veo la imagen del cuello desgarrado de la camiseta de Jonesy. Aprieto los dientes.

El tren arranca, y se desmoronan los átomos que mantienen unida la realidad. El revisor recorre el vagón, pero mi cerebro es incapaz de procesar cómo avanza con solo poner un pie delante del otro. Cruza las puertas automáticas, que se abren con un *fuum* exagerado, como si fuera un efecto de sonido en el set de rodaje de una peli de serie B. La mesa de delante parece estar muy lejos, como si no pudiera llegar a tocarla por mucho que alargase el brazo. Miro la ciudad por la ventanilla y me cuesta creer que los edificios, las carreteras y los coches existan realmente. No hay nada ahí, detrás del cristal.

Hacia el final de «La vergüenza», Levi describía una sensación de angustia tan absoluta que era como si estuviese viviendo en un universo machacado donde se hubiera extinguido el espíritu humano. Todo se había desmoronado. Un año después de publicar el ensayo, Levi se tiró desde el descansillo de su apartamento en el tercer piso y murió en el hueco de las escaleras.

Dos semanas después de ver cómo se llevaban a Jonesy a aislamiento, estoy en el tres y oigo gritos y un aporreo que llegan desde abajo. Miro a través de las redes metálicas antisuicidio. En el dos, unos funcionarios se llevan a un hombre a aislamiento.

Siento un mareo, pero no puedo dejar de mirar.

La risa

> El humor: ese fogonazo divino que revela el mundo en su ambigüedad moral y al hombre en su profunda incompetencia para juzgar a los demás; el humor: la embriagadora relatividad de lo humano, el extraño placer que genera la certeza de que no hay certeza alguna.
>
> MILAN KUNDERA

Jerome entra en mi clase por primera vez en algo más de un año. Llevo sin verlo desde que vino a mi clase sobre la suerte. Lo han puesto en libertad y lo han vuelto a condenar. Ha adelgazado y parece que los temblores de la mano han ido a peor, pero su sonrisa bobalicona no ha cambiado lo más mínimo.

—El filósofo antiguo Crisipo —les cuento— estaba en la celebración de las Olimpiadas cuando se acercó un burro a su mesa y empezó a comerse sus higos. Entonces, Crisipo exclamó: «¡Dadle a este burro el vino más puro para pasar esos higos!», y se echó a reír. El filósofo se rio con tantas ganas que no pudo aguantar en pie, cayó al suelo con unos temblores incontrolables y echando espuma por la boca. La gente intentó ayudarle, pero no fue posible, y Crisipo murió.

—Qué manera más bonita de diñarla. Igual que morirte de sexo —dice Jerome.

—¿No sería mejor si se estuviera riendo con el chiste de otro? —pregunto.

—Entonces sería asesinato, y se echarían encima los maderos de la Antigüedad, sobre todo con el tema de la espuma en la boca.

—¿No es vergonzoso que fuera su propio chiste?

—Está muerto. ¿Es que no basta con avergonzarse cuando estás vivo?

El sábado por la tarde, en casa de mi abuela, mi madre me pasa su móvil, retrocede y rodea al tío Frank con el brazo. Sostengo el móvil e intento sacarles una foto que no tenga de fondo esa gigantesca fotografía de Rhett Butler en *Lo que el viento se llevó*, dentro de un marco ovalado. Hago la cuenta atrás «tres, dos, uno», y Frank empuja con la lengua la dentadura postiza superior. Aprieto el botón.

Enseño la foto a mamá. Es como si Frank tuviese los dientes de conejo más pronunciados de la historia. Detrás de su cabeza aparece el diseño en espiral de la textura de la pared pintada. Nos reímos todos con la foto excepto la abuela, que tiene la mirada perdida en lugar de estar viendo el programa de cocina que continúa puesto a un volumen atronador.

—Abuela, ¿quieres una taza de té? —le pregunto.

—Me siento muy culpable por haberlo dejado ahí —dice la abuela.

Se está fijando en la urna con las cenizas del abuelo en la repisa de la chimenea. Mi abuelo trabajó como sepulturero durante más de una década, igual que sus hermanos y algunos de sus hijos.

—Pero el abuelo pidió que lo incinerasen —le digo.

—Me siento fatal, solo eso, sabiendo que lo metí en ese fuego.

Veinte minutos después, la abuela va al cuarto de baño y yo bajo el volumen de la tele siete puntos. Frank se sienta en el brazo del sofá y saca una bolsita de tabaco y papel de fumar. Está de buen humor, contándonos historias a mamá y a mí.

—Estaba cumpliendo seis meses, pero también me habían trincado por robar otra cosa, y con eso me iba a ganar tres más.

Las comisuras de los labios de mi madre apuntan a una sonrisa, y yo también estoy preparado para reírme.

—Ya sabía que me iban a declarar culpable, y mi abogado me dijo que seguramente me impondrían las condenas consecutivas en lugar de simultáneas. Por la mañana, los boquis me sacaron de mi celda y me llevaron al juzgado. Solo fui por cambiar un poco de aires. En los juzgados aprovecho para ir al servicio, y mi colega Charlie, también acusado, entra unos minutos después. Se saca un canuto del bolsillo y le damos unas caladas en uno de los cubículos. Lo único que pasa es que nos hace mearnos de risa. El boqueras llama a la puerta y nos dice que estamos a punto de empezar, pero nosotros estamos ahí a carcajada limpia. Charlie tira el canuto al retrete, y los boquis nos meten en la sala del tribunal. Él va pegando risotadas, y yo me muerdo el puño y me planto delante del juez tapándome la cara con las manos.

A mamá y a mí ya se nos escapa la risita. Frank espolvorea tabaco en el Rizla, lame el borde del papel de fumar y cierra el cigarrillo.

—La vista duró cinco minutos —dice Frank—, y yo me los pasé enteros tirado sobre la mesa con unas risas que me daban convulsiones. El juez nos declara culpables a los dos, y después tiene que dictar sentencia. Ahí levanto la cabeza de la mesa, y a esas alturas ya estoy más rojo que un puto tomate. El juez dice lo de «Cometieron un terrible delito» y todas esas paridas, y va y suelta: «Pero veo que están llorando, que están empezando a reconocer lo equivocado de la vida que llevan». Entonces va y nos casca la sentencia simultánea, y con eso empiezo a partirme de risa otra vez.

Estoy con mi tío en la cocina, esperando a que hierva la tetera. Se lía un cigarrillo y me habla sobre un viaje a la costa que hizo hace diez años. Había marea baja, se metió en el mar hasta las rodillas y se quedó plantado en silencio. Las focas nadaban a su alrededor y lo miraban fijamente desde apenas unos metros de distancia.

—Deberíamos ir allí —le digo.

—Sí. Vamos a esperar a que haga un día despejado para poder verlo todo en condiciones.

Desde que Frank salió de la cárcel, hemos hablado sobre muchas cosas que íbamos a ir a ver en cuanto hiciese un buen día, pero hemos tenido ya muchos días despejados sin que nos hayamos movido del sofá. Aun así, seguimos hablando sobre los pájaros, las focas y los cielos que algún día iremos a ver juntos. Es como si ese día despejado formara parte de nuestro futuro alternativo en lugar del futuro real.

Hierve la tetera. Frank prepara el té y me ofrece una taza. Se encaja el cigarrillo liado detrás de la oreja, volvemos al salón y nos sentamos.

La tarde transcurre con un constante murmullo de risas en el salón mientras Frank nos cuenta historias a mamá y a mí. Mi risa hace que se ría él, y él hace reír a mamá, que me hace reír a mí, y yo a Frank de nuevo. El muro que me separa de mi tío se hace más permeable cuando nos pasamos así las risas del uno al otro.

Hacia las cinco de la tarde, Frank da unos golpecitos con el cigarrillo sobre la rodilla y nos cuenta una historia de cuando estaba en la cárcel de Canterbury hace treinta años y se peleó con una banda de Essex. Escucho con una sonrisa que no se me borra de la cara.

—Los boquis han hecho su ronda encerrando a todo el mundo, excepto nuestra celda. Yo tengo la tetera llena de agua y la he puesto a hervir. Entonces me quedo esperando. Pasa un minuto y la vuelvo a hervir. Vinnie y yo estamos vigilando la puerta. Sigo hirviendo el agua. La puta celda entera está llena de vapor. Entonces oímos unos pasos. Agarro la tetera, abro la tapa, y tres pavos de la mafia de Essex han entrado a saco.

Frank echa la vista atrás con un gesto de admiración.

—Le tiré el agua al tío directa en la cara —dice.

Se me cae la sonrisa. El desconcierto y la indignación me cortan la risa de golpe.

—Teníais que haber visto la cara del tío. —Se lleva las manos a ambos lados de la cara, se estira la piel y se deforma los ojos y los labios hacia abajo. Saca la lengua y suelta un quejido—: ¡Guurrrr!

Me parto de risa. Mamá se tiene que sujetar la barriga porque no puede más, y Frank parece encantado.

Me llevo la mano a la boca para intentar parar. Respiro hondo, aparto la mano y trato de calmarme, pero mamá está llorando de la risa, y Frank se ríe de ella y me hace volver a empezar.

Unas horas después voy caminando a casa. El cielo está despejado salvo por unas pocas nubes tan finas como el vapor. En casa meto una bolsita de té en una taza y pongo a hervir la tetera. Sirvo el líquido caliente, y el agua se oscurece.

Remuevo el té con una cuchara, y el vapor me acaricia el dorso de los dedos. Dejo la cuchara y coloco la yema del dedo sobre la superficie del té. No parece caliente, pero de pronto aparto la mano de un latigazo. Me he quemado el dedo. La yema se me está poniendo roja. La aprieto con el pulgar para obtener una definición más cercana del dolor.

Abro el grifo del agua fría y meto debajo el dedo hasta que no siento nada.

Aún noto el dedo irritado al escribir con el rotulador en la pizarra a la mañana siguiente. Hay varios internos sentados alrededor de la mesa. Jerome se jacta de que su equipo de fútbol ganó ayer. Aporreó la puerta de su celda cada vez que marcaban en el resumen que pusieron anoche en el programa *Match of the Day*. Dev, un hombre desgarbado de cuarenta y tantos años, no deja de bostezar hoy. Le pregunto si se encuentra bien, y él cruza los brazos sobre la mesa y apoya la frente en el hueco del codo para utilizar el bíceps como almohada.

Entra un interno que se llama Alistair, se sienta y se repanchinga en su silla con toda la frescura del mundo. Lleva un par de delicadas gafas de montura al aire, y es el primer recluso al que veo lucir unos zapatos sin cordones.

Cierro la puerta y comienzo la clase:

—El artista del surrealismo André Breton cuenta una historia sobre un condenado al que llevan al patíbulo. Lo van a colgar. Ya tiene la soga al cuello, y el verdugo le pregunta si quiere decir unas últimas palabras. El hombre se vuelve hacia el verdugo y dice: «¿Me garantiza que esto es seguro?».

—Ja. Excelente —ríe Alistair.

—¿No hay nada mejor que podía haber dicho ese hombre? —les pregunto.

—Da igual lo que diga. —Las palabras de Dev llegan amortiguadas por la mesa.

—Pues claro que podía haber recitado las obras completas de Shakespeare —dice Alistair—, o las de Christopher Marlowe, aunque Marlowe no escribió tanto como Shakespeare, ni mucho menos, pero cualquiera de los dos le habría servido para seguir vivo un momento más.

—Podía haber dicho que lo siente. Pedir perdón —dice Ian.

Ian tiene la piel seca y agrietada, y su cuerpo enjuto se pierde dentro de una camiseta. Tiene marcas rojas de arañazos en la cara interna del antebrazo y masculla, más que habla, con una voz de enfado.

—Pues me temo que yo no veo por qué debería pedir perdón a nadie —dice Alistair—. A lo mejor solo ha robado una barra de pan. Lo que el Estado le está haciendo a él es mucho peor que lo suyo.

—Seguro que no fue una barra de pan —replica Ian.

Alistair hace un giro con la muñeca.

—El momento de pedir perdón fue antes que eso. Esto ya no consiste en su delito. Esto va de que se acaba su vida. Es su momento. Le van a quitar la vida, y mira, muchas gracias, pero eso está mal. Si él dice que lo siente, entonces está legitimando su ejecución y todo el montaje.

—Entonces, si decimos que lamentamos nuestros delitos, ¿significa que estamos diciendo que la cárcel está bien? —pregunta Ian.

Alistair se encoge de hombros.

—Al Estado le da exactamente lo mismo que lo sientas o no. Lo único que quieren es verte de rodillas.

—¿Y ese tío no es un pringao? —dice Ian—. ¿No te parece patético hacer un chiste cuando estás a punto de morir? Aquí dentro, la gente me dice que no sonría, no vaya a ser que se me rompa algo si sonrío. Y, por mí, genial que me lo digan. No quiero ser un gilipollas al que le parece gracioso estar en la cárcel.

—Que da igual lo que diga —gruñe Dev sin levantar la cabeza de la mesa—. Que no va a cambiar nada.

Miramos todos a Dev a la espera de que diga algo más, pero sigue con la cabeza en la mesa.

—¿Es como dice Dev? —pregunto—. ¿Cambia algo el hecho de que el hombre haga una broma antes de que lo maten?

Ian se rasca el antebrazo y toma la palabra:

—La broma no cambia nada, pero si hubiera dicho que

lo siente, eso podría haber servido para aliviar parte del dolor que ha causado a sus víctimas.

—No me imagino a André Breton haciendo una justicia restaurativa —se burla Alistair—. Al hacer esa broma, el hombre impide que gane el verdugo. Le está diciendo al verdugo que le podrá quitar la vida, pero que no le va a poder quitar nada más.

—¿Qué tiene de malo la justicia restaurativa? —dice Ian.

—Para empezar, que tiene un nombre de lo menos elegante. —Alistair se pasa la mano por el cabello y cambia una pierna cruzada por la otra.

—¿Habéis visto esas fotos victorianas antiguas con esas caras tan tristonas? —dice Ian unos minutos después—. Eso es porque la cámara tardó media hora en hacer la foto, y no se puede mantener una sonrisa durante media hora seguida. Si alguien te dice que ve la vida como una comedia, te está mintiendo.

Alistair se estudia las uñas.

Dev suelta un gruñido. Levanta la cabeza y se frota los ojos.

—¿Qué piensas tú, Dev? —le pregunto.

—La semana pasada, mi compa de celda encargó una bolsita de quince peniques de caramelos Skittles, pero el viernes por la mañana, cuando recibimos nuestros pedidos del economato, allí no había Skittles. El hombre no abrió la boca. Es que no dijo nada en todo el fin de semana. Y de pronto anoche, hacia las nueve y media, se puso a darle golpes a la puerta y a gritar que quería sus Skittles. Cuando llegaron los jefes, le dijeron que tendría que esperar hasta la semana siguiente. El tío les gritó, así que le cerraron la trampilla de vigilancia y se largaron. Entonces agarró el cable de la antena de la tele y se rodeó el cuello con él. Estaba amenazando con quitarse de en medio a menos que le trajesen unos Skittles.

—Eso debió de ser muy angustioso, Dev.

—Ya ves, estaba a punto de empezar *Match of the Day* —me dice.

Jerome echa la cabeza hacia atrás y se ríe.

—Te odio, Dev —le dice—. Justo cuando estaba empezando a creer que me estaba convirtiendo en una buena persona, vas tú y me haces reír con una mierda como esa.

Dev vuelve a dejar caer la cabeza sobre la mesa.

Camino de casa voy pensando en la idea de Alistair de que el condenado bromea para impedir la victoria del verdugo. Uno de los detalles más opresivos de mi verdugo mental es que me corta el acceso al humor o la picardía. Hace que todos mis actos sean desesperados: cuando cruzo la mirada con algún desconocido en el tren, cuando intento quedarme dormido o cuando subo a pie hasta lo alto de la colina que hay cerca de mi domicilio, tengo la esperanza de recibir el perdón. Cuando mi abuelo tenía demencia y se moría en el hospital, no dejaba de decir a las enfermeras: «¿Debería estar haciendo algo ahora mismo? ¿Debía haber hecho algo?». Se educó en un orfanato donde eran muy estrictos al enseñar a los niños el deber y la obediencia. Eso no lo perdió cuando el resto de su personalidad ya se había desvanecido. Me preocupa que, cuando sea yo el que se está muriendo, no deje de decir a las enfermeras: «¿He hecho algo malo? No voy a hacer nada malo, ¿verdad que no?». Por eso admiro al hombre que dice en el patíbulo: «¿Me garantiza que esto es seguro?». Su ironía no es solo para defenderse de la condena, sino que también tiene el objeto de socavar la posibilidad de su redención. Escapa de ese aprieto de la culpa y el perdón en el que lo pone el verdugo. Hace esa broma para poder morir a su manera.

El día en que mi hermano me contó cómo se hizo la cicatriz del muslo, también me contó que, unos cinco años antes, unos camellos les informaron a él y a su amigo Tobias que iban a saldar sus deudas moviendo seis kilos de cocaína por la ciudad. Tobias dijo que no quería hacer eso. Los camellos lo metieron en un coche con un rottweiler muy cabreado y cerraron las puertas. Tobias se tapó la cara con los brazos para tratar de protegerse. Los camellos se quedaron mirando y riéndose. Jason también se rio.

—¿Te reíste? —le pregunté.

—Si no me reía, yo iba detrás.

El día después de mi clase sobre Breton, estoy en la cárcel de mujeres. Anjela y su amiga Britney me preguntan cuándo termina el curso de filosofía. Les cuento que nos quedan tres semanas.

—¡Ay, no! —dice Anjela.

—¿Estás seguro? —pregunta Britney.

—Me temo que las clases tienen que terminar en algún momento —respondo lleno de orgullo por lo mucho que estas dos están disfrutando mis clases.

Britney y Anjela se abrazan muy fuerte.

—Estamos en módulos distintos —me dice Anjela—. Solo venimos aquí para poder vernos.

—Ah —digo.

—¿De verdad solo quedan tres semanas? —me pregunta Britney.

Treinta minutos después, pido a todas las internas de la clase que se cambien de sitio y compartan sus pensamientos con alguien con quien no suelan hablar normalmente y así extender más las ideas. Britney y Anjela reaccionan agarrándose del brazo la una a la otra. Se quedan en el sitio, Britney con la cabeza apoyada en el hombro de Anjela. Unos minutos después, las mujeres debaten en pequeños grupos sobre la filosofía del tiempo. Britney y Anjela están frente a frente cantando

«Pastelero, pastelero, hazme una tarta» y jugando a chocarse las manos la una a la otra. Las dos chillan a risotada limpia porque Anjela le ha dado sin querer a Britney en una teta.

El jueves por la noche estoy preparando una clase sobre Nietzsche y la risa. Nietzsche cree que la vida es algo muy serio. No existe Dios, el universo es trágicamente indiferente ante nosotros, vamos a morir solos. No obstante, Nietzsche no ve que esto sea motivo suficiente para adoptar un aire de gravedad y de solemnidad con cara de pocos amigos. La seriedad es justo el motivo para reírnos. Cuando te das cuenta de que el brutal vacío de la existencia es la broma definitiva, sueltas una carcajada que te eleva por encima del abismo. No hay una realidad por atroz que sea a la que esta «risa desde la altura» no pueda vencer. Cuanto más elevada la seriedad, más te eleva la risa.

Pienso en mi tío Frank. No hay muchas cosas en esta vida que sean demasiado trágicas como para que él no haga bromas al respecto. Admiro su manera de alzarse por encima del dolor por medio de la risa, y eso que es justo el hecho de que él esté por encima del dolor lo que crea una distancia entre nosotros.

El viernes por la mañana cuento a las internas una historia de Nietzsche sobre la risa que vence a la tragedia.

—Un personaje que se llama Zaratustra se encuentra a un joven pastor que se retuerce en la cuneta de un camino: una serpiente grande y negra le sale por la boca. Zaratustra intenta tirar de la serpiente para sacársela al pastor, pero no puede, porque el reptil se ha enganchado con los dientes a la garganta del hombre.

Britney y Anjela se llevan la mano a la boca y resoplan de la risa.

—El pastor clava los dientes en el cuerpo de la serpiente y la muerde hasta que la atraviesa, y la cola cae al suelo. Luego se pone en pie, escupe la cabeza de la serpiente y se echa a reír radiante y aterrador. Zaratustra está impresionado. Jamás ha oído una risa semejante en ningún lugar.

—A lo mejor todavía le queda algún trocito de serpiente en la boca, ¿no? —dice Anjela.

Britney se agarra al brazo de Anjela para no caerse de la silla.

Wittgenstein decía que se podría escribir una obra seria de filosofía a base únicamente de chistes. Mi amigo Johnny no estaría de acuerdo. Los dos solíamos coincidir castigados en el colegio por gastar bromas. A los diecisiete años, cuando empecé con la filosofía, él pensó que me había metido una sobredosis de seriedad.

Johnny se convirtió en jardinero; tiene unos hombros bien redondos, los brazos fuertes, y casi siempre está moreno y de buen ánimo. Antes de cumplir los treinta conseguí que me publicaran uno de mis primeros textos. En su sofá, lo abrí en mi portátil y se lo puse delante. Leyó las primeras trescientas o cuatrocientas palabras, dejó el portátil a un lado y se levantó para prepararse una taza de té.

Lo seguí al interior de la cocina.

—¿No te gusta?

—Pensaba que sería más divertido —me dijo.

—No tenía que ser divertido.

—Ya lo sé —me sonrió y se encogió de hombros—, pero yo pensaba que lo sería.

Hace unos años escribí un texto con la intención explícita de hacer reír al lector. Me lo aceptaron para publicarlo, y yo me lo tomé como una señal de que había conseguido ser gracioso. Envié un mensaje a Johnny con el vínculo al artículo.

Me contestó al día siguiente.

«Andy, es desgarrador.»

Cuando tenía siete años, un día estaba sentado en el suelo del salón de la casa de mi abuela con mi hermano, viendo una cinta de vídeo de *Los Kray*, una película biográfica sobre los dos maleantes del East End que campaban a sus anchas en los años sesenta. Yo estaba enfurruñado porque él se había cortado el pelo a lo mohicano, y yo quería hacerlo también, pero mi madre no me dejaba. En la tele, los gemelos Kray sujetaron a un hombre contra la pared, le pusieron una navaja en sentido horizontal sobre la boca y presionaron para cortarle la piel. Brotó la sangre alrededor de la hoja, y me tapé los ojos con las manos. Mi hermano me contó que ese tipo de corte se llamaba «la sonrisa de Chelsea», porque la cicatriz que te deja hace que parezca que tienes una sonrisa perpetua.

Unos minutos después, la abuela entró en la habitación y reconoció la película que estábamos viendo.

—Nadie atracaba a las señoras mayores en aquellos tiempos —dijo toqueteándose los gruesos pendientes de oro—. La del número diecinueve estaba una vez en el pub y entraron los Kray, que pagaron una ronda para todo el mundo. Qué guapos eran, ¿sabéis?

Esa noche me quedé en la cama despierto y aterrorizado con que alguien entrara en mi cuarto y me rajase la cara para hacerme una sonrisa permanente. El hecho de que mi abuela encontrara atractivos a los Kray me hacía temer que a lo mejor ella misma les dejaba entrar en la casa.

El domingo llego a la casa de mi abuela. Me abre la puerta y se ciñe al cuerpo la rebeca abierta. Le doy un abrazo y puedo sentir en los brazos los huesos de su espalda. Pasamos al salón. La cinta de vídeo VHS de *Los Kray* continúa en la estantería. Se ha descolorido el texto rojo de la carátula.

Frank está en el piso de arriba, en su habitación, y así lleva los últimos tres días. En ocasiones se deprime y nos dice que ya no le ve ningún sentido a seguir viviendo. Su estado de ánimo se va volviendo más opresivo hasta que le resulta casi imposible hablar. Incapaz de ser ese comediante que todos esperan que sea, se encierra en su cuarto.

—¿Ha estado fumando mucha maría? —pregunto a la abuela.

—Yo no la he olido.

—Eso no suena bien. ¿Está comiendo algo?

—Solo algún bocado. Pero no es que no quiera verte a ti, Andy.

Me acerco al pie de la escalera y alzo la mirada hacia la puerta cerrada de su dormitorio. No oigo ninguna televisión encendida ni movimiento en el interior.

—Espero que te encuentres bien, tío. Solo quería decirte que te quiero —le digo a través de la puerta.

No responde.

Doy unos toques en la puerta.

No abre.

A la mañana siguiente voy bajando por el rellano y veo una celda que no tiene puerta, solo una plancha gruesa de metacrilato en el marco. Un funcionario vestido de calle está sentado en una silla giratoria delante de la celda. Hace poco que el interno ha intentado suicidarse, y ahora se encuentra bajo vigilancia las veinticuatro horas. Bajo el ritmo al pasar por delante y echo un vistazo. Está tumbado boca abajo en el colchón.

Llego a mi aula y escribo en la pizarra: «La filosofía es una preparación para la muerte – Sócrates». Coloco las sillas en un círculo. Un funcionario grita en el pasillo «¡libre circulación!». Oigo el sonido de los internos, que se acercan.

—Breton decía que el humor negro era «el enemigo mortal del sentimentalismo» —les cuento—, pero ¿no es peligroso convertir nuestro sentimentalismo en un enemigo?

Alistair me mira por encima de sus gafas y yo sigo hablando.

—Nietzsche dijo que «un chiste es un epitafio sobre la muerte de un sentimiento». Kierkegaard era otro de los que advertían de que el humor te podía costar el alma. Dice que el bromista deja pasar su oportunidad de expresarse de forma sincera con el corazón.

—Robin Williams. Se suicidó —dice Ian.

—¿Debería haber dicho algo más sentido el hombre de la historia de Breton? —les pregunto.

—Hablaba desde el corazón —responde Alistair—. Si hubiera dicho «¿Me garantiza que esto es seguro?» y, al mismo tiempo, te dabas cuenta de que se le estaba empapando de pis la entrepierna, entonces no era algo sentido. O si se hubiera quedado en pie toda la noche previa escribiendo frases para decirlas, eso no sería algo sentido. Sin embargo, se sorprendió diciendo: «¿Me garantiza que esto es seguro?». Eso fue pura improvisación, y nada puede ser más sentido que eso.

—Eso solo significa que es un buen actor —dice Ian.

Alistair suspira.

—Tú quieres que diga que lo siente, pero cuando un hombre con la soga al cuello te dice que lo siente, me temo que no significa nada.

—A ti solo te interesa si el hombre sale airoso con su frase, no si está siendo auténtico.

—Mira, hay bromas que tapan la verdad, y otras bromas surgen de la verdad. Su broma demuestra, verdaderamente, lo jodida que es su situación.

—El tío se pone en plan graciosillo porque así no tiene que dar la cara, igual que tantos cretinos que hay aquí dentro. ¿Sabes por qué la cárcel está siempre tan llena de graciosillos? Porque los graciosillos son incapaces de poner su vida en orden.

En el aula, miro a Alistair. Está reclinado en su silla y escucha a Ian con una leve sonrisa en los labios.

—El poeta Robert Frost decía que bromeamos para evitar el hecho de que la vida, en el fondo, no es ninguna broma —les digo.

—Válgame... —dice Alistair.

—Afirmaba que «el humor es la más simpática forma de cobardía» —añado.

—Hace unos años —interviene Jerome— estaba de fiesta en una casa y las cosas se fueron un poco de madre. Algunos tenían armas, y se montó un tiroteo. Yo me tiré al suelo y me hice el muerto hasta que se terminó todo. Unos años después estaba en la cárcel y le conté a mi compa del chabolo que me hice el muerto. El pavo se meaba de la risa. Le pregunté qué tenía de gracioso, y solo me dijo «Eres muy gracioso», y siguió riéndose.

—El tío pensaba que eras un cobarde —dice Ian—, pero Frost diría que el cobarde era él por reírse.

—No se habría reído tanto el cabrón si hubiera estado allí —dice Jerome.

Alistair cambia la pierna que tiene cruzada, hace un gesto con la mano y dice:

—Perdonad que no pueda ser tan puro como Frost. El hecho es que un cobarde habría subido al patíbulo y habría suplicado por su vida. El hombre de Breton era valiente. En resumen, le saca el dedo al verdugo, pero lo hace con toda la habilidad del mundo. Hay maneras más violentas de rebelarse, pero él decidió hacer una broma. Eligió la forma más amigable de rebeldía.

—Iba a morir de todas formas. Dijera lo que dijese, no iba a tener consecuencias. Eso no es verdadera valentía. Aquello le salía gratis —replica Ian.

Alistair se quita las gafas y las limpia con la parte inferior de su polo. Su rostro parece completamente distinto. Tiene los ojos pequeños como los de un pájaro, y la piel de debajo parece dura y fibrosa.

—Es lo sagrado frente a lo profano, nada más. Frost piensa que las bromas son profanas. —Vuelve a ponerse las gafas y en sus ojos hay de nuevo una mirada despierta—. Está diciendo que la vida no es una broma porque piensa que la vida es sagrada —concluye.

Veinte minutos más tarde salgo por las puertas de la prisión, saco mi móvil de la taquilla y me encuentro con que tengo una llamada perdida de mi madre. Me detengo en el aparcamiento, contra el viento que me llega de un grupo de funcionarios que están fumando, y le devuelvo la llamada. Contesta enseguida.

—Es tu tío Frank.

—¿Qué ha pasado? ¿Está bien?

El humo de los funcionarios me está dando en la cara. Me escuecen los ojos.

—Ha recibido una carta de la oficina de prestaciones sociales. Quieren declararlo apto para trabajar —me cuenta ella.

—Enseguida estoy allí.

En el salón de la casa de mi abuela, mi tío se pasea arriba y abajo. Me siento en el suelo con las piernas cruzadas delante de la mesita auxiliar mientras ojeo el formulario de treinta páginas. Le piden a Frank que indique sus datos, calificaciones, antecedentes delictivos, su historial de salud mental, etcétera.

—¿Cómo cojones voy a saber yo lo que tengo que poner ahí? Pero tú sí sabes manejarte con las palabras, Andy —me dice.

Sale al balcón a fumar. Es un alivio verlo fuera de su cuarto. La abuela me trae un plato con seis pastelitos Wagon Wheels y dos milhojas de crema. Relleno las primeras páginas del formulario y me emociona la perspectiva de responder una exhaustiva lista de preguntas sobre mi tío, como si su vida relatada con mi letra fuese a dar prueba de nuestra relación.

Frank solo ha tenido un trabajo en su vida. Antes de cumplir los treinta, trabajó en un almacén, algo digno de mención si tenemos en cuenta las decenas de almacenes en los que ha robado. Pasó allí dieciocho meses, hasta que el encargado le dijo que la empresa estaba en quiebra. Mi tío recibió una carta de recomendación, pero no encontró ninguna otra empresa dispuesta a arriesgarse con él. No obstante, la palabra *trabajo* es muy común en el vocabulario de mi tío. Suele decir que Vinnie y él «trabajaban juntos». Frank ha trabajado durante cinco décadas, por todo el país. Trabajó por las noches y los domingos, y todavía recibe llamadas de gente que le pregunta si quiere hacer «un trabajillo». En las discusiones con su exmujer, decía: «Trabajo mucho para mantener a esta familia», pero Frank ya es demasiado mayor para seguir robando. La oficina de bienestar social está intentando declararlo apto para trabajar justo cuando se ha jubilado.

Repaso lo que he escrito en el apartado de salud mental del formulario. Me parece excesivo, así que salgo al balcón. Frank se está fumando un cigarrillo liado del que apenas queda ya el filtro.

—Quiero comprobar que te parece bien lo que he puesto —le digo.

—Tú solo diles que estoy jodido.

—He escrito: sentimiento de desesperación, retraimiento, pérdida de memoria a corto plazo, cambios de ánimo.

—Magnífico, Andy.

—Ataques de pánico, pensamientos suicidas, sensación de terror.

—Maravilloso.

La raza

> Me resultaba imposible librarme de la sospecha de que todo en mí era consecuencia de una serie de accidentes inverosímiles [...] Tal y como yo lo veía, incluso mis sentimientos y mis convicciones más fuertes fácilmente habrían podido ser otros si hubiera sido la hija de la familia del piso de al lado.
>
> ZADIE SMITH

Llegué al trabajo ayer por la tarde y en el control de seguridad había una cola de familiares y amigos de los reclusos que habían venido de visita. Me puse en la fila. Tenía delante a un niño con su madre, y el crío tenía en la cara una mezcla de emoción y de pavor que reconocí de aquella época en que yo visitaba a mi hermano en la cárcel cuando era pequeño. Sonreí al niño, que apretó la mano de su madre. Pasaron por el control de seguridad, y yo entré detrás.

Al poner el pie en la cárcel, a veces me siento como si estuviera recorriendo una senda de continuidad desde mi pasado hasta mi presente, de ser visitante en la cárcel a ser docente penitenciario, desde mi familia hasta mí. Ir a casa de mi abuela un domingo por la tarde y pasar el rato con mi tío me puede dar la sensación de estar recorriendo esa misma senda pero en sentido contrario. La conversación, con sus blasfemias, su absurdo y su anticlimático descenso a la vulgaridad, me suele recordar los momentos en los que estoy en clase.

Durante mi primer año en este empleo, vivía de alquiler en un antiguo piso público en el complejo residencial de North Peckham Estate. Aquello se conocía como «el pequeño Lagos» por la cantidad de nigerianos que vivían en la zona. A dos minutos de la puerta de mi casa había restaurantes donde servían arroz *jollof*, plátano verde y *puff-puff*, aunque yo me pasaba la mayor parte del tiempo trabajando con mi MacBook en una de las cafeterías que acababan de abrir con la gentrificación del distrito de Peckham. Una mañana llevaba más o menos la mitad de mi clase en la cárcel cuando entró en el aula un joven negro que no aparentaba más de diecinueve años. Cogió un rotulador y escribió un código postal en la pizarra con unas letras de estilo grafitero.

—¿Necesitas algo? —le pregunté.

Tiró el rotulador al suelo, salió por la puerta y la dejó abierta. El código postal que había escrito en la pizarra correspondía a una zona que su banda se estaba disputando con otra. Además, estaba a dos calles del lugar donde vivía yo.

Esa noche al llegar a casa me acordé de aquel joven. Los dos procedíamos de un entorno de clase trabajadora, pero si yo fui después a la universidad, me convertí en profesor y regresé a uno de esos complejos como arrendatario privado en lugar de beneficiario público, él fue a parar a la cárcel. Cuando tenía su edad, un profesor de filosofía me estaba facilitando una ayuda extra durante el rato del almuerzo.

A lo largo de toda mi vida de adulto, cuando me he encontrado en un ambiente social educado y he dicho que mi padre, mi hermano y mi tío han pasado por la cárcel, lo normal es que me feliciten por haber roto el ciclo familiar.

Hace unas pocas semanas había en mi clase un británico de origen jamaicano cuyo padre y cuyo hermano también habían pasado por la cárcel. Me quedé mirándolo y me imaginé cómo habría sido si hubiera contado a la gente que mi familia había estado en la cárcel y yo fuese negro. Imagino que la gente pensaría que era mejor tenerme bien vigilado.

Entrar en el centro penitenciario me recuerda mis propios orígenes, pero también me recuerda que escapé de esos orígenes, y que habría dispuesto de menos vías de escape de no haber sido blanco.

Hace año y medio solo se presentaron en mi clase dos internos. Rocky era de una mezcla racial y llevaba un tatuaje en el cuello que decía: «HMP Soldier».* Emmanuel era blanco, tenía el pelo largo y una perilla trenzada. En la muñeca llevaba una pulsera de cuentas del rosario de color morado.

Me asomé al pasillo para ver si venía alguien más. Un joven negro estaba discutiendo con un funcionario negro que lo había puesto en básico.

—Vendido —dijo el joven, y se alejó de allí.

Esperé otros diez minutos a ver si llegaba alguien más, pero me enteré de que se había producido una pelea en uno de los módulos y tenían encerrados en sus celdas a los internos. Cerré la puerta para continuar con la lección.

En lo alto de la pizarra, escribí: «Los diferentes tipos de animales».

Debajo escribí una taxonomía animal extraída de la enciclopedia china ancestral y ficticia de Borges titulada «Emporio celestial de conocimientos benévolos»:

—Los que pertenecen al emperador. Los embalsamados. Los que están adiestrados. Los lechones. Las sirenas. Los pe-

* «Soldado de Prisiones de la Corona.» *(N. del t.)*

rros callejeros. Los que están incluidos en esta clasificación. Los que tiemblan como si estuvieran enfadados.

—¿De qué signo del zodiaco eres? —me preguntó Emmanuel.

—De ninguno —le dije.

—Qué sarcástico. Podrías ser capricornio.

Continué escribiendo la lista.

—Los innumerables. Los que se dibujan con un pincel de pelo de camello muy fino.

—¿De dónde eres, Andy? —me preguntó Rocky.

—Nací en Inglaterra.

—Pero no eres completamente británico.

—Mis padres nacieron en Inglaterra, igual que sus padres.

En la calle rara vez me preguntan de dónde soy. En la cárcel me lo preguntan varias veces a la semana. En ocasiones se debe a que a mis alumnos de color les gustaría oír que no soy completamente blanco. Además, dado que todo el mundo aquí se guarda de contar nada, nadie descubre jamás quiénes son en realidad los otros. Lo que eres se convierte en el sustituto de quién eres.

Me volví de nuevo hacia la pizarra y seguí escribiendo:

—Los que acaban de romper un jarrón. Los que, a una cierta distancia, parecen moscas.

—¿Es solo que te gusta estar moreno, entonces? —Rocky me guiñó un ojo.

—Mis tatarabuelos eran viajantes romaníes, pero se quedaron a vivir en el East End —respondí.

—La semana pasada vi un documental sobre los romaníes.

—Pues ya sabes tú más que yo sobre ellos.

—Ya sabía yo que tenías un poquito de alguna otra cosa. —Parecía satisfecho.

Señalo la lista de la pizarra.

—¿Qué pens...?

—¿Cuándo naciste, Andy? —me preguntó Emmanuel.

—Por la mañana.

Se le torció el gesto.

La puerta se abrió de golpe. Un hombre entró en tromba y corrió hasta el rincón del aula. Tenía las mejillas, la frente y la línea del nacimiento del pelo marcados con cicatrices. Llevaba la cara hecha un cromo.

—Hola —le dije.

No me hizo ni caso y se quedó vigilando la puerta.

—Esto es filosofía —insistí.

Me miró de arriba abajo y volvió a vigilar la puerta.

—¿Quieres sentarte?

—Un boqueras viene a por mí.

—Mira, justo estábamos empezando. Siéntate. Si viene el funcionario, le preguntaré si te puedes quedar en mi clase.

Se rio de mí.

—¿Cuántas veces te han parado a ti para registrarte? —me preguntó.

Emmanuel me observaba y se retorcía las puntas del cabello.

—A ti no te han parado nunca para registrarte, ¿verdad que no? —dijo el hombre.

—Sí lo han hecho.

—¿Y te dieron por limpio? Seguro que sí. Seguro que hasta te llamaron «caballero». «Ay, perdone que le hayamos molestado, caballero.»

—No lo recuerdo, fue hace mucho.

—Pues claro que fue hace mucho.

Cruzó corriendo el aula y salió por la puerta. Me acerqué al umbral y lo vi correr disparado por el pasillo y meterse en otra clase. Fui a cerrar la puerta, llegué hasta la mitad, pero me sentí raro y la volví a abrir.

—A lo mejor vuelve —dije.

—Eso es justo lo que diría un capricornio —dijo Emmanuel.

Cuando tenía dieciocho años, un día iba caminando a solas por una carretera nacional a las dos de la mañana, de vuelta de la casa de un amigo. Vestía una sudadera de color gris oscuro con capucha y una bufanda negra que me cubría la nariz. Un coche de policía se detuvo delante de mí. Los agentes se bajaron y me preguntaron de dónde venía y hacia dónde me dirigía. Me informaron de que iban a proceder a hacerme un registro.

—No he hecho nada —les dije.

Los agentes me indicaron que me diese la vuelta a los bolsillos y abriese los brazos.

Hice lo que me decían. Me repasaron los bolsillos. Giré la cabeza y adopté un aire distante, pero me temblaba una rodilla.

No me encontraron nada encima, pero tampoco me sentí exonerado.

—No he hecho nada. Háganme un test de aliento, si quieren, que va a dar cero —les dije.

Los agentes se volvieron a subir al coche y se marcharon.

Me fui andando a casa con una sensación de culpabilidad. Mi verdugo mental me decía que la policía no me habría parado a menos que hubiese hecho algo malo. La policía sabe algo sobre mí que yo desconozco. La próxima vez me llevarán a comisaría.

Llegué a casa, me quité la sudadera y la tiré al fondo del armario.

Un par de días después estaba en una tienda benéfica de ropa de segunda mano y compré una chaqueta de lino de color azul oscuro. Todavía era invierno, así que solo me la podía poner si llevaba debajo mi jersey grueso de lana roja. La chaqueta me quedaba muy apretada encima del jersey de lana y me tiraba de las axilas.

A las dos semanas volvía caminando a casa de madrugada con mi jersey de lana roja y mi chaqueta de lino azul. Un coche de policía se detuvo a mi lado. Sentí pavor. Intenté resignarme a lo que fuera que fuesen a hacer conmigo.

Bajaron la ventanilla. Me agaché para mirar hacia el interior del coche y vi que los agentes eran un hombre y una mujer. Me miraron y, acto seguido, se miraron el uno al otro.

—Aj —dijo la agente de policía.

El coche patrulla arrancó y se marchó.

De haber sido negro, creo que es menos probable que la agente hubiera dicho ese «aj». Dudo mucho que el cambio de ropa hubiera sido suficiente para cambiar el modo en que me veían.

El filósofo Frantz Fanon escribió en *Los condenados de la tierra*: «Ante un mundo configurado por el colonizador, al sujeto colonizado siempre se le presume la culpabilidad. El sujeto colonizado no admite su culpa, sino que la considera una especie de maldición, una espada de Damocles». En el mito de la Antigua Grecia, Damocles vivía constantemente con una espada que pendía de un hilo sobre su cabeza, consciente de que podía caer sobre él en cualquier instante. Fanon estaba describiendo lo que supone vivir con un verdugo.

Todos los días, a las cinco de la tarde, recorro el rellano en mi camino de salida del centro penitenciario. Veo la cantidad de personas mulatas y de raza negra a las que dejan encerradas durante la noche, y esto me recuerda que hay verdugos que no son únicamente una voz interior.

Hoy propongo otra sesión sobre Malcolm X, y tratamos la posibilidad de que su preocupación por verse emasculado estuviese relacionada con el hecho de que viviera en una época en que los estadounidenses blancos lo llamarían «chico». Al final de la clase, un par de alumnos negros me preguntan si podríamos hablar sobre filosofía y raza en la próxima sesión. Hay la suficiente confianza y sinceridad en el grupo para que me parezca una buena idea.

A mí también me interesa hablar sobre cuestiones raciales. Cuando era más joven no me percataba del modo en que mi raza había dado forma a mi vida tal y como lo había hecho. No veía una diferencia inmensa entre la opresión que sufría la gente de color por parte del sistema de justicia y el hecho de que la policía intentara arrestar a mi hermano apenas dos horas después de que lo hubieran puesto en libertad. No obstante, ahora que me he hecho más mayor y que he acumulado una experiencia más amplia, veo que si Jason hubiera sido negro o mulato, muy probablemente lo habrían detenido aún más y le habrían impuesto unas sentencias más duras. Siento curiosidad por entender mejor estas realidades raciales. Al mismo tiempo, recuerdo la mirada de Paul desde el otro lado de la mesa en la cena en casa de Chloe y lo que se siente cuando alguien te mira con curiosidad. Espero estar interesado por las ideas de estos hombres sin mirarlos tal y como Paul me miraba a mí.

El sábado estoy sentado ante mi escritorio tratando de preparar algo, buscando ideas en los libros de Toni Morrison, George Schuyler y Kwame Anthony Appiah. Me siento perdido. Salí de la universidad en 2009 sin haber tocado la cuestión racial en absoluto. No estudiamos a una sola persona de color, pero sí vimos a infinidad de pensadores del canon occidental que decían que los no europeos eran incapaces de razonar e inferiores de forma innata. Pienso en la casa de mi abuela. Deja la puerta principal abierta por las tardes para que pueda entrar su vecina Hana, británica de origen pakistaní. Se sientan en el salón, se toman un té con azúcar y se quejan sobre ese médico en prácticas que nunca coge el teléfono, de los servicios sociales que meten las narices en la vida de la gente, de la panadería y pastelería de Percy Ingle que ha cerrado por culpa de la gentrificación y de que la policía se dedique a detener a gente cuando no es necesario y que no consiga detener a nadie cuando sí lo es. Se hablan casi de forma exclusiva contándose historias, turnándose para ser la una el público de la otra mientras le cuenta lo que ha sucedido en su calle esta semana o lo que pasó hace cuarenta años. Cuando habla Hana, la abuela suele acompañarla con gestos de asentimiento con la cabeza, pero en ciertos momentos solo puede escucharla. No pretendo darle un aire de romanticismo: sé que hay racismo de sobra en las comunidades de clase trabajadora, pero al tratar de preparar mi clase me sorprende que me resulte más sencillo hablar de cuestiones raciales en unas viviendas públicas del este de Londres que en mis seminarios de la universidad.

Consigo montar algo sobre el ensayo «Usos de la ira» de Audre Lorde. El lunes por la mañana estoy en mi aula repasando el plan de clase. Llegan los internos, pero no han venido los dos alumnos que me pidieron dar esta clase. Los han trasladado. Tengo otros dos alumnos nuevos. El primero es un hombre blanco de mediana edad que se llama Seb. Su expediente dice que cumple condena por delitos relacionados con la extrema derecha. El segundo es un eritreo que se llama Nebay. Apenas sabe unas expresiones en inglés, la mayoría de las cuales son acerca de la vida en el rellano, como «echar un casquete», «el economato» y «llamar por teléfono». Tenía que estar en clase de inglés, pero está llena, así que me lo han traído aquí.

De repente me encuentro ante un grupo completamente distinto del que quería que diese una clase sobre la filosofía de la raza. Seb suele ir a quejarse a mi compañero y le dice que es una víctima de racismo, que forma parte de una minoría étnica en este rellano y que los funcionarios negros lo tratan de manera injusta en comparación con su manera de tratar a los reclusos negros. Comenzar un debate sobre «Usos de la ira» podría ser lo mejor o lo peor que podemos hacer ahora mismo, así que decido aparcar mi plan para la clase de hoy. Espero recuperarlo pronto.

Reviso un archivador antiguo que hay en el rincón del aula, encuentro unos ejercicios de lengua en inglés y le doy uno a Nebay.

Estamos ahora en plena pandemia del covid-19. Seis meses después de haber aparcado mi lección sobre «Usos de la ira», las prisiones quedaron confinadas, y no he podido dar esa clase. Podría pasar un año antes de que pueda volver a entrar en el centro a enseñar. Ha sido una decepción no haber llegado a mantener ese debate.

Escribo un correo electrónico a tres personas que pasaron por la cárcel y ahora trabajan en instituciones penitenciarias: Mandy Ogunmokun, Jamal Khan y Brenda Birungi. Les cuento que estoy escribiendo unas memorias de la cárcel y que quiero incluir un debate filosófico sobre la raza donde los lectores puedan ver diferentes opiniones de personas que hayan estado presas. Aceptan, y acordamos un encuentro online.

Mandy tenía problemas de adicción y estuvo veinte años entrando y saliendo de la cárcel cada año. Cuenta que entrar en prisión fue un alivio para ella, que se sentía más segura y más libre dentro que fuera. La cárcel era como su casa. Después de recuperarse se convirtió en trabajadora social sobre drogas en la cárcel y creó la ONG Treasures Foundation para proporcionar alojamiento a las mujeres que quedaban en libertad. Ella vivía con esas mujeres y les enseñaba a cocinar, limpiar y cuidar de las plantas. Dejó de vivir allí varios años después, y varias personas a las que ella había formado comenzaron a desempeñar el papel de Mandy y a ayudar a más mujeres recién salidas de la cárcel a formar un hogar.

Jamal creció en la pobreza y quedó bajo la tutela de protección de menores cuando era pequeño. Fue testigo de mucha violencia en su comunidad, como cuando mataron a tiros delante de él a su amigo de la infancia. Quedó excluido del colegio, y a los quince le impusieron una condena de cinco años de cárcel. Se sintió como si se hubiera acabado su vida. En su celda comenzó a escribir artículos, poemas y relatos cortos, y esto se convirtió en una especie de terapia para llegar a entender todo aquello por lo que había pasado. Una vez en libertad, obtuvo el premio literario para jóvenes autores de Waterstones; ahora trabaja en la ONG No More Exclusions y dirige talleres literarios para los jóvenes de su comunidad que están pasando por el mismo tipo de situaciones que él vivió cuando era un adolescente.

Brenda nació en Uganda y llegó al Reino Unido cuando aún era un bebé. Cuando la condenaron a los veintiún años, las autoridades le comunicaron que la iban a deportar a África. Ella les dijo que tenía pasaporte británico, pero la metieron en una furgoneta y la enviaron a un centro de detención para extranjeros. Un funcionario negro le abrió la puerta para dejarla pasar, y ese fue el último funcionario de raza negra que vio en la cárcel. Escribió una carta a la dirección del centro para explicar que se había producido alguna clase de error, pero unos días después le asignaron una fecha de deportación. Se preguntó si habría escrito su carta con muchas faltas de ortografía y eso podía haber hecho pensar a la gente de las oficinas que, en realidad, ella no era británica. En su celda se puso a mirar el diccionario y a comprobar la ortografía de su carta.

Recordaba una vieja fotografía que había perdido unos años antes. Se la hicieron cuando tenía cinco años, con todos sus compañeros de la escuela primaria del sur de Londres vestidos con sus disfraces del Día Victoriano. En ella sale Brenda con los demás niños, vestida con un delantal y un gorrito blanco de volantes. Pensaba que ojalá supiera dónde estaba esa foto ahora. Su madre se ofreció a enviarle algunos objetos de casa, incluidos unos CD. «No me mandes ninguna música ugandesa —le dijo Brenda—, que no quiero darles ningún motivo que les haga creer que pueden meterme en ese avión.»

La cárcel estaba en el campo, y el aire olía a estiércol en el patio de ejercicio. Una vez, al ver que Brenda se tapaba la nariz, algunos funcionarios se rieron de ella y le dijeron:

—¿Qué te pasa?

—¿Por qué me preguntáis qué me pasa? ¿Es que no oléis eso? —dijo ella.

—No huele a nada. En tu país no tenéis ni idea de cómo huele el aire fresco.

Se quedó mirando a los guardias, que ni se inmutaban ante aquel pestazo, y se preguntó si tendrían razón, que así es como huele el aire fresco.

Brenda se quejó de lo escasas que eran las raciones de comida, y un funcionario le contestó:

—¿Me estás diciendo que en tu país se come tres veces al día?

Al contrario que en el común de las cárceles, los retenidos en los centros para extranjeros pueden tener la llave de su propia celda, y cuando los funcionarios le dieron a Brenda la suya, se sintió como si le estuviesen tomando el pelo: que te den un símbolo de libertad justo cuando te la arrebatan toda.

Al final consiguió convencer a las autoridades de que ella era británica, y se hicieron los trámites para que cumpliese el resto de su condena en una cárcel común. Una funcionaria de Londres acompañó a Brenda al exterior del centro para extranjeros, y, al oler el estiércol, se tapó la nariz y exclamó:

—Puaj.

—Tú también lo hueles, ¿verdad?

—¿Olerlo? Menudo pestazo —dijo la funcionaria.

—¡Gracias! —exclamó Brenda.

La trasladaron a la cárcel común, y, una vez libre del miedo a que la deportaran, se centró en escribir. Desde que la pusieron en libertad, ha estado trabajando como

Lady Unchained (la Dama Desencadenada), una artista de la palabra hablada, profesora de poesía y locutora de radio. Hace poco visitó unas cárceles en Uganda y llevó ropa y alimentos para los reclusos, que se quedaban mirándola y se decían los unos a los otros: «¿Qué hace aquí esta británica?».

Nos conectamos todos y nos saludamos.

—Estoy escribiendo sobre la cárcel desde el punto de vista de quien ha tenido dentro a su padre, a su hermano y a su tío —digo—, pero mi historia es la de una familia blanca de clase trabajadora, y sé que en prisión hay todo tipo de historias distintas.

—Cuando tu hermano estaba en la cárcel, cuando eras niño, ¿hablabas de ello con alguien? —me pregunta Brenda.

—La verdad es que no.

—Con mi sobrino pasó lo mismo. Venía a visitarme, pero cuando regresaba a casa no quería hablar de ello.

—Es algo común, ¿eh?

Brenda asiente.

—La vergüenza se hereda —dice Mandy—. Las familias se la transmiten a sus hijos, que se sienten avergonzados, pero ni siquiera saben qué es lo que han hecho mal.

Pestañeo.

—Todavía tengo que trabajar con eso —dice—. Todavía tengo en la cabeza una voz que me castiga.

Unos minutos después, el debate está en marcha.

—La filósofa Audre Lorde pensaba que la ira podía tener un potencial revolucionario —digo—. En «Usos de la ira» decía que las mujeres negras estadounidenses tienen motivos todos los días para estar furiosas, pero temen que al expresar la ira quedarán condenadas como «la mujer negra furiosa». En cambio, muchas negras van pidiendo disculpas y sintiéndose culpables por ser quienes son, pero Lorde decía que la culpa es corrosiva. No se me ocurre ningún uso creativo para la culpa, ya sea la vuestra o la mía. La culpa es otra manera de ganarle tiempo a la acuciante necesidad de tomar decisiones claras, a la tormenta que se avecina y que puede alimentar la tierra y también tumbar los árboles.

—Yo provengo de una mezcla racial y nací en los sesenta —interviene Mandy—. Mi madre era una prostituta y mi padre era un jugador que se dejaba el dinero en las apuestas. Mi abuela era la proxeneta de mi madre, y así es como vine yo al mundo. Cuando era pequeña veía cómo me miraba la gente y pensaba que tenía algo raro. Odiaba mi parte negra, pero no lo sabía. Tampoco sabía que me habían lavado el cerebro para que pensara que el color de mi piel tenía algo malo. Incluso mi abuela nos llamaba «n*****as» a mi hermana y a mí, y eso que ella era una de las pocas personas que de verdad nos querían.

Escucho la historia de Mandy y voy viendo las diferencias entre la voz castigadora que tiene ella en la cabeza y la que tengo yo en la mía. Mi verdugo mental nunca me ha dicho que debería odiarme por mi raza. Mi vergüenza se manifiesta de manera íntima, no a través de la gente que me mira fijamente cuando voy por la calle.

Mandy prosigue:

—Me hice prostituta, ladrona y drogadicta. Dormía con una jeringuilla de heroína bajo la almohada, y me tiré veinte años entrando y saliendo de la cárcel de Holloway. Después de pasar por rehabilitación regresé allí para dar una charla durante el Black History Month. Estaba leyendo algo de Martin Luther King y rompí a llorar. Era el discurso en el que dice que sueña con que un día los negros y los blancos vivan juntos en armonía. Durante toda mi vida, una parte de mí ha estado odiando a la otra. Yo no vivía en armonía conmigo misma, y eso era lo que me tenía prisionera. Lloraba y lloraba sin parar.

—Lorde decía que es mejor aceptar la ira que sentirse culpable —le digo—, pero también decía que no es lo mismo vivir en un jaleo que una sinfonía de ira. Las mujeres negras, decía, «hemos tenido que aprender a orquestar esas furias de tal forma que no nos despedacen. Hemos tenido que aprender a transitarlas y utilizarlas para nuestra fuerza, fortaleza y lucidez en la vida diaria».

—Antes de mi rehabilitación —dice Mandy—, siempre tenía la cabeza inundada por el ruido del trauma. Era esa vida estridente y desafinada de la que habla Audre. Nadie me escuchaba nunca porque, cada vez que intentaba exponer un argumento, era toda ira. Hoy, sin embargo, todo lo que me ha sucedido en el pasado, hasta la última gota, se ha convertido en algo que estoy utilizando en el presente. Estoy trabajando con mujeres que han pasado por el mismo trauma que yo y que han estado entrando y saliendo de la cárcel igual que yo. Lucho con ellas codo con codo, no controlándolas, sino haciéndoles ver que aquí estoy yo y que el cambio es posible. A veces piensan que no hay esperanza, y yo les digo que aguanten un poco, que aguanten solo un poquito más. Nada de lo que me ha pasado a mí ha ido a la basura. Todo ese ruido se ha fundido en algo positivo. El barullo se ha convertido en una sinfonía: es como dice Audre, puedo moverme. Puedo moverme.

—Lorde creía en el poder transformador de la ira —les cuento—. Escribió: «He alimentado los arrebatos de ira del lobo y los he utilizado para la inspiración, la risa, la protección y el fuego en lugares donde no había luz, alimento, ni hermanas ni clemencia».

—La ira puede ser muy esclarecedora —dice Jamal—. En mi juicio no se tuvo en cuenta nada de lo que había tenido que vivir en mi infancia. Me quedé ahí sentado y no dije gran cosa. Cuando me sentenciaron estaba enfadadísimo por que hubieran pasado por alto mi situación personal, pero esa ira sí fue útil, porque me enseñó que el sistema no me iba a ayudar a darle la vuelta a mi vida. Me iba a tocar hacerlo a mí. En la cárcel comencé a contar mi historia tal y como se tenía que contar, y no como la contaron en el juicio. Expresarme me aclaró las cosas, y, en última instancia, condujo a un futuro más luminoso.

—¿Creéis que Lorde tiene razón cuando dice que la ira te puede proteger? —les pregunto.

—Cuando yo estaba en la cárcel —dice Brenda—, la mayor protección que yo necesitaba era de la ira contra mí misma.

Jamal y Mandy asienten.

—Hay una ira que te da fuerzas para generar el cambio y hay otra ira que te hace sentir impotente y atrapado —afirma Jamal—. Cuando salí de la cárcel, estaba participando en muchos eventos en los que hablaba sobre mi experiencia. La injusticia era lo único sobre lo que escribía. Toda mi identidad se basaba en ser alguien que había sufrido el impacto del sistema penitenciario injusto. Eso era yo.

»La poetisa Ebonee Davis escribió: "Hay muchísima gente que, en realidad, tiene miedo de sanarse, porque toda su identidad se centra en el trauma que han vivido. Más allá de ese trauma, no tienen ni idea de quiénes son, y ese desconocimiento puede ser aterrador". Ese era yo. Así de envuelto estaba yo en mi pasado, y tuve que preguntarme si aquello me estaba dando alguna clase de felicidad. Decidí pasar página y dejar aquello atrás. En lugar de hablar sobre este sistema que ya sabemos que está mal, quería contribuir en la construcción de un sistema mejor. Me bajé del escenario y comencé a apoyar a jóvenes que han pasado por lo mismo que yo y que necesitan ayuda.

»Esto no es fácil, en especial para una gente que ha salido de la cárcel y que se gana la vida explotando la experiencia de estar entre rejas. Esta gente depende de eso. Pero yo tenía que hacerlo si quería superar mi ira y hacer algo que me diese una verdadera felicidad.

—Otra filósofa, Minna Salami, reflexiona sobre la diferencia entre la alegría y la ira como medios de resistencia —intervengo—. Dice que la gente de los grupos marginados sufre la carga de tener que explicarse siempre, al contrario que la mayoría de los hombres blancos de mediana edad. Si eres negro o mulato, es como si tu identidad fuese una especie de «escenario del crimen». Salami dice que, en respuesta, los grupos marginados utilizan cosas como el Black Power para «tomar las armas» y utilizar su identidad como armamento para empoderarse. Aunque piensa que esto ha funcionado en muchos sentidos, dice que también mantiene al opresor en el centro del relato. El arma siempre está apuntándolo a él.

Jamal asiente.

Continúo.

—Salami se centra menos en ese «poder negro» y más en la felicidad de los negros. Esa felicidad no otorga ninguna clase de estatus al opresor.

—Antes de entrar en la cárcel —dice Brenda—, cada vez que hablaba sobre racismo o la esclavitud me disculpaba de antemano igual que los blancos se disculpan a veces justo antes de hacer un comentario racista. Nunca quería hablar luganda en público y dejaba que la gente diera por sentado que era jamaicana. Cada vez que salía el tema de que soy africana, me ponía en plan: «A otra cosa, venga, que tampoco hace falta hablar de eso». Veía mi propia herencia como la veían los blancos. Cuando era pequeña, para mí África era Unicef: niños hambrientos y llenos de moscas. Pensaba que allí solo se iba si habías cometido algún delito.

»Pero, curiosamente, entrar en la cárcel me dio una recién descubierta confianza en mi ascendencia. Ahora siento una alegría por ser africana que no había tenido nunca.

Ahora, cuando recito poemas sobre la esclavitud y el racismo, no me disculpo por hacerlo, y hablo luganda en público. Cuando la gente dice que soy jamaicana les digo que no, que soy africana. Vuelo de nuevo a Uganda dentro de tres semanas, y tengo unas ganas tremendas.

—Da la sensación de que tampoco habría sido muy difícil que las cosas hubieran ido en la dirección contraria —le digo—. Para mucha gente, la entrada en prisión reafirma su vergüenza.

—A través de la aceptación de mi ira fue como acepté quién soy en realidad.

Debatimos sobre la ira y la felicidad y cuál es mejor como medio de resistencia, y Mandy nos cuenta otra historia.

—Cuando comencé a ir a Holloway como trabajadora me cruzaba con una funcionaria y le decía: «Hola, buenos días», y la mujer pasaba completamente de mí. Todos los días, yo entraba, y ella pasaba de mí. Le decía: «Hola», «Buenos días», «Hace una mañana preciosa».

—Y qué desafiante es eso —dice Jamal.

—Entonces —dice Mandy—, un día me respondió al saludo. Empezó a tratar de mantener una conversación conmigo, pero yo, por dentro, iba pensando: mira, no tengo ningún deseo de hablar contigo. Lo único que quiero es darte los buenos días.

Nos reímos todos.

—Tuve que trabajar el hablar con ella —dice Mandy—. Pasadas unas semanas me di cuenta de que la mujer era humana y tenía también sus problemas.

Cuando era niño, uno de mis motivos para no contarle a nadie que Jason estaba en la cárcel era que temía que eso supusiese estar metido en alguna clase de problema, aunque no sabía muy bien cómo. La gente solía dar por sentado que Jason era malo y que, por tanto, yo también lo era. Mantenía la boca bien cerrada e intentaba no destacar. Pienso en el sobrino de Brenda, que tampoco quería hablar de ello. Me pregunto si su sentido del castigo por asociación sería quizá todavía más fuerte que el mío. De haber sido el caso que mi hermano se enfrentara a una posible deportación por el color de su piel o el sonido de su apellido, tal vez yo me hubiese temido que algo tan básico como el color de mi piel o mi apellido pudieran suponer un problema para mí también.

—Yo estuve presa en la cárcel de Downview —dice Brenda—, y diez años después entré como orientadora para dar una clase de poesía. Me preguntaron si al terminar mi clase quería que me llevaran de visita por el centro y ver mi antigua celda. Estaba emocionadísima. Me moría de ganas de ver la celda donde comencé a escribir, donde todas las piezas empezaron a encajar de tal forma que acabara regresando, no como una reclusa, sino como una profesora.

»Así que, después de mi clase, estaba cruzando el patio de la cárcel con dos mujeres blancas, una a cada lado (mi productora y la mujer que organizó nuestra visita), cuando un funcionario blanco enorme, gigantesco, me da el alto y me dice:

»"¿Por qué no estás de vuelta en el rellano? Deberías estar en tu celda".

»"¿Disculpe?", le digo.

»"Que deberías estar de vuelta en tu celda."

»Las dos mujeres blancas que venían conmigo le explicaron que no era una reclusa, sino una poetisa de visita. El funcionario se puso rojo. No se disculpó, solo se puso como un tomate. Yo me limité a decirle:

»"Ah, piensa usted que soy una reclusa. No, no. Yo solo he venido a orientar a la gente".

»Cuando nos marchamos del centro, mi productora estaba furiosa, y le hubiera gustado que yo también pudiera estarlo, aunque sabía que para mí, como mujer negra, es más complicado. Ella se quedó muy triste, pero qué poder sentí yo al decir: "Solo he venido a orientar a la gente". Si me hubiera enfadado, habría tenido que cargar con esa ira durante todo el camino a casa y hasta el día siguiente, pensando: "Por qué me habrá hablado de esa manera el funcionario, con lo bien que pensaba yo que iban las cosas. Cómo se atreve". En cambio, me fui a casa con la alegría de que una vez, hace mucho tiempo, el sistema me quitó parte de mi poder, y mírame ahora.

Las rejas

> No tiene ningún sentido quedarse atascado [...], pero tiene aún menos sentido fingir que se es libre. Me siento a punto de sufrir una gran transformación que podría ser tan sencilla como interesarme por otras cosas.
>
> EDWARD ST. AUBYN

Una semana después de que lo incluyesen en mi clase, Nebay continúa viniendo. Ya le he ofrecido casi todas las hojas de ejercicios del archivador del fondo del aula. Hoy le entrego una que se titula «Nos vamos de vacaciones». El resto de la clase comenta la definición de la libertad de Epicteto.

Veinte minutos antes del final de la sesión entra la profesora de inglés y le dice a Nebay que se va a unir a su clase ahora mismo. Nebay recoge sus cosas. Nos despedimos y se marcha.

A la mañana siguiente saco una foto de los fogones y salgo de casa, pero cuando estoy cruzando la calle temo haberme dejado abierto el gas. Miro la foto que he sacado, pero no me tranquiliza. Pienso: «¿Y si he sacado la foto y justo después he vuelto a abrir el gas sin darme cuenta?», como si no pudiera decir con seguridad si tengo o no una mano perversa que hace cosas cuando no estoy mirando. Me doy la vuelta, cruzo de nuevo la calle y corro de regreso a casa para comprobar que no me he dejado abierto el gas.

Una hora después entro en el área de recepción de una cárcel de máxima seguridad, el sensor capta mi cuerpo que cruza la puerta y dispara un aviso automatizado: «¡Alto! Es ilegal introducir teléfonos móviles en el centro penitenciario. Si es sorprendido en posesión de un teléfono móvil en el interior del centro, será procesado por un delito».

Hundo la mano en la mochila y saco mi pasaporte, unos chicles y otros objetos de contrabando y los meto en una taquilla. Otra persona entra en el área de recepción y vuelve a sonar el mismo aviso: «¡Alto! Es ilegal introducir teléfonos móviles en el centro penitenciario. Si es sorprendido en posesión de un teléfono móvil en el interior del centro, será procesado por un delito».

Me saco el móvil del bolsillo, envío un mensaje a mi madre, me despido con dos besos y espero a que salga la segunda marca que indica que se ha entregado el mensaje, giro la llave y me la guardo en el bolsillo.

Entra otra persona por la puerta y dispara el sensor. Suena el aviso. Me palpo todos los bolsillos de los pantalones y el abrigo para comprobar que de verdad he dejado el móvil dentro de la taquilla. No lo noto por ninguna parte, pero pienso: «¿Y si se me ha caído por dentro del forro del abrigo, en algún lugar donde no me vaya a resultar sencillo encontrarlo?».

Abro la taquilla. Ahí está mi teléfono. Lo cojo y compruebo las redes sociales para ver si la mujer que me hace tilín le ha dado un me gusta a algo que he posteado hace una hora. No lo ha hecho.

«... será procesado por un delito», dice la voz desde el techo.

Dejo el teléfono en la taquilla. Lo toco con la mano para confirmar que, efectivamente, está en la taquilla. Miro dentro de la mochila, como si de repente necesitara comprobar que mi teléfono no se encuentra en dos sitios a la vez. Cierro la taquilla y paso a la sala del control de seguridad.

Se cierra la puerta a mi espalda y me sumo a la fila para que me registren. En la pared hay una foto de archivo policial de una antigua funcionaria de seguridad que compraba móviles inteligentes de segunda mano en internet por doscientas cincuenta libras y se los vendía a los internos por unas mil quinientas. La detuvieron y fue condenada a varios años de cárcel. «Seguro que llevo el móvil encima, en alguna parte», pienso. Seguro que está donde no puedo encontrarlo, pero lo llevo encima con toda certeza. Quiero darme la vuelta, pero ya es demasiado tarde. El funcionario me llama para que avance hacia él.

Doy un paso al frente. El funcionario me registra. No encuentra ningún móvil.

Este centro cuenta con un escáner de seguridad para los orificios del cuerpo, también conocido como «la silla BOSS» (Body Orifice Security Scanner). Cuando te sientas en ella es capaz de detectar los objetos de metal introducidos en el recto o la vagina. Hoy me llevo una enorme decepción al ver que el funcionario no me pide que me siente en ella, ya que la silla BOSS es la única parte del control de seguridad de la cárcel que no me pone nervioso. Incluso en mis ataques de pánico más intensos, tengo la certeza de que no me he metido el iPhone por el ano sin darme cuenta.

A pesar de tan íntimos niveles de seguridad, los móviles ilegales siguen siendo de lo más común dentro de la cárcel. El teléfono LONG-CZ se ha convertido en un modelo muy popular en el rellano. Es lo bastante pequeño como para guardártelo metido en el culo, y está hecho de plástico. La silla BOSS no puede detectarlo.

Un minuto después estoy recorriendo el rellano. En un gesto automático me meto la mano en el bolsillo para ver mis mensajes, pero lo tengo vacío. Me siento privado por no poder pasarme por las redes sociales ni ver si los iconos de mi móvil tienen los puntitos rojos de las notificaciones. Hacia las diez de la mañana, sin embargo, sienta de maravilla no tener un móvil. Tengo la mente más clara ahora que no me están asaltando los pitidos y las alertas, pero estar desconectado es un placer incómodo mientras estoy aquí dentro. Me cruzo con los internos en la escalera y disfruto de la ausencia de peso en los bolsillos, pero algunos de ellos llevarán un teléfono metido en el recto.

A la media hora estoy dando clase en un aula que se suele utilizar para los talleres, donde los internos se dedican a empaquetar bolsitas de té, leche uperisada y azúcar en unas bolsas pequeñas de plástico que irán a centros de detención juveniles. Al contrario que en mi aula, aquí dentro hay un teléfono, montado en la pared en un rincón de la sala. Durante la clase, los internos se sientan en un círculo y debaten sobre cuestiones como el libre albedrío, la responsabilidad y el destino. Un interno va al rincón para hacer una llamada de noventa segundos a su hija. Otro interno telefonea a su abogado.

A la una de la tarde salgo por el control de seguridad y abro el cierre de mi taquilla. Salgo de la zona de recepción, miro el móvil y veo una lista de notificaciones que brilla en la pantalla. La voz que dice que «será procesado por un delito» se pierde a mi espalda.

La primera vez que leí un texto de ficción de Franz Kafka tenía dieciocho años. Era un relato titulado *En la colonia penitenciaria*, que trata de un hombre que fue acusado de un delito, pero no sabía qué había hecho. En aquel universo se daba por sentada la culpabilidad de los acusados, a los que nunca se permitía defenderse. Lo habían colocado en un aparato donde un dispositivo le grababa su delito en la espalda, le inscribía las palabras en la piel una y otra vez hasta que lo desangraba y moría. Terminé de leer el relato, pero seguí con el libro en la mano, absorbiendo aquellos ecos tan oscuros que desprendía. Kafka había conseguido expresar un ánimo en el cual, hasta ese momento, yo me sentía solo: el de saber que ya es demasiado tarde. El condenado ya está en el aparato antes siquiera de que arranque la historia y, cuando aparece por primera vez, todas sus oportunidades ya se han agotado. Le di la vuelta al libro para ver la contracubierta y me quedé mirando la foto de Kafka. Tenía las mismas orejas de soplillo y la misma complexión adolescente que yo. Me pregunté quién era ese hombre.

Al continuar leyendo a lo largo de las semanas siguientes, descubrí que Kafka sufrió en la infancia los abusos físicos y emocionales de su padre. Aquello dejó aterrorizado y avergonzado al joven Franz, que empezó a escribir numerosos relatos sobre la pesadilla de una condena arbitraria donde un hombre se ve desamparado ante una autoridad malévola. Se había convertido en un especialista en el verdugo. Cuando tenía treinta y cinco años escribió a su padre una carta en la que le decía: «Todo cuanto he escrito ahí era sobre usted, padre, y lo que estaba haciendo, al fin y al cabo, era lamentarme de no haber podido lamentarme sobre su pecho». Tal vez se estuviera refiriendo a *La condena*, donde un padre ordena a su hijo adulto que vaya y se ahogue, y el hijo sigue sus instrucciones.

Estuve todo aquel verano obsesionado con Kafka. El día más cálido del año me senté a leerlo en un banco del parque, riéndome a carcajadas con la seriedad de su absurdo. Fui con Jess —mi novia de entonces— a pasar el fin de semana en un hotel caro, uno con juguetes sexuales en el menú. Por la mañana me senté en la cama a subrayar con bolígrafo verde las frases de Kafka. Estaba convencido de que Kafka me iba a ayudar a no sentirme tan solo con mi verdugo. Cuando volvimos de nuestro fin de semana, Jessica rompió conmigo.

A lo largo de los últimos quince años, mi afinidad hacia Kafka ha sido preocupante tantas veces como tranquilizadora. Cuanto mayor es el conocimiento que tengo de su obra, más convencido estoy de que parece estar escribiendo como si se tratara de una suerte de antiterapia, sentado ante su escritorio a las dos de la madrugada, regresando siempre al mismo tipo de relato sobre unos hombres que nunca escapan del padre, de la ley, del verdugo. Era como si hubiese renunciado al escape y se hubiese conformado en cambio con el ilusorio control que le podía ofrecer su pluma, el autor omnipotente que escribe la misma historia de fatalismo una y otra vez. Al leer a Kafka ya no me siento solo con el verdugo, sino que estoy en la compañía de un hombrecillo extraño que conoce su tortura de un modo tan íntimo porque es él mismo quien se inflige gran parte de ella. Me preocupa que los años que he pasado leyendo a Kafka hayan potenciado mi verdugo mental al dotarlo de un armazón literario. ¿Estoy utilizando el masoquismo de Kafka para poner en práctica el mío?

También intento controlar al verdugo. Compruebo la taquilla varias veces para ver si mi iPhone está ahí dentro, vuelvo a casa para asegurarme de que no he quemado el edificio y repaso todos y cada uno de mis movimientos para asegurarme de que el verdugo no tiene ninguna acusación contra mí. También releo los relatos de Kafka para asistir a una representación controlada de mi propia pesadilla. El libro sobre el que más vuelvo es *El proceso.* Trata de un hombre, Joseph K., que se despierta en la mañana de su trigésimo cumpleaños y se encuentra a dos funcionarios en su dormitorio. Le dicen que está detenido, y él les pregunta por qué lo están arrestando. Los dos hombres le dicen que el domingo ha de presentarse para su procesamiento. De nuevo, K. les pregunta qué ha hecho, pero los funcionarios le repiten que ha de presentarse en su juicio y se marchan.

Un poco más tarde ese mismo día, los amigos de K. lo invitan a una fiesta que se va a celebrar el domingo en un barco, pero, cuando llega el día, K. decide asistir a su juicio. Dado que los funcionarios no le han dicho una hora concreta, decide que debería estar en el juzgado a las nueve de la mañana, en cuanto lo abran. K. sale de su casa y echa a correr para asegurarse de que no llega tarde.

Llega a una calle residencial y, a través de la ventana de una de las casas, ve a un hombre que tiene a un bebé en sus brazos.

K. se detiene y mira a su alrededor.

Por la ventana de otra casa ve a un hombre que disfruta de un cigarrillo. En la calle, un frutero trabaja desde detrás de su puestecillo. Dos amigos mantienen una conversación de una acera de la calle a otra y se ríen.

K. se da la vuelta y se marcha a su juicio.

Regresa ante el juez todos los domingos hasta que, finalmente, es ejecutado. Jamás llega a averiguar de qué es culpable.

Regreso a casa desde la prisión de máxima seguridad. A las tres de la tarde estoy sentado en un banco en mi jardín. Las florecillas blancas de los jazmines trepan por la pared. Cierro los ojos para disfrutar mejor de la sensación del sol en los brazos. Comienza a importunarme la sutil sensación de un mal presagio. Pienso en lo horrible que sería si de forma accidental me hubiera dejado el móvil dentro del centro penitenciario cuando he ido esta mañana. Ya sé que es una idea absurda, porque he utilizado el móvil hace apenas una hora y sé que se está cargando ahora mismo en mi dormitorio, pero pienso: «Y si va un funcionario y encuentra mi móvil en la cárcel... Me arrestarían la próxima vez que vaya a trabajar».

Respiro hondo, inhalo el aroma de los jazmines y trato de desterrar esos pensamientos, pero no me quito de encima la sensación de que he hecho algo malo.

Me levanto, entro en la casa y subo las escaleras. Abro la puerta de mi dormitorio y veo mi móvil en el escritorio. Lo agarro y lo aprieto hasta que se me ponen blancas las yemas de los dedos.

—Joder —digo.

Me he marchado del jardín exactamente igual que Joseph K. se dio la vuelta y se marchó de aquella calle. Acabo de acudir corriendo a ver al verdugo.

Unos días después entro en la recepción de otro centro penitenciario. No es una cárcel de máxima seguridad, así que, en lugar de los anuncios por megafonía y los escáneres corporales, solo hay un letrero enorme que dice: «Si le sorprenden con un teléfono móvil en el interior del centro, LLAMAREMOS A LA POLICÍA». No sé cuándo empezó esto, pero me he encontrado con que ese cartel me tranquiliza. Con mucha frecuencia, el verdugo me hace desconfiar de mis sentidos; la imagen de un cartel autoritario que amenaza con emprender acciones legales contra mí hace que parezca que mi entorno se encuentra prácticamente en armonía con mis pensamientos.

Dejo el móvil, el pasaporte y los chicles en una taquilla. Me doy la vuelta y doy un paso hacia la puerta de seguridad. Pienso: «Y si tengo el móvil en la mochila...». Miro la mochila, y mi móvil no está ahí. Pienso: «Y si está en la mochila pero no lo puedo ver...».

—Hay que joderse —exclamo.

El funcionario que está detrás del mostrador me lanza una mirada.

Me doy la vuelta, regreso a mi taquilla y la abro. Veo el móvil ahí dentro. Me pongo furioso porque acabo de acudir corriendo a la llamada del verdugo, una vez más. Aun así, no me quito de encima el temor. Busco el móvil dentro de la mochila al mismo tiempo que puedo verlo ahí, en la taquilla.

El funcionario me vigila.

Encierro el móvil en la taquilla, respiro hondo y entro en la prisión. En el rellano veo a un hombre que viste un mono de color verde y amarillo, o un «mono de fuga», como lo llaman aquí. Tienen que llevarlo aquellos internos a los que se considera con riesgo de fuga. Si llegaran a huir, resultaría sencillo localizarlos en una multitud. En una celda hay un recluso que está haciendo una huelga de higiene. Tiene la puerta medio abierta. Me llega un olor a desagüe como una bofetada y acelero el paso. El hombre que está encerrado en la celda de al lado aporrea la puerta y grita a su vecino que lo deje ya de una vez.

Preparo el aula. El primero en llegar es Andros, un hombre bajo y enjuto que siempre lleva remangada hasta los codos la parte de arriba del chándal. Su acento va cambiando entre el *cockney* y el inglés multicultural de Londres que hablan hoy en la ciudad los jóvenes de clase obrera. Cuando dice *thing* ('cosa'), a veces pronuncia «fing» y otras veces dice «ting». Habla con los viejos del módulo con la misma facilidad que con los chavales. Hace poco solicitó un traslado a una prisión de mínima seguridad donde tienen ducha y teléfono en las celdas, pero rechazaron su petición porque el hermano pequeño de Andros está en esa cárcel. No va contra las normas que dos hermanos estén juntos en la cárcel: algunos comparten celda, pero el hermano de Andros trabaja en ese centro, dentro de un proyecto de rehabilitación. Si estuvieran en la misma cárcel se consideraría que hay un conflicto de intereses.

Andros se acerca a mi pizarra blanca y chasquea la lengua al ver lo sucia que está. Coge un trapo y un espray y la limpia.

Este es el segundo año que se apunta a mi curso de filosofía. Cuando terminó el primero, me preguntó si podía volver a hacerlo. Le dije que las clases iban a ser otra vez las mismas, pero insistió en que quería hacerlo de todos modos.

—Si no, me meterán otra vez en la clase de matemáticas, y ya he aprobado ese curso cuatro veces.

Limpia la pizarra hasta que la deja como nueva y deja el espray y el trapo. Se sujeta la parte baja de la espalda y suelta un quejido.

—Qué colchones hay en este sitio. Me estoy haciendo demasiado mayor para la cárcel.

Andros tiene casi cuarenta años. La semana pasada me contó que había oído en la radio a una gente que decía que las cárceles no eran necesarias y que deberíamos abolirlas.

—¿Y dónde nos iban a meter a todos nosotros, eh? ¿A que no han pensado en eso? —me dijo—. ¿Es que piensan que se pueden plantar aquí, chasquear los dedos y decir, hala, se acabaron las cárceles? Es que no tienen ni idea.

Me recordó a mi hermano. Jason tiene el mismo tipo de respuesta casi ofendida ante el abolicionismo. Yo creo que lo ve como una negación de la existencia del tipo de vida que él ha llevado; yo lo veo como una manera de que él y yo hubiéramos podido pasar más tiempo juntos en nuestra vida.

Llega el resto de los internos y pongo en marcha la clase.

—Imaginaos a un recluso que vive feliz en su celda. No tiene el menor deseo de marcharse —les propongo.

—¿Es que está jugando con el móvil? —pregunta Andros.

—¿Es libre ese hombre? —pregunto yo.

—No. El menda está en una celda —dice Andros, pero unos minutos después se lo replantea—: O..., a lo mejor, sí, el tío es tan libre como quiere ser. —Y al instante añade—: No entiendo al tío este. Si el menda no quiere ser libre, entonces ¿es libre?

—¿Qué piensas tú?

Andros abre la boca ante mi pregunta, pero vacila.

—Qué cabrón —me dice.

Los internos se echan a reír.

Hablo a la clase sobre la aporía, un término del griego antiguo que significa «sin una vía de paso». Es un estado mental al que se llega en un diálogo filosófico en el momento en que te das cuenta de que es posible que tus convicciones y suposiciones más básicas no sean ciertas. La senda que estabas recorriendo se ha detenido, y ya no sabes qué pensar con seguridad. De repente estás desorientado, pero a partir de ese estado de confusión tienes la posibilidad de pensar verdaderamente por ti mismo, ir abriéndote camino y avanzar.

—Eso es lo que pasa —dice Andros—. Que siempre estás ahí, «aporiándome». ¿Por qué tienes que ser así, Andy?

Los internos se vuelven a reír.

Me siento incómodo hablándoles sobre el valor de la incertidumbre al recordar cómo he agarrado el móvil hasta que se me han puesto blancas las yemas de los dedos. Les estoy pidiendo que se permitan desorientarse mientras yo sigo cogiendo una y otra vez el mismo camino hacia el verdugo.

Una hora después, un funcionario grita «¡libre circulación!». Tres o cuatro reclusos se reúnen alrededor de Taff para estrecharle la mano y desearle suerte. Tiene treinta y pocos años y un acento cosmopolita después de haber ido a varias escuelas internacionales por todo el mundo cuando era niño. Esta es su primera vez en la cárcel. Lo encerraron unas semanas después de que su mujer diese a luz a su primer hijo, y mañana quedará en libertad para que cumpla los últimos meses de su condena con un dispositivo electrónico.

—Tómate una del McDonald's por mí —le dice Andros.

A mí me suele decir lo mismo. A veces, a las cinco de la tarde, cuando me ve bajar por el rellano con el abrigo puesto y a punto de marcharme del centro, me choca el puño y me dice: «Tómate una del McDonald's por mí», o «Esta noche tómate una cena deliciosa por mí, ¿vale?». Yo siempre me río un tanto incómodo. Es que no sé qué responderle.

—Llevo meses soñando con comida —dice Taff—. Cuando llegué aquí, pensé: «Lo primero que voy a hacer cuando llegue a casa va a ser dormir», pero ahora ya no sé cómo voy a ser capaz de dormirme si no oigo una pelea en la habitación de al lado. Voy a tener que pedirle a mi mujer que se ponga a darle patadas a la pared del salón hasta que me oiga roncar.

—Yo me puse a llorar la última vez que salí —dice Andros—. En los dos años y medio enteros que estuve en la cárcel, no lloré ni una sola vez, pero la primera noche que pasé en mi albergue me senté en los pies de la cama y me puse a llorar.

Al terminar la clase voy camino de la salida del centro y un funcionario me pide que me ponga a hacer cola. Están haciendo un registro espontáneo a todo el mundo. Me toca el turno, y un funcionario me registra. Sé que tengo el móvil en la taquilla, pero aun así me alivia cuando veo que no me lo ha encontrado en los bolsillos.

La tarde siguiente estoy en el salón de la casa de Jason. Mi hermano está en el cuarto de Scott, intentando despegarlo de la Xbox para que podamos salir. Espero junto a una lámpara de pie que está enchufada en la pared. El interruptor de la pared no está apagado. Tampoco lo están los interruptores de la toma de corriente de la televisión.

Hace quince años, Jason habría tenido que apagar todos los interruptores de los enchufes de la casa o no habría podido conciliar el sueño. Cuando ajustaba el volumen de la televisión dos puntos lo hacía subiendo cuatro puntos primero y bajando dos después. Tenía que abrir y cerrar tres veces la puerta cada vez que cruzaba una. Podía tardar cuarenta minutos en planchar unos pantalones cortos y quedar satisfecho con que ambas perneras estuviesen igual de lisas. De vez en cuando todavía necesita que las cosas sean de una determinada manera para poder relajarse, pero no está ni mucho menos tan mal como estaba antes.

Durante su peor periodo de ansiedad, Jason y un amigo estaban robando en una facultad universitaria en plena noche. Cogieron tantos reproductores de DVD como podían cargar desde las aulas de la planta superior y los llevaron abajo, al vestíbulo, donde vieron que había cuatro agentes de policía que los estaban esperando. Mi hermano dejó caer los reproductores de DVD y atravesó corriendo el vestíbulo hacia un pasillo que lo llevaría fuera del edificio. La policía salió detrás de él. Jason corrió a toda velocidad por el pasillo, abrió de un empujón la puerta de salida y continuó corriendo.

Entonces gritó: «¡Me cago en la puta!», se dio la vuelta y regresó corriendo para abrir y cerrar la puerta tres veces.

Abrió la puerta, y dos agentes de policía lo empujaron al suelo, le pusieron las manos en la espalda y lo esposaron.

Entro en la cocina de Jason y me sirvo un vaso de agua. Siento en los brazos la brisa que entra por la ventana entreabierta. Me llevo el vaso a los labios.

Suena una alerta en mi móvil. Lo miro y veo una notificación que informa de una noticia de última hora: han capturado a varios hombres cuando intentaban fugarse de la prisión de Winchester.

Jason entra en la cocina y trae puesta una camiseta nueva con la etiqueta todavía colgando del cuello de la prenda. Abre un cajón y busca unas tijeras.

—Parece que anoche intentaron fugarse de la prisión de Winchester unos reclusos —le cuento.

Jason cierra un cajón y abre otro.

—No lo consiguieron —digo.

Saca del cajón unas tijeras, me las entrega y se da la vuelta. Le corto la etiqueta del cuello de la camiseta.

—Vámonos —me dice.

Nos marchamos al parque con Scott y Dean. Scott tiene ahora diez años y Dean, cinco. Jason se detiene a charlar con un antiguo colega suyo que está sentado mendigando en la puerta del supermercado Tesco. Aburridos de las charlas de los adultos, Scott y Dean juegan a piedra, papel y tijera. Llegamos al parque unos minutos más tarde. Hay unas esculturas muy altas de piedra de unos dinosaurios distribuidas por toda la extensión de los jardines. Estamos casi a treinta grados. Jason mete la mano por el interior de la manga de su camiseta, se rasca el hombro y deja ver una cicatriz en el bíceps. Tiene un aspecto difuso, como si se la hubiera hecho con un objeto romo y contundente, como un destornillador en vez de con un cuchillo.

—¿Cómo te hiciste esa cicatriz?

—Ah —me dice—, eso fue...

Scott y Dean llegan corriendo hasta su padre, chillando, y lo abrazan los dos por el torso.

—He ganado —dice Dean.

—No, he ganado yo —dice Scott.

Se parten de risa los dos e intentan recuperar el aliento. Jason les acaricia la cabeza.

—Fue hace años, hermanito —me contesta.

Los dos niños salen corriendo hacia un dinosaurio. Jason y yo vamos de paseo detrás de ellos. Él se fuma un cigarrillo liado y no deja de apartar la cara para no echarme a mí el humo.

—¿Cómo estás, hermanito? Pareces cansado —dice Jason.

—He tenido mucho trabajo.

—Me preocupa eso de que estés yendo a la cárcel.

—Estoy bien.

—¿No te afecta nunca en tu salud mental?

Me encojo de hombros.

—Esto no es como lo que pasaste tú.

Me hace una mueca y mira para otro lado. Sé que mi culpa le parece algo intenso y paternalista. Ojalá yo supiera cómo impedirlo.

Pasamos por delante de un rosal y percibo el olor de una de las flores. Siento la tristeza de que este día se me esté escapando.

Jason vuelve a mirarme.

—Son tantas las cosas que podías hacer con tu vida —me dice—. ¿Por qué la cárcel? ¿Es por mí? Te afectó mucho cuando estuve fuera, ¿verdad?

—Es lo que quiero hacer.

Me pone una sonrisa triste.

—¿Y eres feliz haciéndolo?

—Sinceramente, no pienso en ello de esa manera.

—Yo quiero que seas feliz, Andy.

Bajo la mirada a los pies.

Scott señala un diplodocus de piedra con el cuello larguísimo de color gris y echa a correr hacia él. Dean sale detrás de su hermano. Jason me pide que les saque una foto y va y se coloca delante del diplodocus, rodeando a sus dos hijos con el brazo. Doy un paso atrás y apunto el móvil hacia ellos.

Jason da un toquecito a Scott y le dice que sonría.

Aparece una notificación en la parte superior de la pantalla de mi móvil. Es sobre la prisión de Winchester.

—¡Patata! —dicen los niños.

Abro la notificación. El artículo dice que los reclusos han utilizado tenedores y cuchillos de plástico para cavar túneles a través de los muros de una cárcel que se desmorona.

—Vamos, hermanito —dice Jason—, que me duele la cara.

Al día siguiente regreso a la prisión donde nos despedimos de Taff. Paso a recepción y veo el letrero que dice: «Si le sorprenden con un teléfono móvil en el interior del centro, LLAMAREMOS A LA POLICÍA». Dejo en una taquilla mis objetos prohibidos y entro en la cárcel.

Treinta minutos después estoy colocando las sillas alrededor de la mesa grande que hay en mi aula. Saco una menos, ahora que Taff ya no está aquí. Un funcionario grita «libre circulación» en el pasillo.

Estoy en mi escritorio tomando notas cuando entra Andros. Alzo la mirada, pero continúo escribiendo. Andros coge el trapo y el espray de la pizarra blanca, pero la pizarra ya está limpia.

—No hace falta que hagas eso —le digo.

Se acerca a la pizarra.

—¿Vas a hacer otro curso el año que viene? —me pregunta.

—Volverá a ser el mismo, Andros.

—Ya me dirás cuándo es el curso, ¿vale?

Rocía la pizarra con el espray y le pasa el trapo.

Unos minutos después entra Mooch. Tiene los brazos pálidos, los nudillos rojos y luce unas pulseras de amistad en ambas muñecas. Está calvo por la coronilla y lleva recogidas en una coleta las rastas que se ha hecho con el pelo que le queda. Da una calada a su cigarrillo electrónico:

—Deberíamos hacer una clase sobre los ovnis.

—Eso es astronomía. Esto es filosofía —replica Andros.

—Pero hay que tener una mentalidad abierta, ¿no crees? La semana pasada vi cuatro ovnis por la ventana de mi celda. Había uno grande, y salieron de él otros tres más pequeños. Yo creo que aterrizaron, echaron un vistazo y se dieron cuenta de que somos una panda de cabrones violentos, así que se largaron a casa.

—Entonces, seguro que aterrizaron en el módulo B.

—Ojalá. Les habría obligado a llevarme con ellos.

Taff entra por la puerta.

—¡Venga, hombre! A ver si lo adivino —dice Andros.

Taff parece abatido. Nos cuenta que hizo el equipaje ayer por la mañana, lo acompañaron a recepción y esperó allí a que lo pusieran en libertad. Su mujer lo esperaba en el aparcamiento. Unas horas después, hacia el mediodía, le contaron que se había producido un error de comunicación entre el personal penitenciario al respecto de su puesta en libertad. No habían hecho el papeleo. Lo llevaron de vuelta al rellano y tuvieron que asignarle una celda nueva, puesto que la que él había dejado disponible apenas unas horas antes ya la había ocupado otro recluso. Su nuevo compañero de celda no habla una palabra de inglés.

—Llamé a mi abogado —dice Taff con voz temblorosa—. Dice que el centro penitenciario me debería haber puesto en libertad, pero que ahora podría tardar otras seis semanas. No supo darme una fecha.

—Puedes conseguir que te den ciento cincuenta libras por cada día que te tengan bajo custodia sin que les corresponda —dice Mooch.

—No puedo seguir aquí dentro. ¿Y si la vuelven a joder otra vez dentro de seis semanas?

—Entonces te pagarán una compensación de las gordas.

—Llamé a mi mujer para contárselo, y se tiró llorando toda la llamada. No dejaba de preguntarme cuándo iba a volver a casa, y no sabía qué decirle.

—Yo tuve un compa que estaba en el trullo por una estafa de diez mil libras, y lo retuvieron por error dos meses de más —recuerda Mooch.

—¿Es eso lo que tengo que contar a mi mujer?

—Le dieron seis mil libras al muy cabrón.

Taff se sienta al lado de Mooch. Andros le da unas palmadas en el hombro y le dice que no deje de comer hoy.

—No puedo decir que no me sorprenda, Taff —dice Mooch—. Esta panda es incapaz de organizar una juerga en una fábrica de cerveza.

Andros chasquea la lengua en un gesto negativo y le dice:

—Ni que tú fueras a dirigir mejor todo esto. Aquí hay mil trescientos tíos. Este sitio es muy grande.

—Vale, pero yo haría las cosas de manera muy distinta si estuviera al mando. —Mooch da una calada a su cigarrillo electrónico, y el humo con aroma a fresa recorre la sala.

Cierro la puerta y me siento en la mesa con los internos.

—En la Antigua Grecia —les cuento— había un hombre que se llamaba Diógenes que deseaba vivir conforme a la naturaleza en la medida de lo posible. Dormía en un tonel y caminaba descalzo. La gente lo llamaba «Diógenes el Perro», y él estaba orgulloso de su mote. Una vez, durante un banquete, alguien le arrojó un hueso para gastarle una broma. Diógenes levantó una pierna y meó encima del hueso.

—Qué guarrería —dice Andros.

—Por eso lo hizo —le digo—. Quería experimentar la libertad de hacer algo vergonzoso sin sentir vergüenza ninguna.

Mooch suelta una carcajada de fumado.

Continúo.

—Cuenta una leyenda que el emperador griego Alejandro Magno fue a ver a Diógenes, que estaba reclinado tomando el sol. Alejandro preguntó a Diógenes si había algo que pudiese hacer por él, y Diógenes le respondió: «Pues sí lo hay, la verdad».

—¿Se meó en él? —dice Mooch.

Andros chasquea la lengua.

—Es Alejandro Magno, no Donald Trump.

—Diógenes le dijo a Alejandro: «Te puedes quitar de en medio, que me estás tapando el sol».

—Suena como mi antiguo compa de celda —dice Andros—, que estaba en su juicio, y el juez le dijo que se pusiera en pie: se levantó y le dio la espalda.

—Diógenes buscaba deliberadamente que lo procesaran. Sabía que era un delito desfigurar la moneda de curso legal, pero en su ciudad natal de Sinope se había dedicado a machacar unas monedas con un martillo. El Estado lo envió al exilio, y él se quedó encantado. En el núcleo de su filosofía descansaba la idea de que la naturaleza humana no concuerda con la sociedad. Para él, el exilio era la libertad.

—Me cae bien este tío —dice Mooch.

Taff se sienta repanchingado, sin levantar los ojos del suelo.

—Diógenes salió por las puertas de Sinope y se marchó a vivir en libertad en la naturaleza. Pasado el tiempo, llegó ante las puertas de Atenas, y allí tenía que tomar una decisión. Podía quedarse ahí fuera y seguir viviendo como hasta entonces, o podía entrar y unirse a la sociedad.

—Hagas lo que hagas, no entres ahí —dice Mooch—. Si entra, va a tener que vivir según las normas de otro hombre. Tendría que vivir todos los días con el temor de lo que le harían si quebrantaba esas normas.

—Ese temor está ahí por algo —rebate Andros—. Y está ahí para que Diógenes pueda sobreponerse a él, para que pueda aprender a controlarse.

—Eso no sería un verdadero autocontrol. Sería la sociedad quien lo controla.

Ladeo la cabeza e intento captar la mirada de Taff, pero tiene una expresión ausente en la cara.

—Pues yo me alegro de que la sociedad sea lo contrario que la naturaleza humana —dice Andros—. La naturaleza humana es matar, violar y robar: tú solo échale un vistazo a este sitio. La sociedad es necesaria. De lo contrario, esto sería el caos.

—Es la sociedad la que nos hace malos —dice Mooch—. Yo estoy aquí dentro, ¿no? Porque soy un calavera. Pero mi medio hermano fue a un colegio privado, y ahora tiene su casa y dos críos. Es la sociedad la que lo hizo bueno y a mí malo.

Taff alza los ojos y cruzo con él la mirada.

—¿Qué piensas tú? —le pregunto.

—No puedo. Hoy no puedo. —Vuelve a bajar la cabeza hacia el suelo.

Dice Andros en clase:

—¿Y cómo sabe Diógenes que la naturaleza humana no se siente cómoda en sociedad? Él no ha visto nunca a ningún ser humano que no viviera en sociedad.

—Pues lo ha habido. ¡Yo! —dice Mooch.

—¿Tú?

—Cuando estaba en el chopano, ahí estuve yo solo durante días. Entonces no estaba en la sociedad. Era yo y solo yo. Nada más. Estaba ahí flotando en mi propia consciencia.

—No se puede estar más en la sociedad que dentro de una celda en la cárcel —dice Andros.

—No tenía tele —dice Mooch.

—Eso da lo mismo.

—Me quedé tumbado, sintiendo el peso de mi propio cuerpo contra la cama.

—Si no tuviéramos el Estado y la sociedad, entonces no tendríamos cárceles.

—Eso no se me había ocurrido. —Mooch se rasca la cabeza—. Y si me fuese a África y a China, cuando hubiese visto montones de gente distinta, entonces sí sabría cómo es la naturaleza humana.

—No te dejan entrar en China con antecedentes penales —dice Andros.

—Ya, tío.

Mooch da una calada a su cigarrillo electrónico y suelta el humo por la nariz. La nube viaja hacia Taff, que no reacciona.

—¿Sabes a quién me recuerda Diógenes? —dice Mooch—. A mí.

Andros se queda boquiabierto, le mira fijamente y aguarda a ver qué dice a continuación.

—Nunca compro nada en el economato —prosigue Mooch—. Para mí, el día del economato es como cualquier otro día. No le doy mi dinero a esta gente. Y cuando los jefes anuncian el rato para relacionarse, yo me quedo en mi celda.

—¿Por qué? —le pregunto.

—Porque si yo salgo, salgo de verdad.

Mooch se ajusta la coleta.

—Chavalote, que yo te vi la semana pasada tirado en el colchón comiendo galletas de chocolate —dice Andros.

—Pero no eran mías.

—Colega, que tenías el paquete en la mano.

—Era mi cumpleaños. Solo me comí un par.

—Mooch, Diógenes no come galletas de cumpleaños.

Mooch se ríe mientras da una calada a su cigarrillo electrónico y le entra un ataque de tos. Taff aprieta los párpados cerrados.

Doy un descanso de diez minutos a los internos. Mooch coge un rotulador y dibuja en la pizarra a Diógenes orinando sobre un hueso. Me sonrío y pienso en cómo lo escandaloso de Diógenes es la antítesis de la culpa estremecedora de Joseph K. Mientras que K. recorre una senda fatalista, Diógenes sigue su propia dirección. Al final de *El proceso*, K. es ejecutado con un cuchillo en el corazón, y, cuando se está muriendo, dice las palabras: «¡Como un perro!». A continuación, la novela finaliza con la frase: «Fue como si la vergüenza lo sobreviviera». Diógenes, sin embargo, fue el perro que sobrevivió a su vergüenza.

Termina el descanso y regresamos al debate. Un cuarto de hora antes del final de la clase les digo:

—Diógenes pensaba que ser filósofo significaba el deber de vivir al margen de lo convencional. Otro filósofo, Séneca, era el consejero del emperador Nerón. Él vivía en el centro del orden social.

Me llevo la mano al muslo. Siento el móvil en mi bolsillo.

Levanto ambas manos y coloco las palmas sobre la mesa.

—¿No era ese Nerón el que quemaba viva a la gente? —pregunta Mooch.

Se me tensan los muslos.

—A ese le dices que deje de taparte el sol y viene a por ti a degüello —dice Mooch, se ríe y se le sube el labio para mostrar los dientes y las encías superiores.

Durante los quince minutos siguientes estoy deseando que pase el tiempo mientras intento que no se me note el miedo en la cara. Tengo la boca seca. Me pitan los oídos. Un funcionario grita «libre circulación» en el pasillo ante la puerta. Los internos salen en fila. Andros limpia la pizarra antes de marcharse. Taff continúa sentado en su silla.

Agarro mi mochila.

—Espero que te dejen salir, Taff. —Es mi propia voz la que me mete el temor en el cuerpo.

Taff suelta un bufido.

—Les importa una mierda.

Se levanta y se dirige de vuelta a su celda.

Salgo del aula y bajo por el dos y paso al lado de un hombre con un mono de fuga verde y amarillo que lleva unos platos de plástico con comida de regreso a su celda. Tengo tanto miedo que me duelen los riñones. A unos metros, por delante, veo a un funcionario de patrulla por el rellano.

Me viene enseguida a la cabeza que he hecho algo malo al meter el móvil en la prisión, que no he cometido un simple error. Debía estar tratando de delinquir de algún modo. Debería ir al funcionario y decírselo.

Pero sé que es el verdugo, que me está llamando.

Paso de largo por delante del funcionario hacia la puerta y devuelvo mis llaves. La puerta electrónica de seguridad se abre.

Pongo el pie fuera de la cárcel.

Me alejo de las puertas del centro penitenciario. Un motorista pasa cerca de mí a toda velocidad, y siento una emoción como si fuera yo quien va en la moto. Un gato gris se pasea por la estrecha franja superior de la verja de unos jardines. Está bordando una proeza con el mayor descaro del mundo; se sale con la suya a plena luz del día.

Noto una ligereza que raya en el vértigo. En este alivio que siento, me invade la ternura. Todo me emociona —dos chavales desgarbados que vuelven juntos a casa desde el colegio, una anciana de compras que se sube al autobús—, todo me conmueve con su vitalidad.

Llego al canal. Una barcaza pasa de largo. Dentro, un perro viejo me mira a través de la ventana. Paseo a lo largo del camino de sirga hasta el punto donde el agua desemboca en el río.

El cambio

> Dicen que la desolación es un buen aprendizaje, y tal vez lo sea, pero la felicidad es la mejor de las universidades. Completa la educación del alma, capaz de lo bueno y lo bello.
>
> ALEKSANDR PUSHKIN

Una semana después salgo del centro penitenciario y me dirijo al monte de Hampstead Heath. En el bosque encuentro un inmenso roble caído. Suelto la mochila en el suelo y me subo al tronco. Camino sobre la parte principal del árbol y me subo a una rama gruesa que antes se elevaba hacia el cielo, pero ahora discurre paralela al suelo. Camino sobre la parte superior hasta un par de metros antes de que la madera se vuelva demasiado fina para aguantar mi peso. Me siento. Me cuelgan los pies a seis metros del suelo.

Y pienso: «¿Y si me he dejado el móvil en la cárcel?». Siento el impulso de mirar en la mochila para asegurarme de que el móvil está ahí, pero ya sé que no es más que el verdugo, que me está llamando. Me concentro en la sensación de mi peso sobre el árbol que me está soportando. El pavor me retuerce y me tensa más el estómago.

Miro hacia el bosque e intento recordar que estos robles tienen siglos. Existían antes que yo y antes que este pánico. Toco la corteza del árbol sobre el que estoy sentado. Paso la mano con suavidad por la madera y me detengo en un rodal que está liso.

Se me pasa el pavor y una minúscula euforia me emerge por el pecho. Las hojas ahora parecen más verdes.

Tengo la sensación de haber hecho algo muy audaz. No me he presentado a mi propia ejecución. Tendrán que seguir sin mí.

Me despierto a las dos de la madrugada con un mal presentimiento. Tengo la sensación de que algo malo está a punto de sucederme. Tengo que haber hecho algo mal.

Cómo me irrita que esté pasando esto de nuevo. Me doy la vuelta en la cama, suelto un profundo suspiro y me dejo ir de nuevo hacia el sueño. Duermo hasta la mañana siguiente. Me despierto fresco y descansado.

A veces la ira que siento por el verdugo es lo que me proporciona la determinación para no acudir a él. Cuando la culpa se apodera de mis pensamientos, siempre pienso dos veces sobre lo que estoy haciendo, sobre lo que he hecho y sobre quién soy. Es un estado de duda crónica sobre uno mismo. Ahora bien, cuando me enfado, la culpa no me dura tanto. La ira es demasiado física, demasiado singular para que mis rebuscados pensamientos se me aferren a la mente. Una de las escenas más agobiantes de *El proceso* es cuando Joseph K. sube al estrado y pierde la capacidad del habla. Le dan la oportunidad de defenderse, pero no logra decir una palabra. De haber podido recurrir a la ira, entonces no habría permitido que fuesen sus fiscales quienes le dijeran quién era.

En el transcurso de las siguientes semanas mi ansiedad es más leve y me resulta más sencillo desprenderme de ella. Ya sé que volverá a cobrar intensidad en algún momento, pero por ahora he decidido que voy a disfrutar de este aplazamiento.

Mi amigo Adam tiene un rostro anguloso igual que yo. También tenemos los mismos ojos verdes y el cabello oscuro y denso. El pasado mes de febrero, cuando fui a París a visitarlo, descubrimos que los dos llevábamos exactamente el mismo chaquetón cruzado de marinero. Cuando no los teníamos puestos, la manera de diferenciarlos era que el mío es una talla mediana y el suyo, una grande.

En su apartamento me enseñó un elegante sombrero fedora que se había comprado hacía poco.

—Te llevaré a la tienda donde lo he comprado —me dijo.

—No deberíamos —contesté.

—Confía en mí, que te vas a sentir hecho un pincel con ese sombrero.

—Iba a parecer una imitación tuya a escala —le dije.

Salimos de su piso a las calles del barrio de St.-Germain. Era un día de cielos azules y despejados. Fuimos al cine, a la sesión matinal, a ver una película antigua que trascurre en un día de cielos azules y despejados. Durante los últimos diez años, gran parte de nuestra amistad se ha basado en quedar para vernos en ciudades emocionantes e ir al cine. No obstante, a pesar de todas nuestras similitudes, Adam y yo tenemos una composición química radicalmente distinta. A él le apasionan las drogas psicoactivas y suele loar las virtudes del LSD o del éxtasis y cómo te abren la puerta a nuevos paradigmas.

—Como tu amigo que soy, quiero presionarte para que lo pruebes —me dice, y yo siempre lo rechazo entre risas.

El apetito de Adam por las drogas no parece proceder de la necesidad de adormecer un dolor emocional crónico, sino que surge de su compromiso con llevar una vida expansiva y de optimismo. Consume setas, éxtasis, DMT o LSD para aventurarse en las posibilidades de la consciencia. Envidio su libertad.

En ocasiones me pregunto si renunciar a mi abstinencia podría ser una manera de liberarme del dolor del cual surgió esa misma abstinencia. Aferrarme a mi sobriedad me sigue aferrando al pasado. El mes que viene voy a visitar a Adam en su apartamento en Lisboa, un lugar al que se ha mudado de manera específica porque se habían despenalizado las drogas. Cuando hablé con él por WhatsApp hace unos días me contó que el éxtasis en aquella ciudad era de una calidad excelente.

—En serio creo que debería presionarte para que lo pruebes —me dijo.

Estoy esperando a que lleguen otros tres internos para empezar la clase. Me preocupa que los hayan trasladado a otras cárceles por la noche. A los de seguridad no siempre les gusta que la gente sepa con demasiada antelación cuándo los van a trasladar, por si lo aprovechan para planificar una fuga. Pregunto a Campbell, un hombre bajo con unas profundas ojeras, si sabe dónde están los demás.

—El compa de celda de David tiene una visita —me dice.

—¿Y David tiene también una visita?

—Tiene la celda para él solo. Se la está pelando.

Me acerco a la puerta para ver si vienen David y los demás. El pasillo está vacío a excepción de un hombre que está aporreando la puerta del módulo de rehabilitación de drogas.

—¡Mi nombre tendría que estar en la lista! —grita a través del cristal—. ¡Vuelve a mirarlo!

El funcionario al otro lado de la puerta no la va a abrir. Todo el mundo sabe que el módulo de rehabilitación de drogas es el mejor sitio para pillar.

—Solo déjame entrar. Es para ver a un amigo, lo prometo —grita el hombre—. Solo son dos minutos.

Cierro la puerta del aula, que parece muy sombría. Hace sol en el exterior, pero las ventanas son muy pequeñas aquí dentro y tienen unos barrotes muy gruesos. Esta cárcel es como un submarino incluso en pleno mes de julio. Pulso el interruptor de la luz. Se encienden los fluorescentes y la luz proyecta unas sombras en las depresiones bajo los pómulos de Campbell.

Digo entonces a los alumnos:

—Imaginaos un barco que se llama Nave de Teseo. A lo largo de siete años, el capitán sustituye todas y cada una de las piezas del barco por otras nuevas: cada tablón de madera, cada clavo. También sustituye el palo mayor y la vela por otros nuevos.

Y les pregunto:

—¿Es el mismo barco?

—¿Sigue siendo el barco de Teseo? —pregunta Campbell.

—Sí.

—Entonces sigue siendo el mismo barco. Si todavía le pertenece.

—¿Por qué?

—La primera vez que pones el pie en la cárcel te preocupa que eso signifique que ya no volverás a ser el mismo de antes, nunca —dice Campbell.

—¿La cárcel te convierte en una persona distinta? —le pregunto.

—A mí no me lo ha hecho. Mi madre sigue viniendo a visitarme, y no todas las madres hacen eso por aquí, pero la mía sí. Cuando me mira, ve al mismo yo que siempre ha visto.

Cuando tenía veintiún años, un día estaba compartiendo una habitación doble de hotel con mi hermano. Por la mañana, Jason fue al cuarto de baño de la habitación, cerró la puerta y la sacudió en el marco para asegurarse de que el pestillo era firme. Veinte minutos después seguía dentro, y yo tenía que ir al baño.

Esperé tras la puerta y lo oí coger aire entre los dientes.

—Tengo que mear, Jason —le dije a través de la puerta.

—Es solo un segundo.

Me paseé arriba y abajo por la habitación del hotel con tal

de no pensar en la vejiga. Intenté ir de puntillas para que no me oyese y no ponerle nervioso, molestarle y tener que esperar todavía más para hacer pis.

—Te quiero, hermanito —me dijo.

—Lo sé.

La semana siguiente a la clase sobre la Nave de Teseo, Campbell no viene. Otro alumno me cuenta que Campbell ha acumulado en el módulo deudas de drogas que no puede pagar y lo han trasladado al módulo de RV para su protección. De otro modo, podrían reventarle la cabeza a patadas u obligarlo a guardar un móvil o un arma para algún camello. Mi tío me ha contado que conoció a drogadictos en la cárcel que tenían que pagar sus deudas con favores sexuales. Esto ya lo sabían algunos de los hombres más mayores que tenían dinero, se hacían amigos de jóvenes adictos a la heroína y se ofrecían a prestarles un dinero que sabían que no les iban a poder pagar.

Cojo la silla en la que se suele sentar Campbell y la llevo al fondo del aula. Pido a los alumnos que se acerquen un poco para cerrar el círculo, pero se limitan a mirar a su alrededor con aire de incomodidad y se quedan donde están.

Aquí los hombres suelen mostrarse reservados para evitar problemas. No es un ambiente propicio para las amistades. En esta cárcel hay 1.300 camas, y por aquí pasan 33.000 reclusos al año. Vivir aquí debe de ser parecido a vivir en un aeropuerto. Me veo en la continua necesidad de recordar el nombre de los demás a unos reclusos que duermen en el mismo rellano.

David entra en clase. Tiene la piel picada y es de nervio fácil, lleva los hombros inclinados hacia delante como si estuviera a punto de lanzar un ataque preventivo. Se disculpa por haberse perdido la clase de la semana pasada y extiende la mano para estrechar la mía. Le entrego la lectura de la clase anterior; se sienta y entabla una conversación con un alumno nuevo. Van creando un vínculo a través de los lugares que frecuentan ambos en Catford, en el sudeste de Londres. Dice David:

—Conozco bien Catford. Voy mucho a ese pub... Ese es mi corredor de apuestas... Voy mucho por allí. —Habla en presente aunque hace ya cuatro años que no pisa Catford y no irá por allí en otros tres por lo menos.

Pongo en marcha la clase y retomo la conversación de la semana pasada sobre si somos la misma persona que éramos hace siete años.

—La piel, el pelo, las células del tuétano de los huesos, tu actitud y tu personalidad cambian con el tiempo —les digo—. Entonces ¿significa eso qu...?

Se abre la puerta. Entra un funcionario de más de cincuenta años y cruza el aula entre mis alumnos y yo. David se cruza de brazos. El funcionario repasa unos papeles sobre mi mesa. Suena su radio. Tiene el volumen muy alto. David hace un gesto negativo con la cabeza, y la indignación se extiende por su rostro. El funcionario coge una carpetilla y se marcha.

—Ni siquiera se ha disculpado. ¿Es que no nos lo merecemos? —dice David.

—Sé que es molesto —digo.

—No me ha molestado. Los boquis no me importan una mierda. Cuando yo salga en libertad, ese tío seguirá viniendo aquí todos los días. No soy yo quien está desperdiciando su vida en este sitio, sino él.

Intento volver a centrarlo en la filosofía.

—Si cambia todo lo que tiene que ver contigo, ¿significa eso que tú cambias? —pregunto.

—Las huellas dactilares —dice David—. Por mucho que tú hayas cambiado, todavía te pueden trincar por tus huellas.

Cuando mi tío Frank tenía quince años, la policía los pilló a él y a un amigo forzando la entrada de una tienda para robar botes de pelotas de chicle y de caramelos efervescentes. La policía metió a Frank en la parte de atrás del coche patrulla, con un agente sentado a cada lado. Le echaron en el regazo el cajón de la registradora, lo agarraron por las muñecas e intentaron obligarlo a poner las manos sobre la caja. Querían que tuviera sus huellas dactilares para poder hacer como si hubiera estado tratando de robar dinero también. Frank apretó los puños. Los dos agentes intentaron abrirle las manos tirando de los pulgares y los demás dedos.

Frank mantuvo los puños bien cerrados hasta que llegaron a la comisaría, y los agentes se dieron por vencidos.

En una de las cárceles victorianas en las que trabajo, el módulo de rehabilitación de drogas es el B. Allí recetan unos parches de morfina a los heroinómanos en recuperación para que pasen la abstinencia, o se les da lofexidina, un medicamento que acelera el mono y los ayuda a pasar más rápido la abstinencia. Esta es una de las cosas que convierten el módulo de rehabilitación en uno de los mejores sitios para pillar. Los reclusos acuden desde otras partes del centro penitenciario para comprar parches de morfina, llevárselos de vuelta a la celda y masticarlos para colocarse. También se busca mucho la lofexidina, porque si no has estado consumiendo heroína y te la tomas, también te pillas un colocón.

Aparte de las recetas de medicamentos, en el módulo B hay buenas cantidades de costo y maría. He oído quejarse a algunos reclusos que trataban de desengancharse porque decían que es muy difícil evitar colocarse de manera pasiva cuando tu compa de celda está fumando *spice*, una droga sintética que se ha popularizado en la cárcel porque es muy difícil de detectar en los análisis de orina y viene empapada en hojas de papel. Se puede ocultar con facilidad en libros y cartas, pero es una droga muy impredecible. El compuesto químico varía de una hoja a otra. Un recluso puede colocarse durante unas horas solo con dos caladas, o puede echar espuma por la boca, arrancarse los ojos o quitarse la ropa y correr desnudo por el patio de ejercicio.

Nunca sé lo que va a pasar cuando tengo en clase reclusos del módulo B. Pueden estar dándolo todo por no recaer, o estar ligeramente adormilados o colocados. Pueden tener un ataque, vomitar, desmayarse, o caer en mis brazos y echarse a llorar.

Esta mañana tengo en clase a un recluso que se llama Gary, al que se le cierran los ojos y tiene una sonrisa de oreja a oreja en la cara. El grupo está debatiendo sobre la Nave de Teseo.

—Teseo, ese es el que mató a la vaquita que decía mumú —dice Gary.

—El minotauro, sí. ¿Crees que es el mismo barco? —le pregunto.

—Yo qué sé. Lo que diga la vaca.

Me vuelvo hacia el resto de la clase.

—¿Qué pensáis los dem...?

—¡El mismo! ¡Que es el mismo! —vocea Gary.

—¿Por qué? —le pregunto.

—Porque sí.

Me mira boquiabierto. Frunce el ceño.

—¿Me repites la pregunta? —me dice.

—Si han sustituido todas las piezas, entonces ¿es el mismo barco?

—Sí, lo es —dice.

—¿Por qué?

—Porque sí.

Cierra un ojo como si estuviera intentando pensar.

—Espera. ¿Me repites la pregunta?

Al día siguiente estoy en un centro penitenciario distinto, tomándome el almuerzo en el comedor del personal con una mujer que se llama Zodie y trabaja en la enfermería. Me cuenta que a estos reclusos se les permite tener seis condones, pero el centro penitenciario no quiere que los acumulen, porque muchos los utilizan para ocultar drogas en el recto. Zodie solo puede entregar un condón nuevo a un recluso si antes le ha devuelto otro usado.

Adam me envió un mensaje anoche. Me decía que se ha estado desintoxicando durante un par de meses, flipando con «la fenomenología de Andy». También decía que había conseguido un éxtasis de buena calidad, listo para mi visita. Estoy emocionado, pero también preocupado de que llegue a Lisboa y no sea capaz de quitarme de la cabeza la perdición de las drogas que veo en la cárcel.

Después de comer estoy dando mi clase. En el grupo están Reg y Yannis. Reg podría tener cuarenta años o sesenta. Tiene arrugas en la cara y le faltan cuatro dientes de delante. Yannis es un hombre atlético que lleva el pelo recogido en un moño en lo alto de la cabeza.

Hablo a la clase sobre la *anattā*, la idea budista de que no hay un yo fijo a través del tiempo. Vamos cambiando a cada minuto. Nuestra creencia en el yo es un apego egoísta, un autoengaño y una causa de sufrimiento. Según el budismo, ninguno somos la misma persona que éramos ayer, nunca.

Reg se escribe «anattā» en el pulpejo de la mano. Está en prisión preventiva, y dice que va a mencionar la *anattā* en su vista, cuando le pregunten si todavía es un peligro para la sociedad.

—Pero vas a estar cambiando a cada minuto —dice Yannis—. ¿Y si te vuelves a convertir en un delincuente?

—Bueno, pues dejaré de ser budista en cuanto salga de aquí —dice Reg.

Yannis se echa a reír.

—Ya suenas como si hubieras alcanzado la iluminación.

—Cada vez que vuelves a la cárcel —dice Reg—, te asignan el mismo número de preso que tuviste en tu última condena. Da igual que hayas estado fuera diez días o diez años, te colocan el mismo número.

—La cárcel no te abandona, ni siquiera cuando sales a la calle —dice Yannis—. Hay cosas que recuerdas aunque no quieras. Es como cuando miras al sol y apartas la mirada, que no puedes evitar la mancha que se te queda en la visión.

—Entonces ¿eres la misma persona? —pregunto.

—Lo único que importa es cómo te haces diferente —contesta Yannis—. ¿Eres diferente porque te has transformado, o porque te han cambiado?

—¿Cuál es la diferencia? —le pregunta Reg con el sonido de la saliva por el hueco entre los dientes.

—Cuando un hombre se ha transformado, él mismo se ha construido. Cuando lo han cambiado, otros lo han destruido. La gente entra en la cárcel, y la cárcel los cambia. Se ponen gordos, no hablan con nadie y se hacen adictos a unas drogas que ni siquiera habían probado hasta que llegaron aquí. Pero también te puedes transformar aquí dentro si estás muy centrado.

—Si alguien se transforma, ¿es entonces la misma persona? —pregunto.

—Te transformas a la vez que te están cambiando. La cárcel te hace más fuerte y más débil al mismo tiempo.

Los funcionarios anuncian la libre circulación. Veinte minutos después, en la sala del personal, los profesores están hablando sobre Ted, uno de mis alumnos. Ted apenas roza el metro cincuenta de estatura y es el tío que más morro le echa de todos los reclusos que me he encontrado jamás en la cárcel. Va por el rellano, se busca al tío más cachas que tenga a su alcance y le dice: «Quítate de en medio, coño, que tengo cosas que hacer», o «Tú, deja el paso libre, que estropeas la vista a la gente», y aun así no parece que nadie le haga nada, nunca. Los reclusos se quedan mirándolo, hacia abajo, y se apartan con una sonrisa divertida. Si le contestaran o si se encarasen con él, sería aún más humillante para ellos que para Ted.

Una de las profesoras, Dana, me cuenta que el año pasado, cuando estaba ante el juez, Ted se tapó los oídos con los dedos mientras le dictaban sentencia. Yo tengo mis dudas. Este tipo de historias suelen ser apócrifas, te llegan infladas o de oídas, de alguna otra persona del módulo.

—¿Eso te lo ha contado él? —le pregunto.

—Búscalo en Google si no me crees —me dice.

Por la noche tecleo el nombre de Ted en el buscador de mi móvil seguido de la palabra «encarcelado». Pulso la tecla «Ir». Aparece un artículo que confirma que, en efecto, Ted se tapó los oídos con los dedos mientras el juez le dictaba sentencia.

El artículo incluye la imagen de la fotografía de la ficha de Ted, la que le hicieron el día de su detención. Tiene pinta de recién levantado de la cama. Me río. La foto no capta absolutamente nada de ese hombre tan gallito al que yo conozco. Me parece una incongruencia que sea esa la foto que se utiliza para representarlo.

Me pregunto por el resto de mis alumnos. ¿Cuán grande será el abismo de separación entre la imagen que yo tengo de ellos y el relato público acerca de quiénes son? Tecleo el nombre de Yannis y pulso en «Ir». Aparece un artículo con un vídeo de unas cámaras de vigilancia. A plena luz del día, Yannis huye del escenario de su delito hasta el final de la calle y sale fuera de plano. Le queda enorme la sudadera con capucha sobre ese cuerpo consumido por las drogas. La imagen se corta y entra la de otra cámara de vigilancia, que lo capta en la siguiente calle. Pasa corriendo y vuelve a salir de plano. Entra otra cámara que lo capta. Pasan dos minutos y medio, y Yannis sigue corriendo mientras el vídeo funde a negro.

Dejo el móvil a un lado y me pregunto si habré cometido alguna clase de traición. En calidad de profesor, se supone que me he de preocupar más por cómo podría ser el futuro de Yannis que por cuanto haya hecho en el pasado.

Unos días después, en el rellano, veo a Yannis sentado en

una silla de plástico que está atornillada al suelo. Charlamos. Quizá se pueda percatar por la inflexión distinta en mi voz, pero se empeña en contarme cómo eran las cosas en su vida en los años que condujeron a su detención. Me cuenta que tenía una salud mental disparatada y que debía miles de libras a sus camellos. Es como si se hubiera dado cuenta de que ahora sé algo sobre él que no sabía la última vez que hablamos.

Salgo del centro penitenciario unas horas más tarde y voy hasta el árbol caído. Hay un niño de unos nueve años, agachado, escondido en la maraña de ramas horizontales. Otro niño se acerca al árbol sin hacer ruido, mete la mano entre las ramas y toca en la cabeza al niño que estaba allí agachado. Se da la vuelta y sale corriendo. El primer niño sale de entre las ramas y persigue al otro, que le acaba de pillar. Me detengo allí y los veo desaparecer por el bosque.

Me apoyo en el árbol, saco el móvil y borro del historial los artículos sobre Ted y Yannis.

La noche siguiente me estoy tomando unas patatas fritas pringosas de una bandeja de cartón en un restaurante de comida rápida de Lisboa con Adam. Nos ponemos al día sobre los libros que hemos leído y las películas que hemos visto. Adam se termina el perrito caliente, va al mostrador y vuelve con otro. Aparto de mí la bandeja de patatas a medio comer y le pregunto:

—¿Has leído el ensayo de Primo Levi «La vergüenza»?

Adam me dice que no con la cabeza y le da un bocado a su perrito caliente.

Le cuento de qué va:

—El hombre perdió el mundo entero, y cuando leo a Levi todavía sigo buscando la manera en que lo podría haber recuperado.

—Ya. El año pasado, mi amigo Benjamin me invitó a pasar con él la Pascua judía —dice Adam con un lado de la boca lleno de comida—. Cuando sirvió los platos, antes de comer, nos dijo que era importante saborear la comida, porque los que estaban en los campos de concentración no pudieron hacerlo.

Hago una mueca.

—¿Y cómo vas a poder hacer eso cuando estás pensando en la gente de Auschwitz?

—Yo diría que es justo eso lo que hace que esa comida sea especial. Se supone que la has de disfrutar en nombre de aquella gente.

Bajo la mirada a mis patatas. Si tratara de saborearlas, no podría evitar la sensación de que estaba siendo una persona detestable.

—¿Te las vas a terminar? —Adam está señalando las patatas.

—Para ti —le digo.

Enseguida se unen a nosotros dos amigos de Adam, que nos dice que ahora es el momento perfecto para ir a su club preferido.

—Vamos para allá ahora que está tranquilo y agradable. Cuando llega la una de la madrugada, eso se pone que parece una bacanal.

Se saca del bolsillo cuatro pastillas de color verde claro. Sus amigos y él se toman una cada uno.

—Yo me tomo la mía cuando lleguemos allí —le digo.

Una hora después estamos sentados frente a una piscina ovalada en la azotea del club. Hay camas alrededor del perímetro de la estancia. En una de ellas se acurrucan juntos dos hombres y dos mujeres. Sobre ellos cuelgan del techo unas telas de seda y llega una tenue luz anaranjada de las lámparas de estilo marroquí. El DJ está poniendo una música tecno con un ritmo lento e hipnótico.

Adam tiene las pupilas dilatadas y una sonrisa enorme en la cara. Saca una pastilla del bolsillo y me la ofrece.

—Me siento demasiado culpable —le digo.

—Esto te hará sentir la inocencia más pura.

—Me voy al agua —le digo a Adam y me quito los zapatos y los calcetines.

—Yo te la guardo bien. —Adam se vuelve a meter la pastilla en el bolsillo de los vaqueros.

Me acerco a la piscina, me quito los vaqueros y la camiseta y me meto en el agua. Contengo la respiración, meto la cabeza bajo la superficie y desciendo hasta el fondo. La música suena amortiguada a través del agua. Extiendo los brazos y comienzo a nadar.

Salgo a la superficie para coger aire y Adam está ahí de pie, en el borde de la piscina.

—Andy, tío, estabas nadando por debajo del agua —me dice eufórico—. Y entonces has vuelto a subir —remata igual de eufórico.

Veo al cuarteto que está en la cama. Están jugando los unos con el pelo de los otros. Uno de los hombres tiene los ojos apretados en un gesto de placer.

Sumerjo la cabeza y vuelvo a descender hasta el fondo.

Unas semanas más tarde estoy en una cárcel nueva y, por la mañana, me dicen que voy a trabajar en el módulo F: el módulo de rehabilitación de drogas. Me han contado que este módulo de rehabilitación es verdaderamente más terapéutico que esos otros del estilo del módulo B donde estaba Gary. Para entrar allí, los internos tienen que demostrar que están limpios, y he conocido a algunos a los que expulsaron del módulo y hablan de él con nostalgia. También he hablado con gente que abandonó los grupos terapéuticos por decisión propia porque les parecía traumático oír a los demás hablar sobre sus crímenes truculentos, o se sentían obligados a hablar por temor a que los etiquetaran como «rebeldes» en su expediente. En la cárcel hay mucha gente a la que le podría venir muy bien la terapia, pero la terapia en régimen de encarcelamiento es algo extremadamente complicado.

A las dos de la tarde me acerco al módulo F. No tengo la llave especial de esta puerta. Toco el timbre y espero a que me dejen pasar. Por la ventana del exterior veo unas bolsas de plástico hechas jirones atrapadas en las espirales de alambre de espino de la valla.

Un funcionario abre la puerta, me registra y me deja pasar. Según parece, el módulo F es una zona de seguridad especial. El funcionario me cuenta que montaron aquel módulo en los años ochenta y noventa, como una cárcel dentro de la cárcel, para meter allí a los miembros del IRA y a la gente que podría intentar una fuga, pero hoy en día la estricta seguridad del módulo F no es para evitar que salga nadie, sino para impedir que entren las drogas. El personal corrupto es una de las principales vías de entrada de las drogas en la cárcel, por eso han tenido que registrarme. Los internos de este módulo todavía han de someterse a análisis de orina cada pocos días, y a quien da positivo lo envían de vuelta a los otros módulos y no le permiten regresar durante un periodo mínimo de tres meses.

Pongo el pie en el módulo y oigo el sonido de una guitarra. Hay un hombre reclinado en una silla que está tocando unos arpegios. Tiene buen color en las mejillas, brillo en el pelo. Toca las cuerdas de la guitarra y tararea una melodía con los labios cerrados.

Deja la guitarra, se presenta como Aiden y me acompaña hasta mi aula. En la pared han pintado la frase: «Concédeme la serenidad para aceptar lo que no puedo cambiar, el valor para cambiar las que sí puedo, y la sabiduría para ver la diferencia». Se acerca un hombre en chanclas y me pregunta para qué he venido. Se lo cuento y me dice que desea saber más sobre la filosofía. No estoy acostumbrado a encontrar una curiosidad tan abierta en el rellano.

Aiden y yo llegamos al aula y colocamos seis sillas. Entra un hombre con un brillo en la mirada y una cicatriz de siete u ocho centímetros en la mejilla. Se llama Tyrese. Aiden y él se dan un abrazo con palmadas en la espalda y se sientan juntos. Apenas hay dos centímetros de distancia entre las rodillas de ambos.

Entran otros tres reclusos y toman asiento. Comienzo la clase y debatimos sobre si la Nave de Teseo es el mismo barco que era y sobre la cuestión de si somos el mismo individuo con el paso del tiempo o no.

—Cuando veo una foto mía de la época en que consumía no digo «ese soy yo», sino «ese era yo» —dice Aiden.

—Entonces crees que eres una persona distinta, ¿no? —dice Tyrese.

—No podría decir eso aún. Solo es una foto. Solo muestra el exterior.

—Ahora mismo, yo estoy cambiando mi manera de pensar y de actuar —asiente Tyrese—. Me despierto por la mañana y tengo energías. Durante años, la comida era para mí una obligación diaria, pero ahora tengo ganas de comer a todas horas.

—Pero eso no te convierte en una persona distinta. El hecho de que ahora te levantes temprano no significa que no vayas a reventarle la cara a alguien mañana.

—Cierto. Antes yo quería que la gente que me miraba viese a un tío con el aura de un asesino, pero ahora espero que, algún día, la gente a la que he decepcionado pueda llegar a confiar en mí otra vez.

—¿Y cómo se hace eso, Tyrese? ¿Cómo le demuestras a la gente que te has convertido en otra persona distinta? —le pregunta Aiden.

—Es como lo del barco, que solo será distinto cuando se hayan reparado todas las piezas. Aquí dentro solo hemos sustituido la primera porción pequeña de nosotros mismos. Tenemos que seguir con ello.

—La gente que me miraba a mí veía a un matón —dice Aiden—. Mi actitud era «¡Como me llames matón, te voy a enseñar yo lo que es un matón!». Quería ser peor aún que lo peor que pudiera pensar de mí la gente, pero yo no era así en realidad. Tengo la sensación de que no he empezado a aprender quién era yo realmente hasta que entré aquí.

—Tienes que seguir con ello. Seguir reparando —afirma Tyrese.

Veinte minutos después entra un funcionario, se apoya en la pared y se queda escuchando. Los internos continúan con su conversación. Aiden saluda al funcionario con un gesto de asentimiento, y este le corresponde. Aquí el ambiente es mucho más relajado que en la zona principal de la prisión. Los internos parecen cómodos abriéndose ante los demás. No he tenido que interrumpir ninguna riña después de que se haya torcido algún desencuentro. Sigue habiendo barrotes en las ventanas y funcionarios que llevan colgadas del cinto las llaves de las celdas, pero hay un optimismo en el aula que rara vez siento con algún grupo en la cárcel.

A falta de treinta segundos para el final de la clase, les pregunto:

—Entonces ¿es el mismo barco?

—Se convertirá en un barco distinto cuando hayas sustituido todas las piezas —responde Tyrese.

—Yo no sé aún lo que es —dice Aiden.

Los internos salen en fila a fin de prepararse para su sesión de terapia de grupo de última hora de la tarde. Aiden me estrecha la mano en un gesto cálido, me mira a los ojos y me da las gracias. Se marcha y cierro la puerta.

Me siento y veo cómo cambia la luz por la ventana. El edificio central de la prisión parece plano en contraste con el cielo del atardecer.

Recojo mis cosas, salgo al rellano y espero a que el guardia me abra la puerta de seguridad. A través de una celda abierta, veo a Aiden con el torso desnudo e inclinado sobre su lavabo. Tyrese está de pie junto a él, afeitándole la parte de atrás del cuello. Aiden apoya los brazos en el lavabo; le sobresalen los omóplatos, que apuntan hacia el techo. Tyrese sopla a Aiden en el cuello para apartar los restos del afeitado.

Tres semanas después estoy con Adam y otros amigos en el mismo club al que fuimos anteriormente. Una pareja atractiva se está enrollando en el centro de la piscina. Adam me dice que tiene una pastilla de éxtasis con mi nombre.

—La he estado guardando muy bien para ti —me dice.

—Me tomo la mitad.

—Andy, mira qué sitio tan bonito. Estás con amigos. Sería una verdadera lástima que te quedaras corto con la dosis.

Cojo la pastilla, me la meto en la boca y me la trago.

Cuatro días después, todavía me veo envuelto en un espléndido arrebol. Adam y yo bajamos por la calle en Lisboa, y un desconocido se golpea con mi hombro. Es la sorpresa más maravillosa. Nos detenemos en una cafetería y pido dos refrescos de cola. Viene el camarero y me deja la bebida en la mesa. El borde circular de la botella me parece asombroso.

Se lo enseño a Adam.

—Mira. Qué afortunados somos de tener el universo —le digo.

—Lo somos —dice él.

Nos partimos de risa el uno del otro.

El éxtasis acalló temporalmente esa voz en mi cabeza que me decía que la felicidad era algo repugnante. Me permitió experimentar una alegría sin censuras. Aunque se ha desvanecido el subidón químico, me siguen asombrando las sensaciones más comunes. A la semana vuelo de regreso a Londres y voy al centro penitenciario el lunes por la mañana. Me fascinan los tubos fluorescentes. Empujo una puerta de barrotes de hierro para abrirla, y qué liso me parece el tacto del metal. Bajo por el rellano y me tropiezo con Yannis.

—¿Has tenido un buen fin de semana? —le pregunto.

Con toda la intención, suelo evitar hacer esta pregunta a la gente de dentro, pero me veo menos capaz que antes de filtrar lo que digo. Sin embargo, Yannis me dice que ha tenido un buen fin de semana. El viernes recibió una carta de un amigo al que no había visto en años. Estaba encantado de tener seis páginas de novedades de otra persona. Había leído la carta varias veces a lo largo del fin de semana, y en ocasiones hacía pausas entre las frases para poder vivir unos instantes más aquellas escenas que le estaban describiendo. Está deseando responder, pero no quiere ponerse a escribir su respuesta de inmediato. Quiere disfrutar unos días más de la emoción de tener que escribir una carta de respuesta. Por la noche, cuando los funcionarios dan la orden de apagar las luces, Yannis se tumba en la cama y piensa en las cosas que le va a preguntar a su amigo.

A las cinco en punto salgo del centro penitenciario y me siento con mi amigo Johnny en su jardín. Charlamos un par de horas y vemos que la luz está empezando a cambiar. Johnny hace una pequeña fogata con un montón de ramas. Me alegro de que podamos quedarnos juntos aquí un rato más. Pienso en Yannis y en lo emocionado que estaba por enviar una carta a su amigo. De alguna manera, esa idea convierte en algo mucho más especial el hecho de estar aquí con Johnny.

El sol termina de ocultarse. Johnny se levanta, parte por la mitad una rama larga y la echa al fuego. Se vuelve a sentar a mi lado, y yo me lleno de alegría en nombre de Yannis.

Pensé en mi hermano durante mi colocón. No me lo imaginaba pinchándose entre los dedos de los pies, ni tampoco recibiendo unas puñaladas por una deuda de drogas. Pensaba en la relación de amor que mantiene con sus hijos y en que tiene una casa que considera su hogar. Me alegré por él. Por primera vez desde que era pequeño, viví la experiencia de verlo y no tener que sentir pena.

El fin de semana después de regresar de Lisboa, estoy en el McDonald's con mi hermano. Utilizamos el mostrador de autoservicio para ver lo que queremos. Qué bonita y elegante es la pantalla táctil. Pedimos dos batidos de chocolate, recogemos nuestro tíquet y esperamos a que nos llamen.

—Me coloqué hace poco —le cuento.

—¿Estás de broma?

—Me tomé un éxtasis.

—¿En serio?

—En serio.

Frunce el ceño.

—¿Te encuentras bien? —le pregunto.

—Me siento aliviado —murmura.

El empleado del mostrador nos llama por nuestro número. Jason y yo recogemos nuestros batidos. Encontramos dos taburetes libres frente a la ventana y nos sentamos.

—Pensaba que te había traumatizado para siempre —me dice.

—Jason, me divertí muchísimo.

Las historias

> No hay necesidad de un relato, un relato no es obligatorio, tan solo una vida, ese es el error que cometí, uno de los errores: querer tener mi propia historia, mientras que la vida basta por sí sola.
>
> SAMUEL BECKETT

Hace cuatro años, poco después de empezar a trabajar en las cárceles, estaba en casa de mi abuela un domingo por la tarde. Estaban emitiendo en la tele una reposición de los mejores episodios de *Gente de barrio.* Frank estaba sentado en el brazo del sofá, frente a mí, liándose un cigarrillo.

—Había una tienda de aparatos de vídeo que robamos unas cuatro veces —me dijo.

Le he oído contar esta historia en varias ocasiones, pero le dejo que continúe. Contaba las mismas historias sobre la cárcel una y otra vez, y una vez detrás de otra yo las escuchaba como si fueran canciones cuya letra me había aprendido ya al dedillo. Las escuchaba por el temblor de gozo en su voz y la cadencia al soltar la gracia del chiste. La historia de mi relación con mi tío era que él me contaba historias. A pesar de la frecuencia con la que sentía que había un muro entre los dos, me gustaba pensar que, cuando se ponía a contarme una historia, había un hilo imaginario que nos conectaba.

Era como si él fuese Teseo, dentro del laberinto, sujetando un extremo de aquel hilo, y yo fuese Ariadna, en el exterior, sujetando el otro extremo.

Prosiguió con su historia:

—Cada vez que Vinnie y yo robábamos allí, hacíamos exactamente lo mismo. Era pan comido. Entrábamos por el tejado, dentro del cual había un suelo de escayola con todas esas vigas de madera encima. Me arrodillaba en una de las vigas y atravesaba la escayola con el dedo. Entonces seguía rascando con el dedo para hacer más grande el agujero.

Ya sabía que ahora me iba a contar lo de los cables de cobre que iban por dentro de la escayola...

—Había unos cables de cobre por dentro de la escayola, separados unos siete centímetros y medio los unos de los otros, y si los partías, saltaba la alarma. Así que yo picaba un agujero de unos tres metros de grande, lo suficiente para que los cables quedaran colgando sin tensión. Luego los apartaba.

Hizo el gesto de apartar los cables, atravesando con las manos hacia abajo para ir separándolos con sumo cuidado.

—Vaya —le dije como si estuviera oyendo aquella historia por primera vez.

En la pared del exterior de mi aula hay un cuadro pintado por un recluso en clase de arte, con un esqueleto leyendo un libro. Todos los huesos están dibujados con sumo detalle. La semana pasada, el bocadillo que salía de la boca del esqueleto decía: «Nunca es demasiao tarde para empezar a estudiar», pero veo que alguien ha intentado corregirlo, y ahora dice: «Nunca es demasiadotarde para empezar a estudiar».

Me apoyo en la pared del pasillo y espero a que comience la libre circulación de la mañana. En diagonal, frente a mí, hay un tablón de anuncios con una lista de las empresas abiertas a contratar a expresidiarios. La funcionaria Collins, una mujer de Mánchester que ahora estudia para obtener un diploma como mentora, está colgando unos carteles LGTB en el tablón. Uno muestra la fotografía de un hombre trans y un texto donde describe su experiencia.

Collins no llega lo bastante alto como para colgar de la pared la foto plastificada de la bandera del Orgullo que tiene en la mano. Me pide ayuda y señala el lugar donde quiere que la ponga, a unos treinta centímetros del techo.

—El mes pasado puse una bandera del Orgullo demasiado baja, y desapareció —me cuenta.

—No me sorprende, con lo homófobo que es este sitio.

—No es eso. Encontramos la bandera en la celda de un recluso, puesta en la pared.

—Qué valiente por su parte, mostrarla de ese modo —le digo.

—Era un hombre ya mayor. No sabía qué era eso de «la bandera del Orgullo». Le gustaron los colores y quiso decorar su celda.

Me pongo de puntillas y pego la imagen en la pared. Un funcionario grita «libre circulación», voy a mi aula y me quedo fuera, en la puerta. Hay reglas nuevas, y los alumnos han de formar una fila en el pasillo hasta que haya terminado la libre circulación, igual que harías en un internado victoriano.

Tommy es el primero en llegar. Tiene un porte contundente, como si estuviese hecho de troncos, y camina con un ligero balanceo pero con firmeza. El mes pasado me contó que lleva diez años entre rejas y que no le corresponde quedar en libertad hasta dentro de otra década.

—Pero eso hace del mundo un lugar mejor —me dijo—. Si el hecho de que me castiguen a mí significa que en el futuro habrá menos gente que haga lo que yo hice, entonces tengo que aceptarlo.

En el fondo, yo sabía que aquella historia no se sostenía en pie: la cárcel sirve de poco para disuadir a nadie, en especial con el tipo de delito que había cometido él, pero tampoco quería decirle eso; ni siquiera quería pensarlo. Aquella ecuanimidad por su parte me parecía muy bella, quería que durase un poco más.

Tommy lleva una carpeta transparente de tamaño A3. Redescubrió su talento para el arte cuando ya iba camino de cumplir los treinta, cuando empezó a cumplir esta condena. Me enseñó su trabajo hace unas semanas. Había una docena de dibujos que había hecho él mismo, un bodegón con unas bolsitas de té de su economato y un dibujo lineal de las alambradas que alcanza a ver a través de la ventana de su celda. Le pregunté si quería hacer retratos.

—Los confinamientos siempre te fastidian los retratos —me contó—. Es más fácil dibujar cosas que no dependan de otras personas.

Ahora, en el pasillo, le pregunto a Tommy en qué está trabajando en estos momentos. Saca un A4 de su carpeta y me lo entrega. Es un dibujo de unas aves tropicales con flores. Un tucán con su pico tan largo y amarillo. Un hibisco rojo. Ha esbozado unos periquitos y unas plumerías, pero no los ha coloreado aún.

—Esto lo hice de un anuncio de unas vacaciones en Brasil que salía en un periódico —dice Tommy.

Un funcionario acompaña a un hombre mayor por el pasillo. El funcionario tiene las mejillas rosadas, las orejas grandes y vello rubio sobre el labio superior. Aparenta unos diecinueve o veinte años. El viejo lleva un audífono detrás de una de sus gruesas orejas y un perfecto peinado de un lado al otro para taparse la calva. El servicio de prisiones ha intentado contratar gente a la desesperada en los últimos años, y la edad mínima para ser funcionario en la cárcel es de dieciocho años. Mientras tanto, entre las condenas por delitos del pasado y las penas de prisión más largas, en las cárceles hay más reclusos pensionistas que nunca.

Abandonan los dos el pasillo. Lo más probable es que vayan a la enfermería.

El pasillo se llena de gente en el transcurso de los siguientes minutos. Un recluso me golpea con el hombro, y retrocedo para pegarme más a la pared. Tommy vuelve a guardar su dibujo en la carpeta para protegerlo. Llega otro alumno que se llama Lafferty. Ronda los sesenta años, tiene un fuerte acento de Belfast y lleva un gorro de lana roja tan calado en la cabeza que le tapa las cejas.

Lafferty señala la carpeta de Tommy y nos cuenta que tiene las paredes de la celda llenas de fotos de coches deportivos que ha recortado de las revistas.

—Tengo la celda que parece el garaje de un millonario —asegura.

—Me encanta eso, macho —dice Tommy.

—¿Cómo has dicho? —pregunta Lafferty.

—Que suena muy bien lo de tu celda, macho, nada más.

—Me has llamado macho. ¿Es que eres marica?

Tommy y yo nos quedamos mirándonos sin entender nada.

—¡Atiende! —dice Lafferty, que anuncia que está a punto de soltar un sermón—. Tú sabes lo que hace el macho en el reino animal, ¿no? Pues se dedica a follar. Cuando un marica te llama macho, está intentando follar contigo.

Intento no reírme.

—¿Cómo llamas tú a tu compañero de celda, Lafferty? —le pregunto.

—Compi. —Da media vuelta y avanza unos metros por el pasillo hasta un grupo de chavales que están de pie ante el tablón de anuncios.

—Un poco exagerada la reacción, me parece a mí... —me dice Tommy.

—¿Cómo va a sonar «compi» menos gay que «macho»?

Uno por uno, Lafferty choca los cinco con el quinteto entero de jóvenes.

—Atended —dice Lafferty, y se pone a soltar un monólogo—. Tres años es cosa fácil. Os voy a contar la condena que me comí yo, de siete años y medio. Cumplí hasta el último día.

Los jóvenes lo escuchan boquiabiertos. El mote de Lafferty en la cárcel es el Flautista de Hamelín. Todos los niños quieren ir detrás de él.

—A un tío siempre hay que devolvérsela y darle lo suyo —dice Lafferty a los chicos.

Parece que no se ha percatado de que está dando su conferencia bajo la bandera del Orgullo, en lo alto de la pared. Será el gorro de lana, que le estará obstaculizando la zona superior del campo visual.

Más reclusos se aglomeran en el pasillo. Tommy tiene que gritar para que pueda oírle. Huelo el aliento de recién levantado del recluso que está junto a mí. Delante, un hombre alto y calvo con un michelín de carne en el cogote retrocede y tengo que sujetarlo haciendo presión con el antebrazo sobre la parte baja de su espalda. Noto el calor del sudor a través de su camiseta.

Un funcionario grita el final de la libre circulación. Abro mi aula y entran Tommy y Lafferty. El pasillo se despeja a excepción de tres chavales. Dos de ellos están imitando una caja de ritmos para el tercero, que está rapeando. Solo alcanzo a distinguir algunas palabras que dice, pero parece estar hablando del racismo en el sistema judicial.

—Caballeros, la libre circulación se ha terminado —les dice un funcionario que recorre el pasillo—. Entren, por favor.

Los chavales siguen rapeando. En un verso dicen que los africanos no se han dedicado siempre al trapicheo de drogas, sino que antaño fueron reyes y reinas.

—A las aulas o a las celdas, ¡ustedes eligen! —grita el funcionario.

Uno de los *beatboxers* es mi alumno G., que choca el puño con sus dos amigos y viene hacia mí. Tiene las mejillas rollizas como un cachorro y los dos brazos decorados con tatuajes desde los nudillos hasta el bíceps.

—¿De qué son tus tatuajes? —le pregunto.

—Un brazo es la vida. El otro es la muerte —responde G. En el brazo izquierdo tiene un árbol, una mujer embarazada y un pergamino escrito con una letra historiada. En el derecho, una calavera en un torbellino que gira y otro pergamino.

—¿Qué son los pergaminos?

—La vida y la muerte, nada más. Eso me dijo el tío del estudio. Me iba a hacer la vida en un brazo, la muerte en el otro, y después montones de tatuajes en el pecho sobre movidas entre lo uno y lo otro, pero entonces me metieron en la cárcel.

Entramos juntos en el aula y cierro la puerta a mi espalda.

Unos minutos después, en mi aula, Tommy y G. están sentados el uno enfrente del otro. Fuera de la cárcel, los dos eran unos macarras callejeros, pero Tommy lleva veinte años de ventaja a G. en esa vida. Tommy lleva unos vaqueros de pernera ancha mientras que G. lleva un pantalón de chándal con la cintura caída hacia la mitad del culo, pero los dos han pasado por las mismas adversidades, la misma pobreza y la misma violencia. Lafferty se sienta en medio, con las piernas muy abiertas. Tiro de una silla y me siento enfrente de los tres. Entrego a cada uno de ellos una imagen del cuadro de Caravaggio *David con la cabeza de Goliat.* Muestra al joven David, que tiene agarrada por el cabello la cabeza del gigante Goliat decapitado. La oscuridad rodea ambas figuras, y David tiene una expresión melancólica en la cara. Todavía brilla el dolor en los ojos de Goliat.

—Qué listo era David. —Lafferty se da unos toques con el dedo en la sien.

—Pues no parece muy contento teniendo en cuenta que acaba de matar al gigante —dice Tommy.

—En este cuadro hay tres detalles muy interesantes —les

cuento—. Primero, es un autorretrato. El gigante decapitado tiene la cara de Caravaggio. Segundo, podría ser un doble autorretrato, porque la cara de David se parece mucho a un retrato de Caravaggio de joven. El artista podría estar mostrándonos un cuadro en el que su yo joven está matando a su yo mayor.

—Ay, no. Vigilancia por suicidio —dice G.

—Tercero, Caravaggio esperaba que este cuadro sirviese para redimirlo.

—¿Qué había hecho? —pregunta G.

—Antes de llegar a eso, tengo que poneros un poco en antecedentes... Caravaggio nació durante la peste negra, y cuando cumplió los seis años, todos los hombres que había en su vida habían muerto. De adulto le gustaba la noche. Le encantaban el juego, las mujeres, la bebida, y era frecuente que se batiese en duelo con otros hombres.

—Caravaggio era un gánster —dice G.

—Murió joven, ¿no? —interviene Tommy.

—Una vez, un sacerdote le ofreció a Caravaggio rociarlo con agua bendita para limpiar sus pecados mortales —continúo—. Caravaggio respondió: «Eso no va a servir de nada. Todos mis pecados son capitales».

—¿Qué significa eso? —G. frunce el ceño.

—Significa que el tío dictaba sus propias reglas, como un hombre —dice Lafferty.

—O que no creía que tuviera salvación posible —añade Tommy.

G. mira a Lafferty y después a Tommy.

—Solían arrestarlo y meterlo en un calabozo por pelearse, pero gracias a su talento tenía tantos amigos en las altas esferas que podía salir en libertad a la mañana siguiente. Las víctimas retiraban las acusaciones, o los testigos sufrían alguna clase de amnesia repentina. Sin embargo, a los treinta y cinco años, Caravaggio tuvo una disputa con Ranuccio Tomassoni por una mujer o por una deuda de juego, y se batieron en duelo. Caravaggio cortó la arteria del muslo de Tomassoni, que murió desangrado. El papa se enteró de esto y declaró que esta vez debía recibir un castigo: puso precio a la cabeza de Caravaggio, que huyó a Nápoles y se ocultó.

G. levanta los brazos de golpe.

—Tomassoni se folló a su chica, ¿y qué iba a hacer Caravaggio?, ¿quedarse allí sentado y aguantarse? Si se hubiera marchado sin más, todo el mundo habría pensado que era una nenaza.

Sostengo en alto la imagen del *David con la cabeza de Goliat.*

—Fue entonces cuando Caravaggio pintó este cuadro.

Señalo la espada que descansa sobre el muslo de David. En la hoja se ven inscritas las letras «H-AS OS».

—«H-AS OS» significa «La humildad mata el orgullo» —les cuento—. Caravaggio envió el cuadro a Scipione Borghese, el principal administrador de la justicia en Roma. Lo envió a modo de súplica de su clemencia.

—¿Cuánto valía ese cuadro? —pregunta Lafferty—. En el mundo, todo se mueve por dinero. Si ese cuadro vale un montón de dinero, entonces Caravaggio le puede comprar su vida a Borghese. Tan simple como eso.

—¿Qué debería decir Borghese? —les planteo.

—Yo miro el cuadro —dice Tommy— y pienso que Caravaggio le está diciendo a Borghese: «Si vas a intentar hacerme daño, buena suerte con eso. No vas a poder hacerme tú más daño del que ya me he hecho yo solito. No me das ningún miedo».

—Yo le daría una segunda oportunidad a Caravaggio —asiente G.

—Caravaggio está alardeando de lo autodestructivo que es —continúa Tommy—. En ese cuadro está diciendo: «Este es el que siempre he sido y el que siempre seré. Llevadme de vuelta, que seguiré siendo el mismo».

G. no lo ve tan claro:

—Pero las caras parecen tristes de verdad. No puede dejar de pensar en lo que ha hecho.

—Si le perdonas, entonces pones en marcha un mecanismo de retroalimentación. Ser un malote forma parte de su arte. Sabe que es un buen artista y que eso le permite salirse con la suya. Si Roma lo perdona después de esto, Caravaggio entonces sabrá que puede reírse de quien le dé la gana.

—Pero si está diciendo que lo siente.

—Es demasiado arrogante para saber disculparse.

Ante las palabras de Tommy, G. chasquea la lengua en sentido negativo y dice:

—¿Sabéis lo que me soltó el juez? «Tiene usted que dejar de ser tan listo.» No le gustó que le contestara.

—Hay un excesivo orden en el cuadro. El gigante y el chico. La luz y la oscuridad. Caravaggio está recurriendo a su talento en lugar de enfrentarse al remordimiento —dice Tommy.

—La próxima vez que vaya ante el juez, me voy a quedar ahí plantado y voy a hacer como si fuera demasiado idiota para saber lo que está pasando. Seguro que me imponen una sentencia más llevadera.

—Yo no le dejaría volver a Roma ni borracho.

Un momento después se abre la puerta y entra en el aula un funcionario con el rostro rojo quemado por el sol.

—Había un diccionario grande de tapa dura en aquella mesa del fondo del aula —dice—. Quien lo haya cogido lo tiene que devolver.

—No puedo haber sido yo, jefe, porque ya tengo un vocabulario muy bien dotado —dice G. con la mano metida por dentro del pantalón de chándal.

—¿Has sido tú quien lo ha cogido? —le pregunta el funcionario.

—Si quisiera robarle a usted, le robaría en condiciones. No me iba a llevar un diccionario de mierda —dice G.

—Pues tiene que estar de vuelta. —El funcionario va mirando de uno en uno a todos los hombres que hay en la habitación.

—¿Por qué me lo dice a mí? —pregunta Tommy—. Me quedan otros diez años por delante. Ese diccionario no es lo bastante largo para que me moleste en pillármelo.

El funcionario se marcha y cierra la puerta al salir.

El papel tan fino de un diccionario sirve para liarse unos cigarrillos decentes en la cárcel, en especial desde que los papelillos Rizla figuran en la lista oficial de lo que se considera contrabando. Alguien podría utilizar también las páginas del diccionario para tapar la rendija entre la puerta de la celda y el marco y que el humo no salga al rellano cuando está fumando, ya que esto lo delataría ante los funcionarios. Si alguien vaciara un agujero en medio de las páginas del diccionario, podría esconder ahí un pincho. O podría arrancar las tapas duras del libro, metérselas debajo de la camiseta y sujetarlas por dentro de la cintura del pantalón para hacer las veces de armadura que lo proteja del ataque de un pincho. Ahora bien, artesanía carcelaria al margen, la gente busca el diccionario en la cárcel porque los que no saben escribir bien quieren redactar en condiciones sus cartas legales o las cartas a sus seres queridos.

—Yo tenía un compa de celda que quiso impedir que entraran las cucarachas y arrugó las páginas de un diccionario y las usó para taponar los agujeros de la pared de nuestra celda —dice Tommy—. Lamentablemente, las cucarachas no mostraron por nuestro bendito idioma el respeto que él esperaba. Se comieron el papel para abrirse paso, y el tío se despertó en plena noche con las cucarachas correteándole por los pies.

—Fijo que ha sido un funcionario el que lo ha mangado —dice Lafferty—. Nuevecito, ese diccionario vale veinticinco libras. Alguno lo ha robado y nos echan a nosotros la culpa.

G. ladea la cabeza para mirar la carpeta de dibujo apoyada en la silla de Tommy.

—¿Eso lo has dibujado tú?

Tommy coge su carpeta y la pasa por delante de Lafferty para entregársela a G.

—Yo no creo que Caravaggio quisiera volver a Roma realmente —dice Tommy—. Yo creo que lo de estar a la fuga le va de perlas. La emoción que le da alimenta su arte. Forma parte del caos organizado que él genera en su vida para ser creativo.

G. abre la carpeta, saca unas cuantas hojas de papel y las observa.

—Yo creo que Caravaggio no quiere ser arrogante, pero tampoco lo puede evitar, es lo que le sale de dentro —dice Tommy—. En la espada dice que la humildad mata el orgullo, pero es lo que a él le gustaría que pasara, no lo que ha pasado en realidad.

G. saca los dibujos de los pájaros y las flores del Brasil.

—Este sí que mola —dice.

—A Caravaggio le daba igual si lo que tenía él era humildad u orgullo —dice Tommy—. El arte le importaba mucho más que la vida real, supongo que a causa de tantas muertes que tuvo que ver cuando era niño. Él desaparecía en sus cuadros.

—Quiero esto en mi próximo tatuaje —dice G.

Un momento después, pregunto a Lafferty:

—¿Qué piensas tú que debería decir Borghese?

—Debería decirle a Caravaggio que volviera y se enfrentara a él como un hombre —me responde.

El funcionario se asoma a mirar por el cristal de la puerta del aula y G. le lanza un beso.

—¿Le dejaron volver a Roma? —me pregunta Tommy.

—Al final, Borghese quería perdonar a Caravaggio, pero no pudo conseguir el suficiente apoyo político —le cuento—. Caravaggio vivió varios años a la fuga y se unió a los Caballeros de Malta durante un breve periodo, hasta que lo echaron por pelearse. Cuando tenía treinta y ocho años, la nueva administración romana lo perdonó, pero murió dos días después en una playa de Nápoles, antes de que pudiera regresar. Se desconoce la causa de su muerte. Pudo haber sufrido el ataque de algún enemigo, o quizá la vida de fugitivo le pasara factura a su físico. Lo arrojaron a una tumba anónima.

—Borghese es gilipollas. Podía haber salvado a Caravaggio —dice G.

—Borghese no tiene la obligación de proteger a un asesino —dice Tommy.

—Caravaggio nació rodeado de toda esa muerte, y ahora está muerto él también. A esos nunca les importó una mierda Caravaggio.

—Caravaggio la cagó.

El domingo siguiente estoy en casa de mi abuela. En la tele están emitiendo la reposición de *Gente de barrio*. Le digo a la abuela que no tengo hambre, pero ella planta una fuente con cuatro milhojas de crema en la mesita del salón. Mi tío está sentado en el brazo del sofá, tomándose una taza de té a sorbos. Me cuenta aquella vez que la policía intentó abrirle los puños a la fuerza para poder plantar sus huellas en el cajón de una registradora. Aquella vez en que se rio con tantas ganas en el juzgado que el juez pensó que estaba llorando y le impuso una pena menos severa. Aquella ocasión cuando era un adolescente y tenía que cavar hoyos de dos metros y medio de profundidad, y todo para que los guardias le dijeran que los volviese a tapar al finalizar la jornada. Lo escucho y me tomo tres milhojas, uno detrás de otro. Siento en el estómago la quemazón de tanto azúcar.

Frank y yo no podemos pasar ya por un Teseo y una Ariadna. Nos hemos quedado cautivos en un bucle narrativo, los dos juntos, atascados dentro del relato donde él me cuenta historias.

La abuela me pregunta si me quiero terminar el último milhojas. Le digo que no, gracias, y se marcha a la cocina, vuelve con un plato de pepitos de chocolate y lo deja sobre la mesita.

—Aquella vez, Vinnie, Carl y yo estábamos robando en un almacén en el norte. Vinnie estaba fuera, en la furgo. Tuvo que cambiar de tercio porque tenía chunga la cadera. Salgo cargado con un motón de chaquetas de esquí, hacia la furgo, cuando de pronto veo que viene hacia nosotros un coche de policía. —Frank deja su té en la mesita y se frota las manos—. Carl y yo nos subimos de golpe en la furgo. Entonces, Vinnie pisa a fondo y embiste al coche de policía. Dije: «Joder, vámonos».

Es esa historia en la que son unos jubilados. Cojo un pepito de chocolate y me lo sirvo en el plato.

—La policía nos persiguió por la autopista. Como los hemos embestido, se piensan que somos unos chavales que van con ganas y a saco. En cada cruce aparece otro coche patrulla. Al final, había unos catorce persiguiéndonos. Joder, aquello fue electrizante. Arriba tengo la grabación de las cámaras de seguridad. Tendríamos que verla. Bueno, el caso es que nos quedamos sin gasolina después de unos setenta kilómetros, y dije: «A tomar por culo, nos han trincado. Vamos a parar ahí».

Me trago un bocado de pepito de chocolate y siento que me vuelve a quemar el estómago.

—Sí, recuerdo que esta me la has contado ya —le digo.

—Llega un camión negro grande y se para detrás de nosotros —dice Frank—. Se bajan unos seis policías con escudos antidisturbios y espray de pimienta. Llevaban casco y chalecos contra armas blancas. Rodearon la furgo.

Me relamo los dientes para tratar de quitarme el azúcar. Tomo otro bocado.

—Nos bajamos de la furgo con las manos en alto. Van los policías y levantan los escudos. Nos alumbraron con un foco, y Vinnie se cubrió los ojos. Cuatro maderos lo agarraron y lo esposaron, y les dije: «Tengan cuidado con él, que no está muy bien».

Vuelvo a dejar mi plato en la mesilla del salón e intento no tocarme la ropa con los dedos pegajosos.

—Los maderos bajaron los escudos, y uno de ellos le dijo a otro: «¡Sargento, son unos jubilados!».

—Ya. Tengo que lavarme las manos.

A la mañana siguiente, en el trabajo, entro en la biblioteca para utilizar la fotocopiadora y veo a cinco hombres sentados alrededor de una mesa, sumidos en un silencio como si estuvieran en misa. Entre ellos está uno de mis antiguos alumnos, Vince, que mide cerca del metro noventa y cinco y tiene unos brazos enormes y musculosos. Está pasando las páginas de *La pequeña oruga glotona.* Los otros reclusos sentados alrededor de la mesa están leyendo libros como *El patito feo* y *Extraterrestres en calzoncillos.*

Algunos de estos hombres están presos a ciento veinticinco o ciento cincuenta kilómetros de sus familias, y los precios de los trenes y los taxis son un obstáculo para que los parientes vengan de visita con regularidad. Esta mañana, los reclusos se van a grabar leyendo un libro infantil. Esa grabación se meterá en un CD y se lo enviarán a sus hijos.

Me acerco a la mesa y choco el puño con Vince. Le pregunto cómo está, y me dice que las ganas de que llegara lo de hoy le han permitido mantener una actitud positiva durante los dos últimos meses.

—Es mi voz —dice—. Me hace sentir muchísimo mejor saber que mi pequeña puede oír mi voz siempre que quiera. Aparte de esto, la única vez en que puede oírme es cuando la llamo por teléfono, pero entonces puede oír de fondo los golpes y los gritos del módulo. Hubo una vez en que la llamé y pude oír por detrás de ella que estaba escuchando un CD en el que le estoy leyendo un cuento. Me atraganté, tuve que colgar y volver a llamarla diez minutos después, cuando recuperé el control.

—¿Qué le vas a leer esta vez? —le pregunto.

—Siempre pienso en leerle algo nuevo que no se haya leído aún, pero al final acabo leyéndole uno de los libros que conoce porque yo se lo leía antes de entrar en la cárcel.

Otro de los hombres en la mesa, Musab, me dice:

—No conocía ninguno de estos libros antes de entrar en la cárcel. —Sostiene en alto un ejemplar de *Miss Alegría*—. Este es buenísimo, ¿sabes?

Otro recluso sentado a la mesa está hojeando un libro. Tiene una mirada dura en los ojos humedecidos.

—En momentos como este es cuando te das cuenta de lo que has hecho.

En una ocasión le conté a un recluso que mi padre había estado en la cárcel. Bajó la mirada al suelo para no tener que mirarme a mí y pensar en su propio hijo.

Me despido de Vince, entro en la oficina de la biblioteca y utilizo la fotocopiadora. Me doy la vuelta para coger más papel, pero me detiene la cadena de mi llavero, que se me ha enganchado en el picaporte de una puerta. Lo desengancho, y la cadena tintinea al volver a caer en mi costado.

Musab y un bibliotecario con una chaqueta de pana entran en la oficina y se sientan. El bibliotecario prepara un dispositivo de grabación y espera a que la fotocopiadora termine de imprimir. Presiona el botón para grabar.

—Diga su nombre y su número de recluso al micrófono, por favor —dice el bibliotecario.

—Musab Abdulwehab. Recluso número P44IX41. Voy a le... Un momento, ¿mi niña va a oír lo de mi número de recluso?

—No, solo es para nuestros archivos. Editaremos la grabación y eliminaremos lo del número antes de enviárselo —dice el bibliotecario.

—Me llamo Musab Abdulwehab. Recluso número P44IX41. Voy a leer *Miss Alegría*. Hola, cielo, soy papi.

Musab lee la historia ante el micrófono, y yo me quedo muy quieto para que el tintineo de mi llavero no suene de fondo en la grabación.

Media hora después, en el aula, Tommy está sentado con su carpeta de dibujo sobre la mesa, delante de él. Se ha levantado a las cinco de la mañana para poder meditar. Dice que es el único momento en que hay el suficiente silencio en el módulo para concentrarse como es debido. G. se sienta frente a él con la cabeza apoyada en la mesa.

—Vamos a empezar —les digo.

G. se endereza y se estira.

—Le he dicho al boqueras que me quería quedar en la cama. Este sitio es una mierda. Cuando salga de aquí voy a dormir lo que me dé la gana —protesta.

Pongo en marcha la clase y les digo:

—El perdón llegó demasiado tarde para Caravaggio, pero hay otro artista, Dostoievski, que recibió el suyo justo a tiempo. Le habían condenado a muerte por haberse pronunciado en contra del poder estatal. Lo llevaron a una plaza en San Petersburgo y lo plantaron delante de una pared con los ojos vendados. El pelotón de fusilamiento apuntó sus armas contra él, y Dostoievski oyó cómo amartillaban los rifles.

G. abre la boca y bosteza.

—Allí estaba Dostoievski, esperando su muerte, cuando llegó a caballo un mensajero del Estado. El hombre dijo que el zar había decidido apiadarse de Dostoievski, que ahora solo tendría que cumplir seis años de trabajos forzados en la penitenciaría. El pelotón de fusilamiento bajó las armas y le quitaron la venda de los ojos.

G. se frota los párpados.

—En un momento posterior de su vida —prosigo—, Dostoievski escribió una novela titulada *El idiota*. En ella había un personaje, el príncipe Myshkin, al que le perdonan la vida ante el pelotón de fusilamiento. Después de su indulto, Myshkin cree de manera absoluta en el perdón, y cada vez que alguien le perjudica o le insulta, él lo deja pasar de inmediato. Otro de los libros de Dostoievski, *Crimen y castigo*, cuenta la historia de Raskólnikov, un hombre que mata a dos personas para ver si es capaz de hacer realidad su fantasía del superhombre que vive por encima del bien y del mal. Después de aquello, sin embargo, Raskólnikov se ve atormentado por su conciencia. Lo asedian las pesadillas.

—Eso es bueno, ¿verdad? Si tienes pesadillas por las cosas que has hecho, significa que no eres un psicópata, ¿no? —dice G.

—Al final, el hombre se entrega a la policía para poder comenzar a recorrer su senda hacia el perdón —les digo.

—Menuda estupidez. ¿Y cómo le va a ayudar la policía?

—La filósofa Julia Kristeva dice que tiene su lógica que Dostoievski utilizara el arte para canalizar la preocupación por el perdón. Hacemos arte porque buscamos la transformación y la libertad, que son las mismas razones por las que perdonamos.

Tommy deja su carpeta de dibujo junto a su silla y se cruza de brazos.

—El perdón implica contar una vieja historia de una forma nueva que ya no te pese como una carga. El arte, igual que la medida de gracia, se alcanza a través de la imaginación, por eso Kristeva dice que el arte puede ser una forma de clemencia.

—Si eso fuera cierto, entonces Caravaggio no habría tenido que enviar el cuadro a Roma —dice Tommy—. Podría haberse limitado a pintarlo y haberse perdonado él solo.

—Pero Caravaggio sí que podría haberse perdonado —dice G.

Tommy niega con la cabeza.

—No hay lienzo lo bastante grande en el mundo para que Caravaggio hubiera podido hacer eso.

—Pero si la gente lo hace todos los días. He oído a montones de personas decir que se han perdonado algo —afirma G.

—No puede ser tu propia mano la que firme tu indulto.

G. bosteza y se vuelve a estirar.

—Lo único que puedes hacer es aceptar lo que has hecho y tratar de encontrar la manera de olvidarlo —insiste Tommy.

—¿Cuánto falta para que se acabe la clase? Tengo que irme a dormir.

Diez minutos después, G. está defendiendo a Caravaggio una vez más, frente a Tommy.

—Venga ya, podía haber sido perfectamente Tomassoni quien matara a Caravaggio en ese duelo —dice G.

—Pero no fue —dice Tommy.

—Caravaggio se pintó decapitado, fíjate lo duro que se está castigando. Se ha ganado el derecho de perdonarse.

—Creó un vacío en el mundo, donde antes había una vida. Eso debería crearle a él un vacío para siempre. Podrá perdonarse por haber sido tan destructivo consigo mismo, pero nada más. Cuando has hecho algo como matar a otra persona, entonces tu vida ya no está en tus propias manos.

—De todos modos, ¿cómo se define el perdón?

—El perdón es cuando tu manera de ver a alguien no se forma únicamente con lo malo que ha hecho —dice Tommy.

—Eso significa, entonces, que sí nos podemos perdonar nosotros mismos. Podemos vernos como algo más que simples delincuentes. ¿O es que tú no te ves como algo más que un delincuente?

—Ya soy demasiado mayor para eso.

Me inclino hacia delante y apoyo los codos en la mesa.

—¿Es Caravaggio demasiado mayor para ver su vida de un modo distinto? —pregunto a Tommy.

—Caravaggio se ha pintado en el cuadro como un chaval, pero eso es una mentira. Él ya no es un chaval. Es un adulto, y ha matado a alguien.

—¿Está Caravaggio atrapado por lo que ha hecho —pregunto a G.—, o el arte podría haberle ofrecido una salida?

—Si los de la condicional miran tu expediente y ven que has estado yendo a pintar o a escribir y movidas de esas, entonces es más probable que te dejen salir.

—Pintar un cuadro o escribir un libro no significa que ya te puedas perdonar tú solito —replica Tommy—, pero sí te puede hacer más perdonable.

G. chasquea la lengua.

—Eso es lo que he dicho yo.

Tommy continúa:

—El perdón es algo que pasa en la vida real, y hay un muro que separa el arte de la vida real. Hacer arte podría llevarte justo hasta ese muro, pero no te va a llevar al otro lado. Kristeva casi tiene razón: hacer arte es lo máximo que te puedes acercar a la redención sin llegar a redimirte realmente.

—Entonces ¿por qué dibujas tú? —dice G.—. ¿Por qué te sientas en tu celda y te pones a dibujar cuando podrías estar viendo la tele, jugando a las cartas o fumando maría?

—Para ser otra persona.

Unas semanas después estoy en el salón de la casa de mi abuela, sentado junto a Frank en el sofá. En la tele están emitiendo reposiciones de viejas series de comedia de los años noventa. La abuela me pone delante un plato con cuatro tartaletas de cereza, en la mesita del salón. Sujeto una taza con agua sobre el regazo. Frank cuenta la historia de cuando era un adolescente y la policía intentó abrirle los puños a la fuerza para poder dejar sus huellas en el cajón de una registradora. La de cuando se rio tanto en el juzgado que el juez pensó que estaba llorando y le impuso una pena simultánea. Cuando solía «pasar la noche fuera» en su celda. La de cuando les rodearon la furgo unos policías con cascos y escudos, entonces se bajaron Carl, Vinnie y él, y uno de los agentes dijo: «Sargento, son unos jubilados».

—Andy, termínate esos pasteles. O también tengo unas galletas de chocolate, si quieres —dice la abuela.

—No tengo hambre, abuela.

—Te vas a quedar consumido.

Bebo un sorbo de agua.

Frank mete la mano en el bolsillo de la sudadera con capucha y saca una bolsita de tabaco y unos papelillos. En la tele comienza un programa sobre la naturaleza, un búho blanco planea por un cielo despejado.

—Cuando tenía catorce años, un día que fui a buscar huevos me volví para casa con uno de un búho. Era perfectamente redondo y blanco, como una bola de chicle —dice Frank.

—¿Qué fue de tu colección de huevos? —le pregunto.

—Los tenía en una vitrina de cristal que pedí que me hicieran especialmente. Cuando me trincaron, se la di a un colega para que me los cuidara un par de años, pero sus hijos los encontraron en el armario y creyeron que eran juguetes.

Espolvorea tabaco en un papelillo. En la tele, un búho mueve la cabeza de un lado a otro.

—Me arrepiento de ir a buscar huevos —dice Frank.

—¿En serio?

—Estaba matando pájaros que no habían nacido, ¿no te parece? No es que les estuviera retorciendo el cuello, pero sí les impedí tener una vida.

Sonrío a la espera de que me haga un chiste sobre pajaritos muertos.

Continúa:

—Me aprendí la costa buscando huevos. Era toda una aventura. Todos los viejos ladrones y los atracadores de bancos del East End que ves en el módulo de la cárcel, todos nosotros empezamos buscando huevos.

Se me pasa la sonrisa.

—Echaba de menos aquellos sitios tan bonitos cuando estaba encerrado. Fue muy duro no poder ir por allí. —Frank sostiene el cigarrillo sin liar aún en su regazo—. Pero te acostumbras. Te puedes acostumbrar a lo que sea, eso es lo que yo he aprendido. Da igual lo que te pase, lo aguantas todo.

Abro la boca, a punto de decir: «Todos esos sitios tan bonitos siguen estando ahí. ¿Por qué no vamos, tío?», pero me corto.

—Habría estado mejor encontrar un nido sin ningún pájaro y sacar una foto de los huevos con la cámara. Tenía que haberlo dejado ahí —me dice.

Le miro, y me ofrece una sonrisa apenada. Este es nuestro día despejado.

Lame el borde del papel de fumar y se lía su cigarrillo.

El hogar

La inmensidad del mundo es la redención.

Rebecca Solnit

Llego a la cárcel a las siete y veinte de la mañana y me quedo un momento en el exterior, ante la puerta. Observo el cielo en busca de alguna señal del amanecer, pero solo se ve el resplandor anaranjado que forman las farolas contra el cielo oscuro. Una vez me asomé a la puerta de la celda de un recluso que no tenía fotos de su familia, de los niños ni de chicas en lencería en las paredes, tan solo un recorte de periódico con una imagen tomada desde el telescopio espacial Hubble. Los bordes del papel estaban hechos jirones después de tener que cortarlo a mano, ya que no tenía permiso para usar unas tijeras. Aquella imagen estaba repleta de estrellas y de remolinos brillantes diminutos en amarillo, azul y blanco. La tenía pegada unos centímetros por encima de su almohada. La foto solo capturaba una porción reducidísima del cielo que él podía ver desde la ventana de su celda, y aun así contenía más de cien mil galaxias.

Un funcionario de seguridad que será más o menos de mi quinta sale por la puerta principal y se fuma un cigarrillo a unos pasos. Expulsa el humo y dice:

—¿Esperando a que alguien te acompañe ahí dentro?

—Tengo llaves. Cuando termine, a las cinco, todo volverá a estar oscuro.

Se une a mí y mira también el cielo.

—Imagino.

—¿No echas de menos la luz del día, trabajando toda la jornada en una prisión en invierno?

Da una calada y me dice con una voz nasal:

—El mes que viene me voy a Marruecos. —Expulsa el humo—. A hacer un safari por el desierto.

—¿Formación continua?

Se ríe.

—El año pasado me fui a Egipto y vi todos los corales. A años luz de todo esto. Estoy ganando casi el doble de lo que sacaba en una tienda, y este año me largo a ver qué pinta tiene el desierto.

—¿Qué se puede ver en un safari por el desierto?

—Cactus. Murciélagos. Te obligan a hacerlo todo en camello. No tienes el mar, como cuando estás en la playa, pero como la arena es tan blanca, te pones moreno más rápido. El sol rebota en el suelo hacia ti.

Da otra calada. Me despido y entro en la cárcel.

Media hora después atravieso el corazón de la cárcel. Veo a una docena de hombres en fila a través de los barrotes de la puerta. Les han abierto antes para que puedan recibir su dosis de metadona, buprenorfina, antidepresivos u otra medicación.

En la fila está Larry, uno de mis antiguos alumnos. Es un hombre flaco con el vello facial irregular. Sirvió trece años en el ejército antes de quedarse sin hogar y terminar después en la cárcel. Más o menos uno de cada diez internos es un veterano del ejército, el cambio de un régimen por otro. Newbrooke, un funcionario de cuello ancho y camisa blanca impoluta, supervisa la fila. Lleva en el hombro un escudo rojo y amarillo que se conoce como «la insignia triservicio», que indica que es un exmilitar.

Cruzo la puerta y la cierro al pasar. Le estrecho la mano a Larry y chocamos los hombros.

—Llevaba tiempo sin verte —le digo.

—He estado fuera por negocios —me cuenta.

—Ah, ¿sí?

—Nueva York, Milán, París, el módulo C...

Newbrooke lo llama para que recoja sus medicinas. Larry se despide, se acerca al mostrador y le entregan un vasito desechable de color blanco con las pastillas dentro; se las mete en la boca y traga. Newbrooke se acerca a él. Larry abre la boca y Newbrooke mira dentro.

—Levanta la lengua.

Larry tiene los brazos en reposo.

—Listo —anuncia Newbrooke.

Los dos hombres intercambian bromas unos instantes, y Larry se aparta a un lado, donde se forma una fila con los internos que están esperando para que los lleven de vuelta a su celda.

Avanzo un poco más por el rellano y me detengo a llamar con los nudillos a la puerta de la celda de Stuart. Saco de mi carpeta su certificado de haber completado el curso de filosofía. Stuart se acerca al ventanuco de inspección. Es lo bastante grande para que le vea el tercio central de la cara. Tiene pinta de estar dormido. Le deslizo el certificado por debajo de la puerta.

—Más para empapelar —dice Stuart.

Se dirige al lavabo, coge un tubo de pasta de dientes y da unos toques en las cuatro esquinas de la parte de atrás del certificado. La masilla adhesiva está prohibida en las prisiones por temor a que los reclusos la utilicen para sacar un molde de las llaves o para bloquear la cerradura de la puerta.

Se da la vuelta y pega el certificado en la pared. Estiro el cuello para ver los laterales de su celda a través del ventanuco de inspección. Tiene la pared prácticamente cubierta de certificados de cursos de formación y programas de orientación sobre drogas y sobre control de la ira. Ha encontrado la forma de vivir en lo que *es* y lo que *puede ser* al mismo tiempo.

Unos minutos después, en mi aula, coloco las sillas en un círculo. Escribo la palabra «hogar» en la pizarra y me quedo esperando. Imagino que un funcionario anunciará la libre circulación de un momento a otro.

Quince minutos más tarde, nadie ha dicho nada de la libre circulación. Enderezo los bolígrafos sobre la mesa y muevo el cuaderno para que esté alineado con el ángulo derecho de mi mesa.

Veinte minutos después, el aula continúa vacía. Al otro lado de la puerta, el pasillo también está en silencio. Transcurridos cuarenta y cinco minutos desde la supuesta hora de inicio de la clase, llega un mensaje por la radio que dice que hay un confinamiento, lo que quiere decir que se han cancelado todas las clases y las actividades no esenciales durante toda la jornada. Los internos en labores de cocina sí podrán salir, pero no va a haber formación, relación en el patio ni citas en la enfermería que no sean de urgencia. Los reclusos van a pasar hoy unas veintitrés horas y media metidos en su celda. Dispondrán de media hora para retirar la comida, hacer una llamada de teléfono y ducharse, pero, para muchos, las colas que se formarán serán probablemente demasiado largas para poder hacer las tres cosas.

Los confinamientos no programados como este se pueden producir cuando hay un problema de seguridad como una pelea importante en el rellano. Un intento de fuga en otro centro penitenciario puede provocar un efecto mariposa y que los directores se vuelvan hipervigilantes y decreten un confinamiento. El motivo para que no haya hoy movimiento en la cárcel es que no se ha presentado el personal suficiente para gestionar el centro de manera segura. La prisión está masificada. La contratación de funcionarios y el mantenimiento de la plantilla necesaria es un problema constante en el servicio penitenciario. El nivel del agotamiento es muy elevado, y mucha gente falta a trabajar aduciendo estar enferma. El año pasado estaba trabajando en una prisión de máxima seguridad donde la plantilla se redujo tanto que las clases se cancelaron tres o cuatro días a la semana durante todo el mes de diciembre. Los días en que sí había clase, los alumnos estaban somnolientos e irritables. Muchos de ellos se mostraban desesperados por que les diera más textos para leer y poder llevárselos a la celda ante la preocupación de que no les dejaran salir al día siguiente.

El número de funcionarios que hay aquí está en el límite de lo necesario para gestionar un régimen completo. Esta mañana ha habido un incidente de tráfico a tres kilómetros de distancia que ha provocado un atasco. El personal no ha podido llegar a tiempo para la libre circulación, así que se ha decidido imponer un confinamiento.

Estas situaciones me abaten, y me siento derrotado. Mi aula podría ser el lugar de unas «vacaciones de dos horas», pero hoy las sillas se van a quedar vacías.

Guardo la carpeta en la mochila, borro la palabra «hogar» de la pizarra y me marcho.

Unos días después estoy sentado en la butaca del salón de la casa de mi hermano. Dean me está enseñando sus pasos de baile. Mi hermano está fuera, pero su pareja —Laura— está aquí sentada en el brazo del sofá.

Laura me entrega un libro de introducción al álgebra para niños. Echo un vistazo a las páginas: los ejercicios están pensados para niños de nueve o diez años.

—Eran solo veinte peniques en la tienda de segunda mano —me dice.

—¿Por qué el álgebra? —le pregunto.

—¿Te parece demasiado pequeño para eso?

—Seis años es un poco pequeño.

—Pero cumplo siete dentro de once semanas y cuatro días. —Dean enciende una tableta, viene hasta mí y me la pone en el regazo mirando hacia él.

Me está utilizando como soporte.

—Dile a tu tío cuánto son ocho por ocho —dice Laura.

Dean se encoge de hombros y responde:

—Sesenta y cuatro.

—Dentro de nada lo tienes haciendo álgebra —aplaude su madre.

El pequeño pulsa en la tableta para reproducir un vídeo. Miro la pantalla y veo un avatar con una cabeza de calabaza y unas botas plateadas. Balancea las caderas al bailar. Dean retrocede un paso y balancea también las caderas.

—¿Qué tal el trabajo? —me pregunta Laura.

—Mi compañero de piso cree que soy adicto a la marihuana. Algunos días llego a casa con el olor en el pelo.

—Eso nos pasaba cuando teníamos a muchos en régimen abierto. Eran una pesadilla para la entrada de drogas de contrabando.

—Ahora han instalado unos escáneres corporales en el control de seguridad.

—Mira qué bien. Lo único que cambiaba cuando yo estaba allí era el color de la pintura de las paredes.

Laura era funcionaria de seguridad en instituciones penitenciarias, incluida una de las cárceles en las que trabajo. Con frecuencia hacía turnos de noche y en fines de semana por el dinero extra, lo cual le dificultaba relacionarse con gente que no trabajara en la cárcel. Cuando llevaba doce años en el oficio, estaba trabajando en una cárcel para adolescentes e intentó separar a cuatro chavales que se estaban peleando en la capilla. Se vio atrapada entre ellos y la tiraron al suelo. Los chicos le patearon la cabeza, la cara, las costillas, los riñones y le pisotearon las manos. Siete u ocho chicos más llegaron corriendo para unirse al linchamiento.

Unos días después estaba en la cama, tomando codeína para el dolor. Buscó entre sus contactos del móvil a alguien a quien llamar, pero prácticamente todos eran funcionarios de prisiones. Dejó el teléfono y se tomó otra codeína para echarse a dormir.

El centro penitenciario no quería que el personal fuera a trabajar si tenían magulladuras en la cara. Decían que eso afectaba a los chicos o que ponía a alguno nervioso. Laura esperó a que se desvanecieran los moratones que tenía alrededor de los ojos y regresó al rellano, pero tenía los nervios a flor de piel. No había podido verles la cara a todos los que la atacaron, así que, ahora, cuando hablaba con alguno de los chicos, Laura no sabía si ese había sido uno de los que la pisotearon. Con cada turno aumentaba la inquietud que sentía, y, una semana después, se despertó una mañana y no quiso salir de debajo del edredón. Había perdido el valor.

Dejó de ir a trabajar, y cada día tomaba más codeína para controlar aquella inquietud.

Unos años después se unió a un grupo de rehabilitación, y ahí fue donde conoció a mi hermano.

Dean hace un giro de trescientos sesenta grados.

—¿Volverás algún día? —pregunto a Laura.

—Si tuviera un trabajo que se limitara a un despacho y no tuviera que ver a ninguno de los reclusos. Ni ver tampoco a los demás funcionarios. Y que no tuviera que llevar una radio para emergencias que me salta en el oído cada dos minutos, ni tener que salir corriendo a los módulos cuando alguien dispara la alarma. Podría estar en una oficina, con los papeles y los nombres, tecleándolos en un ordenador para indicar cuándo iban a un taller o si recibían su medicación. Si no tuviera que ver nada de eso, simplemente escribir «Sí, Fulanito ha tenido una visita», «A Menganito lo han puesto en libertad», entonces sí lo haría. Bajaría las persianas y me quedaría en mi silla.

Dean lo celebra con ambos puños cerrados sobre la cabeza.

—Los chicos sabían cuándo estabas a punto de fichar para irte a casa. Si terminabas a las dos de la mañana, pulsaban su alarma cinco minutos antes, y yo tenía que ir hasta allí para que me dijesen que estaban enfermos o que se iban a suicidar, o para ver que alguno había montado una pelea con su compañero de celda solo para que yo no me pudiese marchar.

—No sé cómo sobreviviste a eso.

—La mayoría de ellos me llamaban «mamá» por error.

Jason y Laura se pasaron más de una década entera de su vida en la cárcel, los dos, aunque en lados distintos de las rejas. Su relación se basa en la historia de una recuperación compartida de aquel periodo, y casi nunca hablan sobre la prisión cuando están juntos. Los dos echan la vista atrás sobre sus pasados respectivos con una sensación de haber perdido el tiempo y desperdiciado su potencial. Cuando Dean tenía dieciocho meses, Jason y Laura le compraron un ordenador portátil de juguete, a pesar de que estaba pensado para niños de tres años o más. En un rincón del suelo del salón de su casa hay una pila de juguetes educativos y libros pensados para niños varios años más mayores que Dean.

Hace una década, mi hermano volvió a entrar en mi vida cuando yo todavía estaba en pleno duelo por su pérdida. Se hizo presente, pero yo solo sabía quererlo en su ausencia. La última vez que lo vi fue hace unos meses, cuando nos tomamos juntos unos batidos en el McDonald's y Jason se alivió al enterarse de que me había pillado un colocón. Mi sobriedad siempre le recordaba lo mucho que me habían afectado sus adicciones.

—Mirarte me hacía sentir culpable —me dijo.

Me tomé la pastilla en Lisboa porque quería quitarme un peso de encima, y resulta que también se lo estaba quitando a él.

—¿Te la volverías a tomar? —me preguntó Jason.

—Sigo en el proceso de descubrimiento de los efectos de la primera. Veo una especie de frescura en todo lo que miro —le dije.

—Ojalá lo hubieras hecho conmigo. No me refiero a ahora, sino cuando eras más joven. Si yo hubiera estado más ahí.

—Las dosis que tú te metías me habrían matado.

—Habría cuidado de ti si todo hubiera sido distinto.

—Me alegro de que tengas a los niños y a Laura y de que hayas formado un hogar, Jason.

—Gracias, hermanito. No me está saliendo del todo mal.

Removí el batido con la pajita. Me acordé de Andros, que me decía «Tómate una del McDonald's por mí», y yo nunca sabía qué responderle.

—Pero a veces yo también me siento culpable —le confesé a Jason.

Se le endureció el gesto.

—Lo siento —le dije.

Jason levantó una mano como si quisiera detenerme.

—Gracias, hermanito. Gracias por ser comprensivo, pero no quiero que te sientas así. Tú no tienes ninguna culpa de nada.

Sentí que se me formaban las lágrimas en los ojos. Di un sorbo por la pajita y mantuve el batido en la boca durante un instante para saborearlo.

Me lo tragué.

—Gracias, hermanito —le dije yo a él.

Durante la mayor parte de mi vida he tenido la sensación de que estaba en deuda con mi hermano por el hecho de estar yo bien y en libertad. A lo largo de estos últimos meses he tratado de imaginarme mi vida sin esa deuda. ¿Cómo podría vivir? ¿Quién sería yo? Todavía desconozco la respuesta a estas preguntas, pero a veces encuentro algunas pistas en momentos de placeres cotidianos. Últimamente, me siento más maravillado ante cosas como el canto de un pájaro, el moteado de luz a la sombra de un árbol y el aroma de una fruta por la tarde, cuando le quito la piel. Durante esos segundos, el mundo me transmite una sensación de realidad. Me pregunto si la senda que tengo que tomar es la que viene marcada por los momentos de más simple disfrute.

Es posible que Jason y yo nunca estemos tan unidos como esperaba cuando era un adolescente, pero hoy mi hermano quiere que yo sea libre, y yo soy más capaz de verlo a él más allá de aquel chaval de la cárcel que fue en su día. Al conocer cada uno de nosotros la felicidad en nuestra propia vida, pudimos ser el uno el perdón del otro.

Estoy sentado en la butaca del piso de mi hermano, y Dean pulsa en otro vídeo para reproducirlo. Comienza la música y el crío se pone a saltar y a hacer giros completos sobre sí mismo. Jason vuelve a casa y entra en el salón. Se coloca detrás de Dean para asegurarse de que no se cae al suelo.

Laura grita desde la cocina:

—Le he enseñado a Andy el libro de álgebra. Piensa que es demasiado avanzado para él.

—Eso cambiará dentro de nada —me dice mi hermano—. Lo veo aprender y crecer con cada día que pasa. Es de locos, Andy.

La música va *in crescendo.* Dean se pone en cuclillas, toca el suelo con los dedos y da un salto en el aire.

Un minuto después, Jason se quita la sudadera con capucha y arrastra la camiseta que lleva debajo hasta media altura de la barriga. Veo que tiene una cicatriz que sigue el contorno del hueso de la cadera.

Se termina la música. Dean se vuelve hacia su padre y extiende los brazos para pedirle un abrazo. Jason tira hacia abajo de la camiseta y abraza a su hijo. Siento una burbuja de alegría que me asciende por el pecho. Cojo el móvil y les saco una foto juntos.

Unos días después veo en el rellano a Jerome, el hombre que vino a mis clases sobre la suerte y la risa. Tenían que haberlo soltado desde la última vez que lo vi, así que le habrán revocado la condicional o lo habrán vuelto a condenar. Le saludo con un gesto desde el otro lado del rellano. Me mira con una sonrisa enorme y me devuelve el saludo.

Bajo por el dos y noto algo que me cae en la cabeza, algo húmedo. Miro hacia arriba y me imagino que me voy a encontrar a algún chico joven con una botella de agua en el tres, riéndose de mí, pero no veo allí a nadie, tan solo unas gotas de agua que caen a través de las redes metálicas antisuicidio que separan el hueco de los descansillos. Avanzo unos pasos y llego ante un charco ancho en el suelo. La escalera metálica que tengo delante está chorreando. Las gotas caen y forman ondas en el agua.

El funcionario Newbrooke aparece por una puerta arrastrando un cubo grande y vacío por el rellano y lo sitúa bajo las escaleras. Me cuenta que un interno del cuatro ha inundado su celda en una protesta. Cae una gota y suena como un chasquido al golpear en el fondo del cubo de plástico. Atravieso el charco y subo por las escaleras.

Voy a mi aula, coloco las sillas en círculo y siento una expectación eléctrica mientras espero la llegada de los alumnos. Un funcionario grita «libre circulación» en el pasillo, y los internos comienzan a llegar con cuentagotas. Aparece Harry, que pasa algún año de los veinticinco, pero tiene las mejillas rosadas y una pelusilla sobre el labio superior como la de un colegial. Apenas dice nada, nunca. Por lo que yo sé, la única persona que viene a visitarlo es un animador de actividades juveniles al que Harry conoce desde que tenía catorce años.

Durante la última clase, los albanos, los vietnamitas y los colombianos se reunieron alrededor del mapa que hay en la pared del fondo del aula. Se estaban mostrando sus lugares de procedencia los unos a los otros. Uno de ellos encontró su ciudad exacta y clavó la uña en el mapa para marcarla. Cuando regresaron a sus asientos, Harry se levantó, fue hasta el mapa e intentó encontrar su lugar de origen. Harry es inglés. Recorrió el océano Índico con el dedo. Sabía que Inglaterra estaba rodeada de agua, y fue pasando el dedo desde Brasil hasta Indonesia.

Le señalé Inglaterra.

—Ah, claro. Pensé que era... —se tragó la última palabra.

Harry se pasa la mayor parte de sus días metido en una celda de dos por dos y medio. Me pregunto por el tamaño que tendría su mundo antes de que entrara en la cárcel y cuán grande será cuando se marche.

Entran en clase los últimos alumnos, incluido un hombre que se llama Anthony. Después de pasar los dos últimos años viviendo en la calle, Anthony está cumpliendo ahora su primera condena de cárcel, a sus treinta y pocos años. Siempre tiene toda su ropa y sus cosas en un montón junto a la cama, para poder meterlo todo en una bolsa en cuestión de diez segundos en caso de que lo trasladen a otro centro.

Sentados en el círculo, los reclusos especulan sobre la posibilidad de que mañana haya otro confinamiento. Alguien suelta una risita. Es Easton, que está apoyado en el borde de una mesa en el rincón, al fondo del aula. Easton lleva puestos unos pantalones de chándal que ha cortado por la rodilla para convertirlos en unos pantalones cortos que se pone aun en los días de frío. Dice que los pantalones largos de chándal le provocan claustrofobia. He visto su celda: no tiene una sola foto en las paredes, solo se ven desperdigados los pegotes blancos en los lugares en que el anterior inquilino colocó sus fotos con pasta de dientes.

Cierro la puerta y comienzo la clase.

—La palabra «nostalgia» procede del griego *nostos*, que significa «volver a casa», y *álgos*, que significa «dolor». Tener nostalgia es añorar el hogar. En el siglo XVII se consideraba no aptos para el servicio a los soldados a los que se diagnosticaba la nostalgia, y les daban la baja. El ejército suizo echaba la culpa de la nostalgia al hecho de que los soldados cantasen una canción suiza sobre ordeñar a las vacas: cualquier hombre que la entonara podía recibir la muerte como castigo.

—Priti Patel —masculla alguien.

—Un general ruso enterró vivos a dos hombres porque dijeron tener nostalgia. Los médicos probaron diferentes métodos para curarla. Unos pensaban que procedía de un hueso patológico en el cuerpo, aunque jamás lo encontraron. Otros probaron con las sanguijuelas, con purgas estomacales y con emulsiones hipnóticas calientes. Un médico francés recomendó un tratamiento para la nostalgia a base de «provocar el dolor y el terror». En el ejército estadounidense, un médico aconsejaba que se acosara a los nostálgicos por ser poco viriles y unos débiles. En ocasiones, para curar la nostalgia de un soldado, el médico recomendaba que lo enviaran a casa sin más. Pero ni siquiera eso era una garantía si el hogar que tanto anhelaba había sufrido algún cambio.

—La nostalgia que yo siento en mi celda —dice Anthony— no es por las drogas, ni por la calle ni por las cosas en las que yo me dedicaba a perder el tiempo cuando estaba fuera. Es por mis sobrinos, por los amigos que no me han dado por perdido. Echar de menos tu hogar te da claridad, te ayuda a recordar qué es lo importante.

—Entonces ¿la nostalgia es una enfermedad? —les pregunto.

—La claridad es la cura para la confusión. Vuelve a poner las cosas en el orden correcto. Una enfermedad es algo que viene de la naturaleza, la nostalgia la inventaron instituciones como el ejército. La cárcel es una institución inventada para hacer que la gente se ponga nostálgica, para que cambien.

—¿Qué estás diciendo? —Easton proyecta su voz desde el fondo del aula—. ¿Estás diciendo, entonces, que la nostalgia que sentimos aquí dentro es algo bueno?

—Cuando inventaron la cárcel —dice Anthony— no se esperaban que te fueras a acostumbrar a ella. Recuerdo que, en mi primer día en la cárcel, vi el retrete justo al lado de la cama en mi celda y olía la mierda de mi compa allí tumbado en el catre. Y por la noche había tanto ruido que no podía dormir. Me juré que jamás iba a volver a delinquir. Pero después de una semana o dos ya pude dormir. Me acostumbré al olor a mierda.

—¿Qué nos dice eso sobre la añoranza de nuestro hogar? —pregunto.

—Que también te acostumbras a eso —contesta Anthony—. Cuando pienso en mi casa, en realidad no la echo de menos. Es como si la recordara en la cabeza, pero no en mi cuerpo, como si el recuerdo estuviera hueco.

Unos minutos después, Easton se desliza del borde de la mesa y se levanta.

—Digamos que encierran quince años a un colega, que cumple todos los días de su condena sin pisar la calle. En la cárcel conoce al barbero, a todo el mundo en su rellano, a todos los del gimnasio.

Easton está de pie con los pies muy separados. Me señala a mí con los dedos índice y corazón, haciendo la forma de una pistola.

—Entonces el colega sale —dice—. Su primera noche fuera es más difícil que su primera noche dentro. No conoce a nadie en su torre de apartamentos. Nadie le saluda. No puede conseguir un trabajo. Entre rejas, el tiempo pasaba despacio, y ahora, en la calle, la vida se le pasa volando.

Easton recorre el ancho de la clase. Prosigue:

—Cuando oye el sonido de unas llaves se nota menos nervioso, el colega no sabe qué hacer todo el día, pero mira el reloj y sabe que son las once y media, así que toca libre circulación, o son más de las seis y estarán ya encerrados.

Se da la vuelta y vuelve a recorrer el ancho del aula.

—Cuando está en la cama, el colega no puede dormir porque hay demasiado silencio.

Gira sobre sus talones, y las zapatillas deportivas chirrían contra el suelo. Continúa paseándose.

—Alguien se choca con él en el andén del metro, no le pide disculpas, y él piensa: «Si tú supieras, tío..., si supieras por qué me llevaron al talego»: nadie le faltaría de ese modo al respeto en el rellano. Al final, el colega echa de menos la prisión, siente nostalgia de la cárcel y quiere volver allí.

Hace otro ancho. Me recuerda al imperativo de Nietzsche: «Siéntate lo menos posible; no te creas ninguna idea que no haya surgido al aire libre o en libertad de movimiento». Me pregunto cómo podrá diferenciar de cuál de sus pensamientos se puede fiar un hombre que está encerrado aquí.

Easton prosigue:

—La nostalgia no es una enfermedad, pero la nostalgia de la cárcel, esa sí que lo es.

—Si echas de menos la cárcel, eso significa que la cárcel se ha convertido en tu hogar —replica Anthony.

Easton da otro par de zancadas y señala a Anthony con los mismos dos dedos.

—Echar de menos la cárcel es echar de menos una enfermedad.

—Entonces, echar de men...

—El colega que siente nostalgia de la cárcel no echa de menos su hogar, es un enfermo se mire por donde se mire. —Se detiene en el rincón del aula y se da la vuelta hacia mí—. La cárcel no es mi hogar. Yo no vivo aquí. —Se clava dos dedos en el centro del pecho—. Este no soy yo. Yo soy el que soy cuando estoy en la calle. Yo soy el que seré cuando me largue de aquí.

Unos minutos después habla Pap, un joven de unos veinticinco años que es de Malasia y tiene los cuatro dientes frontales de oro.

—Esto no pasaría nunca en mi país. En el lugar de donde vengo, si haces algo mal, te azotan hasta que sangras. Nadie echa de menos la cárcel. Y si te azotan es porque les importa. Aquí no les importas una puta mierda. Vamos, que ni siquiera les importas lo suficiente como para que te castiguen como es debido. Así, claro que la gente echa de menos la cárcel. Hay que estar mal de la olla, ¿eh?

—Suenas como el médico ese que dijo que utilizaran el dolor con los soldados —dice Anthony.

—Funcionó, ¿verdad? Si quieres que la gente no tenga ganas de pisar la cárcel, entonces haz que la cárcel sea más dura.

—Parece que echas de menos tu casa —se ríe Anthony—. ¿Añoras los azotes?

—Te lo estoy diciendo, que esta cárcel es demasiado blanda —dice Pap.

Indico a los internos que charlen entre sí. Los grupos mascullan entre ellos. Easton se sienta en el círculo al lado de un joven que vive en el dos igual que él. Se ríen juntos con aire de complicidad. Hace dos semanas, Easton subió al cuatro con otra docena de chicos durante el periodo que tienen para relacionarse. Se quedaron en el extremo más alejado del rellano, a la mayor distancia posible de sus propias celdas. Consiguieron disfrutar de quince minutos adicionales, que fue lo que tardaron los funcionarios en llevar de vuelta al grupo a sus celdas en el dos. Easton y los chicos volvieron a hacer lo mismo los días siguientes, de manera que, la semana pasada, los funcionarios anunciaron el encierro quince minutos antes para tener a Easton en su celda a la hora normal. Al día siguiente, Easton y los suyos se subieron al cuatro veinte minutos antes para seguir llevando la delantera, pero cuanto mayores eran los esfuerzos de Easton por ganar más tiempo fuera de su celda, más tiempo le restaba el centro penitenciario. Ayer, los funcionarios anunciaron el encierro media hora antes de lo programado, hacia la mitad del periodo para relacionarse.

Harry está repanchingado en su silla con las manos en los bolsillos y la mirada perdida.

—¿En qué estás pensando, Harry? —le pregunto.

Frunce los labios.

—¿La nostalgia es una enfermedad? —insisto.

—En serio, no lo sé.

—¿Y la idea de Pap? ¿Deberían ser más duras las cárceles?

—No lo sé. De verdad que no lo sé.

En la cárcel hay mucha gente como Harry, que nunca sabe qué decir ni qué pensar, gente a la que hay que decirle cuándo tiene que comer, cuándo tiene permiso para salir al patio y cuándo tiene que volver a entrar en el edificio. Reclusos cuya puerta solo se cierra por fuera y que hablan en un hilo de voz que se pierde sin remedio.

Una hora después, un funcionario aporrea la puerta para dar por finalizada la clase. Anthony se da una palmada en la barriga, listo para la cena. Se marchan los reclusos. Un hombre al que no he visto nunca viene a mi aula y me dice:

—Profesor, tú me ayuda.

Desdobla una hoja de papel para mostrármela; está mugrienta y rota en los pliegues.

—¡Fianza, por favor!

Me señala el cuadro del formulario reservado para su dirección: está en blanco a excepción de las dos primeras letras de su código postal.

—¿Cómo te llamas? —le pregunto.

En un inglés chapurreado, me cuenta que está intentando conseguir una fianza, pero que no se acuerda de su dirección. Tiene el número de teléfono de su casero y ha intentado hablar con él para que le diga la dirección, pero sus llamadas siempre van al buzón de voz. Se le ha agotado el saldo de la tarjeta de teléfono de la cárcel.

—¿Puedes llamarlo tú? —me dice.

Me fijo en su identificación y veo que se llama Florin.

—¿Cuál es tu dirección, Florin?

Se golpea en la cabeza con el pulpejo de la mano y dice que no se acuerda, que bebía mucho y solo vivió allí unos meses. Recuerda que el número de la puerta era el 29, o el 39, o el 31. Le pregunto si conoce bien a sus compañeros de piso, para ponerse en contacto con ellos.

—Uno Polonia, uno Rumanía. —Pero no recuerda cómo se llaman.

—Entonces, quieres salir bajo fianza para poder volver a casa, ¿no?

—Sí, por favor, ayuda —dice Florin.

—Pero, para ir a casa, tienes que saber cuál es la dirección, pero no sabes cuál es, y no puedes marcharte a casa, ¿verdad?

—Sí.

Le explico que yo no puedo hacer llamadas en su nombre, pero le redacto una nota que explica su situación, para que se la pueda entregar a un funcionario que le ayude. Se marcha de regreso a su celda.

Media hora después salgo de mi clase, recorro el pasillo y llego a las escaleras del rellano. Sigue cayendo el agua de la celda que se ha inundado esta mañana. Hay agua en las escaleras, y no se oye el rumor habitual de las decenas de personas que bajan por allí. Hoy los internos pisan con cuidado y con un leve chapoteo.

Bajo por la escalera, me fijo en el cubo y veo que ya ha recogido varios centímetros de agua. Me cae delante una gota que me deja una marca oscura de humedad en la camisa verde. Miro hacia arriba y veo a Easton con un grupo de jóvenes en el cuatro, paseándose tan tranquilos por delante de los letreros amarillos que dicen «Atención: suelo mojado».

Tres funcionarios más se acercan al grupo. Easton baja la cabeza y se dirige sin ninguna prisa hacia la escalera.

Me cae una gota de agua en la mejilla.

Unas semanas más tarde estoy en una librería y cojo una versión infantil de la historia de Dédalo y su hijo Ícaro. Cuenta cómo están ambos cautivos en la isla de Creta por orden del rey Minos. Tiene una ilustración a toda página de ellos dos ataviados con plumas de gallina y cera de color dorado para intentar escapar volando de la isla y dirigirse de regreso a Atenas, su lugar de procedencia. Compro el libro y cojo un tren camino a la casa de mi hermano.

Arranca el tren. Miro por la ventanilla cuando cruzamos el Támesis. Cae sobre Londres la pálida luz de un sol de invierno. Pienso en Tommy, el dibujante de mi clase sobre Caravaggio, el que pintaba bolsitas de té en su celda. Si estuviese aquí, repararía en el contraste del blanco de la piedra de la catedral de St. Paul junto al azul grisáceo del agua del río. Tal vez fijara su atención en la línea horizontal del puente de Blackfriars y la barca motora que pasa por debajo y deja en su estela unas ondulaciones en diagonal. La ciudad resulta más bella al observarla en nombre de Tommy, al disfrutar del paisaje porque él no puede hacerlo.

Tras la sensación de irrealidad que tuve en el tren el año pasado, me obsesionó que mi interés por la vida que se lleva dentro de la cárcel me estuviera costando el mundo exterior. Había empezado a pensar que tal vez me había llegado el momento de apartar la mirada, pero el hecho de conocer a gente como Tommy, Andros y Yannis ha mejorado mi percepción del mundo. Ahora puedo salir por las puertas del centro penitenciario y valorar cosas como la belleza, la comida y la amistad, y no considerarlo detestable para con aquellos que viven en la privación, sino más bien como una manera de mantenerte conectado con su humanidad.

No quiero apartar la mirada, pero tampoco quiero «dar testimonio». Hace unas semanas tuve en mi clase a un hombre que se llama Nick, que estaba cumpliendo una condena larga en una celda individual. Me contó que a veces se despertaba en plena noche con la sensación de una profunda insensibilidad emocional y mental que lo llevaba a pensar que él, en verdad, no era real. He oído a muchos en la cárcel expresar una angustia similar: temen estar desapareciendo, no solo de la sociedad, sino de sí mismos. En una ocasión, al finalizar una clase, un funcionario llamó a la puerta del aula para llevarse a los alumnos de vuelta a las celdas. Los internos salieron en fila, menos Nick, que vino hacia mí.

—Está muy bien la filosofía —me dijo—. Me recuerda que tengo una mente.

—Vamos —dijo el funcionario desde la puerta.

Nick continuó mirándome.

—Asegúrate de asistir la semana que viene —le dije.

Asintió con la cabeza y se marchó con el funcionario.

Nick me recordó que, como profesor, puedo hacer algo más que dar testimonio de los que se desvanecen. Puedo ayudar a la gente a no perderse de vista.

Una hora más tarde, llego a casa de Jason, y están poniendo *Judge Judy* en la tele. Jason está en el sofá, tomándose un palito de pescado que ha sobrado de la comida de Dean. Le doy el libro al pequeño.

—¿Qué se dice? —le pregunta Laura.

—Voy a cumplir siete años dentro de siete semanas y cuatro días.

—Se dice «Gracias, tío Andy» —le corrige Laura.

—Gracias, tío Andy. Faltan cincuenta y tres días para mi cumple.

En la pantalla de la tele, la juez Judy observa por encima de sus gafas al acusado, que está discutiendo con ella.

—Esa mujer va a ir a saco a por él —dice Jason.

—Es demasiado tarde para discutir —dice Laura.

La juez Judy dicta que el acusado debe ochocientos cincuenta dólares y que debería aprender a contar antes de volver a plantarse delante de su tribunal. El público aplaude. Jason y Laura cruzan una mirada y se ríen.

Unos minutos después estoy sentado en el sofá. El jersey deformado de color verde de mi hermano está arrugado sobre el brazo, junto a mí. Lo doblo con primor y lo vuelvo a dejar donde estaba. Las pertenencias de Jason me parecen hoy extrañamente conmovedoras. Paso el pulgar sobre el mando a distancia de su televisor, sujeto con papel celo para que no se desmonte. Recorro los bordes de su lata de tabaco con la yema del dedo y disfruto de la confirmación táctil de que mi hermano está aquí.

—¡Déjame que te enseñe una cosa! —me dice Laura.

Me quedo sentado en el sofá junto a mi hermano y la veo desplegar un mapamundi grande que, según ella, ha encontrado por una libra en una tienda de segunda mano. Lo apoya inclinado contra una pared, los bordes se rizan.

—¿Dónde está México? —pregunta mi cuñada.

Dean clava el dedo en la mancha naranja justo debajo de Estados Unidos.

—¿Indonesia? —dice Laura.

Dean da un salto hacia un lado y señala Indonesia.

—¿No llores por mí, Argentina?

—Solo estás diciendo las fáciles. —Dean señala Argentina.

—Muy bien, don sabelotodo. —Jason carraspea para aclararse la garganta por el palito de pescado que se acaba de tomar—. Entonces ¿dónde está Islandia?

—Ahí —dice Dean con pereza mientras señala Islandia.

—¿Mongolia? —pregunta Laura.

Dean observa el mapa de izquierda a derecha.

—Te he pillado, ¿eh?

El crío se aproxima al mapa fijándose en África.

—No sabes dónde está Mongolia —le dice Laura con tonillo de tomarle el pelo.

Dean se sujeta la cabeza con ambas manos.

Laura señala Mongolia.

—¡Aaaaah! —Dean salta arriba y abajo—. ¡Ya sabía que estaba ahí!

—No, no lo sabías —le dice Laura.

—Pregúntame otra vez. Sí que sabía que estaba ahí, pregúntamelo otra vez.

La bondad

Queríamos confesar nuestros pecados, pero no había
[confesor.
Las nubes blancas se negaban a aceptarlos, y el viento
[estaba
demasiado atareado recorriendo un mar tras otro.
No logramos captar el interés de los animales.
Los perros, decepcionados, esperaban una orden,
un gato, inmoral como siempre, se estaba quedando
[dormido.
Una persona al parecer muy cercana
no se dignaba a escuchar cosas que tan atrás quedaron.

Czesław Miłosz

Llevo un año sin pisar una cárcel, desde que empezó la pandemia. Algunos de los centros penitenciarios urbanos en los que trabajo han estado manteniendo a la gente en sus celdas veintitrés horas al día, salvo a aquellos que tienen que salir a limpiar el rellano o los que trabajan en las cocinas. La tasa de mortalidad ha sido tres veces más alta dentro que fuera de la cárcel. Wayne, el alumno con una IPP que estuvo en mi clase sobre *Esperando a Godot*, debía tener su revisión hace nueve meses, pero se la han puesto en compás de espera. No sabe cuándo se producirá. Mi exalumna Sofia también está atrapada. Entró en la cárcel unas semanas después de llegar de Rumanía sin haber cumplido aún los veinte y siendo capaz de decir unas pocas palabras en nuestro idioma. En los diez años que lleva entre rejas se ha sacado un título de inglés. A finales de 2019 le dijeron que la iban a poner en libertad. Sucedería de manera progresiva. El primer año le iban a permitir salir durante el día para ir a la universidad y regresar a la cárcel a pasar la noche. En la euforia de las noticias que acababa de recibir, me preguntó:

—¿Tengo acento de Londres?

Solo había hablado inglés en la cárcel y no estaba segura de cómo identificar su propia voz.

—Un poquito —le dije.

—Entonces, a lo mejor no llamo la atención, ¿no?

La puesta en libertad de Sofia ha quedado en suspenso por el momento, y no sabe cuándo la van a reactivar.

Algunos reclusos me han estado escribiendo desde sus celdas para compartir conmigo sus pensamientos sobre la libertad, el tiempo y la esperanza. Las cartas son difíciles de leer, por lo general, porque tienen muchísimas palabras mal escritas. Ahora mismo tiene que ser muy difícil para ellos hacerse con un diccionario. Yo les contesto, y los funcionarios les pasan mis cartas por debajo de la puerta. Un amigo mío que es funcionario me contaba: «No sé cuánto tiempo más voy a poder aguantarlo. Llego todos los días y tengo a los internos fuera de mi alcance. No puedes estar ahí para echarles una mano si los tienes pudriéndose detrás de la puerta de una celda. Sé que suena raro, pero no puedo más con este encierro».

Un escritor al que conozco, Steve Newark, ha cumplido un total cercano a los catorce años de cárcel. Estaba dentro cuando llegó el covid, pero ya ha salido. Anoche hablé con él por teléfono, y me contó que muchos de los internos del módulo decían que no era justo que no recibieran visitas y tuviesen que pasar el día encerrados en sus celdas.

—Yo no tenía tiempo para eso. Tienes que lidiar con la

situación en la que estás, no con la situación en la que quieres estar.

Al oírle decir esto, sentí que su capacidad para centrarse en unas circunstancias tan extremas me estaba dando una cura de humildad. Lo pusieron en libertad cuando las restricciones se encontraban en su nivel más elevado.

—Era como si no supiese lo que había que hacer —me contó—. En la calle todo el mundo había aprendido a adaptarse al confinamiento a la vez, y yo no sabía si debía ponerme una mascarilla al aire libre, cuándo había que hacer cola y cuándo no: me recordó un poco al primer día de mi vida que pasé en la cárcel.

Desde que salió, varias personas le han dicho: «Mira, ahora ya sé cómo ha sido para ti lo de la cárcel», y a mí me llena de irritación en nombre de Steve que la gente le suelte algo tan a la ligera. Le pregunté si le molestaba que le dijeran eso.

—Yo sonrío, sin más, y a otra cosa —me contestó—. La gente solo sabe lo que sabe.

A los dos meses de confinamiento, el verdugo se me echó encima. Me desperté a las dos de la mañana con el cuerpo aplastado por el pánico. En mi cabeza se sucedían en bucle los pensamientos con los que me fustigaba, y esto me pasó todas las noches durante cerca de una semana, hasta que la vergüenza se hizo con el control de hasta el último rincón de mi mente. No había en todo el día el menor espacio para un pensamiento que no fuese mortificador. Sentía que me faltaba el aire, como si me fuera a desmayar.

La semana siguiente comencé a correr en un parque grande, pero varios días después me percaté de que todos mis recorridos eran alrededor de la misma parcela de hierba de cien metros cuadrados. Cuando miraba mi aplicación de ejercicio en el móvil, mi mapa de actividad era un circulito rojo. Aquella imagen mostraba algo constreñido, monótono y sin disfrute de ninguna clase, que es el aspecto que tiene el interior de mi cabeza cuando está sometida al verdugo. Fue como si él estuviese trazando mis rutas por mí. Al día siguiente me puse a correr en zigzags aleatorios por el mismo parque, pero eso asustaba a los perros, que no dejaban de ladrarme.

Ahora salgo por la puerta de mi casa y echo a correr en la dirección que me apetece. Al principio me vienen a la cabeza en fogonazos unas imágenes de castigo, pero yo sigo corriendo. El viento me golpea en la cara y dispersa mis pensamientos, y cuando me acuerdo de la imagen que era, ya he doblado una esquina y estoy en otra calle distinta. Corro hasta que cruzo un umbral donde se detienen los pensamientos. Siento el aire que me entra por la boca y me llena los pulmones; los ladrillos de las casas parecen de un rojo más vivo, y el mundo se vuelve mucho más grande que mi supuesta culpa. En esos momentos no voy corriendo hacia el verdugo ni tampoco estoy huyendo de él. Corro sin más.

He vuelto a leer a Kafka, y, como de costumbre, no estaba seguro de si se trataba de un paso hacia el verdugo o para alejarme de él. Hace poco di con un episodio en el que Kafka le permite a un personaje una cierta salida. Toma la historia de Prometeo, de cómo estaba encadenado a una roca y los dioses enviaron a unas águilas que le devoraban el hígado conforme este le volvía a crecer, pero Kafka sugiere un final alternativo: «En el transcurso de los milenios [...] todos se hartaron de aquel procedimiento, que había perdido su razón de ser. Los dioses se cansaron, y las águilas también. Incluso la propia herida se cansó y acabó cerrándose». Al principio era demasiado tarde para Prometeo, pero entonces deja de serlo. Me pregunté si Kafka nos estaba diciendo que al final se había cansado de su propia tortura. ¿Había encontrado la liberación a base de aburrirse de sus síntomas? Si yo seguía leyendo su obra, ¿podría encontrar la liberación a base de aburrirme de Kafka?

Quizá la manera más rápida de agotar mi interés por el verdugo sería interesarme por otras cosas. Hace varias noches puse una emisora de radio al azar durante las horas previas al momento de irme a la cama. Fue una medida preventiva contra la monótona repetición del verdugo. Pusieron temas de Miles Davis, Ella Fitzgerald y Ahmad Jamal, estuve escuchando las melodías con el deseo de volver a familiarizarme con la sorpresa, en la esperanza de que impidiese que mis pensamientos se redujeran de un modo tan atroz durante la noche. A pesar de que las medidas preventivas contra mi ansiedad a veces son justo lo que la invoca, escuchar una música nueva me hacía sentir emoción por la vida. Esa es una de las maneras de no acudir al verdugo.

En verano me quedé una semana en Lisboa con Adam. En la segunda noche estaba en la cama despierto y no dejaba de tener el mismo pensamiento condenatorio a cada minuto. Por la mañana tuve dolor de cabeza, como si tuviese el cerebro irritado por recorrer las mismas sinapsis una y otra vez. Al día siguiente, Adam me llevó a un bosque, nos tumbamos en el suelo y nos tomamos unas setas mágicas. Media hora después, los árboles adoptaron el aura de unos reyes. Yo quería presentarles mis respetos, pero una hoja que tenía cerca de la cara no dejaba de hacerme reír. Todo se volvió interesante a mi alrededor. Fue como si notara que se me encendía el cerebro entero. No habría podido acudir a la llamada del verdugo ni aunque hubiese querido: tenía un enorme interés en la sensación de rotar el tobillo muy despacio.

Siempre he evitado las drogas psicodélicas por temor a perder el control y hacer algo violento, a que cuando me diese el bajón me encontrara con las manos manchadas de sangre y me percatase de que el verdugo había estado en lo cierto desde el principio, pero no hice daño a nadie. Tan solo me lo pasé en grande. El día después de tomarme las setas me permití disfrutar de una sensación provisional de calma. Tal vez, pensé, podría ser capaz de confiar en mí mismo. Tal vez las décadas que me había pasado sometido al verdugo habían sido una dolorosa pérdida de tiempo. Designé a esa draconiana figura en mi mente para que se asegurara de que yo nunca me volviese como mi padre, pero, en realidad, lo único que ha hecho el verdugo ha sido impedirme ser yo mismo. Esa noche me fui a la cama y me dije que si el verdugo viene a por mí, le diré que se ha equivocado de persona.

Hace unas semanas que salgo con una traductora que se llama Iona. Me contó que, un día, durante los meses de invierno del confinamiento, de repente se puso a amontonar sus libros, su ropa, los cojines del sofá, los candelabros y otros objetos, los metió en decenas de bolsas negras de basura y los tiró. Se sintió aliviada al haber generado más espacio, pero unos días más tarde se volvió a sentir encerrada. Empezó a despejar floreros, cubertería que le sobraba, alfombras, cuadros de la pared, sillas, cajas de almacenaje y bolígrafos. Por la noche se sentaba en el sofá para relajarse, pero le daba la sensación de que aún había cosas de las que se podía desprender.

La semana pasada fui a su casa por primera vez. Nos sentamos en el salón y me leyó algunos pasajes de sus novelas preferidas, que iba traduciendo al inglés al vuelo. Hicimos el amor y nos quedamos dormidos allí mismo, en el sofá, con los libros y la ropa, todo tirado por el suelo.

Nos despertamos por la mañana, y ella apoyó la cabeza en mi pecho. Sentí una punzada de pavor. El verdugo me decía que me merecía que me lo arrebataran todo. Rodeé a Iona con el brazo, y me sentí muy atrevido.

Nos levantamos juntos y preparamos té en la cocina. Abrí su frigorífico y vi que tenía varios paquetes de queso que habían caducado hacía cuatro meses. Al lado había tres latas de judías sin abrir.

—No hace falta meter en el frigorífico la comida en lata

—le dije, y se encogió de hombros—. Y no quiero que te tomes este queso.

—De todos modos, comer es de cobardicas.

—Una cosa que deberías saber sobre mí es que tengo que comer algo por la mañana antes de hacer cualquier otra cosa.

—Bueno, mi día tampoco va bien a menos que lleve los labios pintados.

En la turbulencia económica de la pandemia, los días de Iona son muy largos. Ha estado trabajando hasta muy tarde por las noches, con los labios pintados de rojo flamenco y el brillo de la luz azulada de su portátil en la cara. Hace un alto de vez en cuando para prepararse unos cereales y llevárselos a su mesa para seguir trabajando mientras come.

Estoy en casa. Es domingo, hacia el mediodía. Tengo la boca seca. Lleno un vaso de agua del grifo de la cocina y me lo bebo. Estoy disfrutando del placer de saciar mi sed, pero entonces aparece una imagen en mi mente. Estoy encerrado en una habitación, sin espacio suficiente para mover los brazos. Tengo la boca seca y no tengo agua. Me voy a desmayar de la deshidratación, y el verdugo me dice que me lo merezco.

Dejo el vaso en la encimera de la cocina. Cojo el móvil y hago una videollamada a Johnny. Descuelga, y veo que está sentado en su jardín, debajo de un eucalipto. Charlamos unos minutos. Todavía me ensombrece la oscuridad, pero, en cierto modo, ya me fío menos de ella. La imagen de la habitación sigue ahí, en algún lugar de mi mente, pero ya no soy capaz de aferrarme a ella.

—¿Estás bien? ¿Qué tal llevas el confinamiento? —me pregunta.

—He estado escribiendo.

—¿Algo divertido?

—Va sobre la cárcel.

Chasquea la lengua.

—Tú.

Sonrío. Bebo un sorbo de agua.

A lo largo del confinamiento, en los instantes en que he estado a punto de perderme presa de la vergüenza, he podido coger el móvil y llamar a algún amigo que me recordara quién soy yo realmente. En la cárcel, mientras tanto, no se han permitido las visitas a los internos. La privación social y sensorial está erosionando el sentido de la condición de persona que tiene la gente. Esta mañana he escuchado unas grabaciones de internos de la cárcel en la página web *Inside Time*. Un hombre que se llama David decía: «A veces estás deseando que se abra la puerta para recibir la comida, pero solo para poder hablar, aunque solo digas "gracias", porque tienes que asegurarte de que aún te funciona la voz, ¿no?».

Una hora después, voy pedaleando camino de la casa de Iona con los cascos puestos y escuchando más grabaciones de David en la web *Inside Time*. «No te puedes ni mover —dice—. Te duelen los riñones y el cuerpo entero porque te tiras veintitrés horas al día tumbado o sentado en la silla, y no puedes hacer nada al respecto.»

De pronto soy consciente de la sensación del movimiento, la velocidad y el equilibrio mientras pedaleo.

Pongo el candado a la bici delante del edificio de Iona, me quito los auriculares y cruzo la calle hacia el supermercado. Cojo un aguacate, unos tomates y una barra de pan. En un pasillo, veo a un hombre calvo con los ojos oscuros. La mascarilla le tapa la mitad inferior de la cara, pero se parece a alguien que pasó por mis clases. Cruzo una mirada con él y le sonrío antes de percatarme de que no puede ver que estoy sonriendo por culpa de mi mascarilla. Se gira hacia un lado, veo su perfil y me doy cuenta de que no es quien yo creía que era. En muchas ocasiones a lo largo del último año me ha parecido ver a un exalumno en algún desconocido. Siento tal impotencia por no poder ver a los internos en la cárcel que no dejo de pensar que los veo fuera.

Me uno a la cola para pagar. El hombre que hay detrás de la caja registradora tiene encima la potente luz de un tubo fluorescente. Se retira la mascarilla de la cara unos centímetros y se seca el sudor del labio superior. Pasa por el escáner los artículos de un cliente y los mete en una bolsa azul de la compra. El cliente está mirando el móvil con los auriculares puestos.

—Trece con cuarenta y dos —dice el cajero.

El cliente se quita un auricular.

—Trece con cuarenta y dos —repite el cajero.

El cliente toca con la tarjeta sobre el datáfono y se marcha. Llego a la caja. El cajero pasa mi compra por el lector y embolsa los artículos. Le veo en la cara lo duro que es su trabajo ahora mismo. Trabaja doce horas diarias con el riesgo de contagio, embolsando frutas y verduras de unos londinenses que ni siquiera le miran a la cara.

—Muchas gracias —le digo.

Me mira a los ojos.

—Gracias —me dice.

Le paso el dinero en metálico por el hueco de la parte inferior del metacrilato y me da mi cambio. Salgo de la tienda, cruzo la calle hasta la mitad y me quedo en una isleta en el centro de la calzada esperando a que termine de pasar el tráfico. A mi espalda, un coche salta por encima de un bache. Suena como si hubiera pasado por encima del cuerpo de una persona. El verdugo me dice que no, que en realidad no tengo ninguna empatía con el cajero, que mi interés es fraudulento.

Pongo un pie en el asfalto. Un conductor que viene hacia mí toca el claxon, y retrocedo al bordillo.

Al pasar, el hombre me suelta un grito a través de la ventanilla.

Me quedo en la isleta. Los coches pasan a toda velocidad a mi izquierda y a mi derecha.

Cuando el verdugo afirma que he prendido fuego a mi casa o que podría hacer daño a alguien con un cuchillo, ya sé qué hacer para no acudir corriendo a él, pero después están esos momentos en los que me dice que no soy capaz de ser bondadoso. De todos mis pensamientos oscuros, este es el que me hace sentir más solo, es cuando la culpa parece más claustrofóbica, y no sé cómo escapar de ella.

Unos meses antes de que comenzara la pandemia, estaba poniendo el candado a mi bicicleta en el aparcamiento del centro penitenciario cuando pasó de largo un furgón de la cárcel. El hombre que iba dentro daba golpes en las paredes y gritaba. Tuve un mal presentimiento, cogí el móvil y escribí un mensaje a Johnny: «¿Puedes hablar?».

Me quedé con el pulgar suspendido sobre la tecla «Enviar». No me podía quitar de la cabeza la idea de que tenía que superar el pavor por mí mismo. Borré el mensaje y guardé el móvil.

Veinte minutos después estaba en mi clase rellenando un formulario para renovar mi autorización de seguridad y una de las preguntas era: «¿Ha tenido alguna vez una condena penal? Por favor, marque Sí o No». Junto a la casilla «Sí», escribí que hace varios años me pusieron una multa de veinte libras por saltarme un semáforo en rojo con la bicicleta.

Comenzó la libre circulación. El primero en llegar fue Martin, un hombre con el pelo canoso y grasiento y la barba descuidada. Percibía su olor corporal a dos metros de distancia. Era su primer ingreso en prisión, e iba a cumplir un año y medio. Su hijo adulto había venido a visitarlo por primera vez dos días antes, pero Martin no salió de su celda, demasiado avergonzado como para permitir que su hijo lo viese. Llevaba sin afeitarse desde que entró en la cárcel, hacía unos tres meses. Siempre era el primero en llegar a clase, como si la puntualidad fuera otra de las condiciones de su condena.

No es habitual ver a alguien dentro de la cárcel con unas muestras de culpabilidad como las de Martin. Aquí mucha gente se ve más como una víctima que como el autor de un delito, lo cual tampoco es sorprendente cuando te enteras de la historia de su infancia. Los que se sienten mal están tan ocupados intentando sobrevivir a la vida en el módulo que no serán capaces de afrontar su remordimiento hasta que los hayan puesto en libertad. Martin parece muy abrumado por la vergüenza. Me preocupa cómo va a conseguir superar su condena.

Al minuto entraron Billy y Kit inmersos en una discusión sobre quién era anoche la chica más sexi en *Love Island.* Billy lucía entradas y una espesa mata de pelo en el pecho que le asomaba por el cuello de la camiseta y a su edad real de veintitrés años le echaba otra década encima. Kit tenía el pelo salpicado de canas y vestía la parte de arriba de un chándal rojo con el cuello subido. Billy pensaba que la voluptuosa Anna era la más guapa. Kit pensaba que era la menudita Jourdan.

Kit se volvió hacia Martin:

—Dile que tengo razón. Es Jourdan.

Martin no reaccionó.

—¡Has visto qué chica, Martin! —dijo Kit.

En el rostro de Martin había una expresión de gravedad inalterable.

Kit y Billy se sentaron a ambos lados de Martin. Billy arrugó la nariz y retrocedió con su silla unos centímetros. Kit se quedó sentado en la silla a la derecha de Martin, al parecer sin inmutarse por el olor.

Dibujé un demonio en la pizarra y empecé la clase.

—El filósofo Pierre-Simon Laplace dijo que si hubiera un demonio que conociese la localización exacta y la inercia de todos los átomos del universo en este preciso instante, sería capaz de calcular por medio de las leyes de la naturaleza dónde estarían todos los átomos mañana y todos los días a continuación.

—Qué profundo, tío —dijo Kit.

—Los seres humanos estamos hechos de átomos. Estamos sometidos a las leyes de la naturaleza. En teoría, ese demonio podría observar a un niño y saber con precisión qué estaría haciendo dentro de treinta años, cuando fuera un adulto.

—¿Y el libre albedrío? —preguntó Kit.

—Si Laplace está en lo cierto, a lo mejor no tenemos libre albedrío.

—Entonces nadie debería estar en la cárcel, si todo es cosa de la naturaleza.

—Sí. Lo que llamamos «nuestras decisiones» vienen determinadas por los sucesos anteriores, como nuestro pasado y nuestra biología. Nadie sería verdaderamente culpable de lo que hace.

—En tu primer delito, el juez tiene en cuenta tu infancia traumática al decidir cuánto tiempo te cae, pero con el segundo delito, tu pasado no les importa una mierda.

—¿Debería importarles? —les planteé.

—En tu segundo delito, el hecho de que ya hayas pasado por la cárcel debería contar como una circunstancia atenuante, ¿o es que no es traumático este sitio?

—¿Crees tú que nuestra vida está determinada?

—Creo que a veces Dios puede intervenir y cambiar las cosas.

—¿Como qué?

—La vida que llevaba fuera era un caos, y mi madre dice que si no me hubieran arrestado, a estas alturas estaría bajo tierra. Dice que enviarme a la cárcel fue una intervención divina, que me salvó la vida.

Billy sabía que yo también trabajaba en una prisión de máxima seguridad que no estaba lejos del centro donde él se encontraba, y lo sabía porque su padre estaba encerrado allí.

—¿Qué te parece aquel sitio? ¿Se está bien allí dentro? —me preguntó.

—Trabajo allí, no es que esté «allí dentro» en realidad —le contesté.

—Mi padre dice que el sitio está muy organizado. La apertura de puertas es la apertura, y el cierre es el cierre. Aquí, el régimen es un caos. Te dicen que te van a abrir, y después te tienen encerrado todo el día. Preferiría estar allí, con los ojos cerrados.

Dado que ambos estaban en prisión, era difícil que Billy y su padre pudiesen hablar por teléfono. Los teléfonos de los rellanos solo funcionan para hacer llamadas fuera, no las pueden recibir, así que no se puede llamar a una cabina de la cárcel desde la cabina de otra cárcel. Cuando Billy y su padre querían hablar, tenían que ir a las oficinas de sus respectivos centros penitenciarios y hablar por la línea fija de allí mientras los guardias monitorizaban la conversación en ambos extremos.

Señalé el demonio de la pizarra y pregunté a Billy:

—¿Tú piensas que nadie es verdaderamente culpable?

—Se van a partir en tu cara como digas eso —dijo Billy.

—¿No crees que nuestros antecedentes dan forma a aquello en lo que nos convertimos?

—Sería un caos si no hubiera cárceles. Tiene que haber consecuencias.

Martin tenía una expresión nublada en el rostro, de tanto darle vueltas a algo.

—¿Qué piensas tú, Martin? ¿Somos responsables de dónde acabamos? —le pregunté.

—No sé yo quién más podría ser el responsable.

—Nietzsche decía que la responsabilidad moral es un concepto duro y carente de imaginación.

Martin soltó una risita burlona.

—Pensaba que nos obsesionamos con la culpa cuando

nuestro deseo de castigarnos es más fuerte que nuestro deseo de vivir. Decía que el libre albedrío era la paradoja del ahorcado.

—Y ¿era Nietzsche un individuo nocivo? —dijo Martin.

—¿Un individuo qué? —preguntó Kit.

Billy soltó una risita y se tapó la nariz con el cuello de la camiseta.

—¿Es que no ha hecho todo el mundo algo malo en su vida? Nosotros no somos distintos de los de ahí fuera —dijo Kit.

Martin se cruzó de brazos.

—¿Qué piensas tú, Martin? —le pregunté—. ¿La responsabilidad moral es la paradoja del ahorcado?

—Nietzsche tiene pinta de ser un listo —respondió él.

Las conversaciones con Martin llegaban enseguida a un punto de estancamiento. Le preguntaba su opinión sobre diversas ideas, y él me decía algo que daba por zanjado el debate. Más adelante, en esa misma clase, dije al grupo:

—Yo creo que cuando sostienes dos pensamientos a la vez en la cabeza, entonces se abre algo.

Estaba dirigiendo mi voz hacia Martin, pero su rostro se mantenía pétreo. Era como si él creyese que ya era demasiado tarde para la filosofía: daba igual lo que él pensara o dejara de pensar sobre esta u otra idea, ahora se encontraba en la cárcel.

Cuando terminó la clase borré el dibujo del demonio de la pizarra. Martin se acercó a mí de camino a la puerta y me estrechó la mano.

—Gracias, Andy. Qué bien que me hayas permitido estar aquí.

Se me escapó una risa nerviosa. No supe qué decir. Era como si su gratitud hacia mí fuese otro acto de autorreproche, y no quería ser su cómplice.

—De verdad te lo agradezco —me dijo.

Tuve que mirar para otro lado.

Si Joseph K. hubiera vivido en el universo de Laplace, da igual la cantidad de veces que hubiera vivido su vida, que cada vez que bajase por la calle en aquella mañana de domingo y se detuviera a observar el mundo a su alrededor, siempre acudiría corriendo a su juicio, jamás escaparía de su atómico destino.

Otro filósofo, Lucrecio, pensaba que lo importante no eran solo los átomos, sino también el espacio. Reconocía que no solo había espacio entre los objetos, sino también dentro de cada uno de ellos. Hay espacio entre dos piedras y dentro de una sola piedra. Hay espacio incluso dentro del pedrusco más contundente.

Si Joseph K. viviera en el universo de Lucrecio, entonces ese domingo por la mañana podría detenerse y sentir el espacio entre la calle y el juzgado, entre su culpa y la visión de alguien que saborea un cigarrillo, entre su citación judicial y su siguiente paso.

Lucrecio pensaba que el espacio era lo que permitía moverse a los átomos, y que los átomos en ocasiones podían desviarse de su trayectoria. El mundo material no era siempre predecible, a veces era espontáneo. Para Lucrecio, los sucesos podían desarrollarse de diferentes maneras. Joseph K. podría dar media vuelta y alejarse en dirección contraria al juzgado.

Cuando estoy sumido en el pánico más opaco me aplasta la culpa, y la voz del verdugo ocupa todo el espacio del interior de mi cabeza, pero pienso en Lucrecio y recuerdo que incluso el más singular de los pensamientos tiene su espacio dentro de sí. Dejo que el verdugo siga con su parloteo mientras me escabullo entre sus palabras.

Unos minutos después de ir al supermercado, estoy en la cocina de Iona, sacando la comida de las bolsas. La encimera y los fogones están impolutos, ya que ella casi nunca los usa. Iona está de pie a mi lado, con las gafas en lo alto de la cabeza mientras se toma un descanso del trabajo.

—Es muchísima comida —dice.

—No es comida ni para un solo día.

—¿Qué vas a hacer con todo eso?

—Iba a meterlo en el frigorífico y dejar que se estropee —le digo.

Chasquea la lengua.

—No tiene gracia. Me vuelvo a mi escritorio.

Se queda de pie detrás de mí y observa cómo corto el pan, pongo dos platos en la encimera y sirvo una rebanada en cada uno. Abro el aguacate y extraigo la pulpa. Iona me rodea con el brazo y me pone una mano en el pecho. Siento el calor de su vientre contra la parte baja de mi espalda.

—Estás preparando dos sándwiches.

—Pero son solo para cobardicas, me temo.

Corto los tomates. Iona me restriega la cara contra el cuello. Me hace cosquillas en la piel con las pestañas cada vez que parpadea.

—Anoche tuve otro sueño —me cuenta.

Dejo el cuchillo en la encimera. La madre de Iona murió más o menos en estas fechas hace un par de años. También era traductora. Madre e hija solían hablar cambiando de idioma entre cuatro o cinco lenguas distintas.

—Me he acordado hoy, cuando estaba cruzando la calle —dice Iona—. Nunca me acuerdo hasta que estoy en pleno día, cuando voy por la calle o estoy a medio cruzar un semáforo. Es ahí cuando me vuelve a golpear esa pena tan profunda.

Su voz suena como si estuviera a punto de llorar.

Traga saliva y dice:

—Estoy hablando demasiado. Tengo que trabajar.

Arranco un cuadradito de pan de un extremo de la barra, me doy la vuelta y lo sostengo delante de la boca de Iona.

—Sigue. Te prometo que no se lo voy a contar a nadie —le digo.

Se come el pan. Le acaricio la cara con el dorso de los dedos.

Me doy la vuelta y continúo preparando la comida. Iona apoya la barbilla en mi hombro y observa. Le pongo al sándwich los tomates, le echo sal y pimienta.

—Pero mira eso... Es casi como si estuviera otra vez en un restaurante.

—Lo sé. Me está pareciendo que no voy bien vestido para la ocasión.

—Sería divertido ponernos elegantes.

Me doy la vuelta para quedar cara a cara. Mantengo las manos grasientas cerca de la barriga con las palmas hacia arriba para no mancharle a ella la ropa.

—Yo podría ponerme un vestido, y tú una camisa —me dice.

Me desabrocha los dos botones de arriba de la camisa.

—¿Dónde me llevarías? —le pregunto.

Me pone el dedo en el pulpejo de la mano.

—Aquí. A la City.

Arqueo una ceja.

Zigzaguea con el dedo sobre la palma de mi mano.

—Nos daríamos un paseo por esas callejuelas antiguas donde los edificios están hechos de piedra. Es de noche, todo el mundo está en la calle y nos cruzamos con un río de caras distintas. Oímos la música que llega de uno de los locales en los sótanos. Te agarro de la muñeca y te llevo dentro.

Me río tímidamente.

Desplaza el dedo al centro de la palma de mi mano. La abro un poquito más.

—Bailaríamos aquí toda la noche —dice Iona.

Tengo la oscura sensación de que he hecho algo mal.

—Y cuando nos duelan tanto las piernas que ya no podamos bailar más, entonces vendremos aquí. —Me roza la piel donde termina la palma y comienza el dedo meñique—. A la playa.

La culpa me aprieta. Deseo esta ternura que me está ofreciendo Iona, pero no sé cómo desenvolverme.

—Miraremos juntos el mar —dice.

Hago una mueca.

—Eso es muy bonito —le digo.

Me aprieta la mano.

—¿Estás bien?

—Claro.

—¿Estás seguro?

—Ahora tienes grasa en las manos.

Me doy la vuelta, cojo los platos, nos vamos hacia el sofá y nos sentamos con la comida en el regazo. Iona le da un mordisco al sándwich y cierra los ojos para disfrutar el sabor. El momento se tiñe de un patetismo lúgubre. El verdugo me dice que esta comida será lo último que podré darle jamás a Iona.

Se traga el bocado y abre los ojos. Me pone la mano en la rodilla.

—Gracias —me dice—. Todo esto es muy bonito por tu parte.

Se me escapa una risa nerviosa.

—¿Dónde está la gracia? —me pregunta.

—Disculpa —le digo, pero me vuelvo a reír.

Aparta la mano de mi rodilla.

—¿Por qué te ríes?

El día después de mi clase sobre el demonio de Laplace fui a la cárcel y le conté a otro profesor lo que había puesto en mis formularios de seguridad. El hombre se partió de risa.

—Tampoco tienen por qué saber que te saltaste un semáforo en rojo.

—Es que pensé: «¿Y si lo descubren y yo lo he mantenido en secreto?».

—Eres la monda, Andy.

—No es tan gracioso.

Me marché a mi aula y me preparé para mi clase. Un funcionario gritó en el pasillo «¡libre circulación!», y unos minutos más tarde entraron Billy y Kit, que venía despotricando porque había telefoneado a sus hijos esa mañana y le habían contado que habían pasado el día fuera en la Torre de Londres.

—¿Te puedes creer que hayan hecho eso en lugar de venir a verme? —dijo Kit—. Se han puesto a contarme cómo eran las mazmorras de Londres. Es que he estado a punto de colgarles el puto teléfono.

Los dos hombres se sentaron. Billy me contó que quizá se perdería nuestra siguiente clase.

—Voy a una evaluación. Lo mismo me descuentan un veinticinco por ciento de esta sentencia —me dijo.

—¿Un descuento? —le pregunté.

—Te descuentan el veinticinco por ciento si consideran que tienes un problema de salud mental, pero tienes que pasar por la evaluación.

—¿Crees que lo vas a conseguir?

—Crucemos los dedos.

Terminó la libre circulación. Me asomé a la puerta y miré pasillo abajo a ver si veía a Martin, pero no.

—¿Has visto a Martin? —le pregunté a Kit.

Él hizo un gesto negativo con la cabeza.

—¿Sabes si se encuentra bien?

—A veces se queda todo el día en su celda.

Cerré la puerta y me senté enfrente de Billy y Kit.

—El filósofo Arthur Schopenhauer pensaba que la vida parecía una forma de castigo.

—Anímate, Schopenhauer, que lo mismo no pasa nunca —dijo Kit.

—Schopenhauer pensaba que ya estaba pasando —le dije—. Sufrimos ya desde el día de nuestro nacimiento, aunque no hayamos hecho nada malo. Decía que es muy tentador pensar que venimos al mundo cargados con la culpa por los delitos de nuestros padres.

Intenté no mirar a Billy cuando dije «los delitos de nuestros padres», pero terminé mirándole directo a los ojos conforme lo decía.

—Schopenhauer pensaba que, si quieres arreglártelas bien,

deberías pensar en este mundo como una cárcel. No te frustrarás cuando la gente te decepcione, porque entenderás que ellos también están en esa prisión, intentando sobrellevar su propio castigo.

—Cuando salga del talego, voy a ir a pillar un trago, después me voy al KFC, luego me voy a tomar un cubo entero de helado de chocolate, y después me largo a casa de mi novia —dijo Billy.

—¿Significa eso que Schopenhauer se equivocaba? —les pregunté.

—Schopenhauer necesita echar un buen polvo —respondió Billy.

—Schopenhauer decía que si piensas en el mundo como una prisión, nos trataremos los unos a los otros con más tolerancia, paciencia y amabilidad.

—La cárcel te hace más tolerante, sí —dijo Billy—. Más paciente, sí. Pero más amable, no. Eres más tolerante porque compartes la celda con alguien con quien no estarías en condiciones normales. Y se te iría la puta olla si no aprendes a dejar ir las cosas. Te vuelves más paciente en la cárcel, pero no es porque te sientas más amable, es porque dispones de un montón de tiempo.

—La cárcel es donde aprendes lo que significa la amabilidad —le rebatió Kit, pero Billy no estaba de acuerdo con eso.

—A mí la cárcel no me ha hecho amable.

—Aquí la gente es amable aun cuando no tiene ningún motivo para serlo.

—Lo último que yo quiero es que la gente del rellano me considere amable.

—Da igual lo que piensen de ti los demás.

—Si se corre la voz de que soy amable, la gente sabrá que puede venir a mi celda y llevarse mis cosas, porque no voy a hacer nada para devolvérsela.

Unos minutos después, Kit dijo:

—Si no hay ninguna amabilidad en la cárcel, ¿cómo es que no hay motines todos los días, las veinticuatro horas del día?

—Porque si montas un motín, te añaden más tiempo a la condena —contestó Billy.

—¿Y los incontables actos de camaradería que pasan de manera automática a diario? Como darse cuenta de que alguien del rellano lleva unas noches sin bajar a cenar y llamar a su puerta para ver si está bien.

—Pero eso no es ser amable, en realidad, ¿no?

—¿Y cuando dejas que otro gaste tu saldo del teléfono porque tiene que llamar a su hijo? O cuando os juntáis los domingos y seis de vosotros ponéis los trozos de ese puto pollo que no sabe a nada, y un tío va y pone unas hierbas y otro tío pone sus especias y al final os tomáis todos una comida de cojones.

—Que sí, pero...

—En el rellano me sé el nombre de la gente y si toma el té con azúcar. Nunca supe eso cuando vivía en una torre de apartamentos.

Billy se cruzó de brazos.

—Es que no me gusta la palabra «amable». Me hace parecer un puto pirado.

—A mí me pasaba lo mismo, pero ahora es verdaderamente importante para mí darme cuenta de en qué modo soy amable, aunque sea en las cosas más pequeñas —dijo Kit.

—¿Por qué? —le pregunté.

—Porque quiero dejar esta forma de vida. No voy a cambiar nunca a menos que sea capaz de reconocer que puedo ser una persona decente.

En el sofá de Iona me disculpo por haberme reído y dedico los siguientes minutos a intentar explicarme.

—¿Un verdugo? —me pregunta.

—A ver, no me refiero a que tenga a Albert Pierrepoint diciéndome cosas.

—Bueno, pues, sea quien sea, no me ha gustado nada conocerlo.

Baja la mirada a su plato. Me ciño la camisa al cuerpo, y me dice Iona:

—Cuando te he dicho que esto era muy bonito me ha parecido catártico. Las palabras han salido de mis labios, y he sentido que me quitaba de encima una minúscula fracción de mi dolor.

—Lo siento. No quiero que el verdugo se lleve eso también.

—¿Es que lo va a hacer? —me pregunta y estudia la expresión de mi rostro.

Media hora después de mi clase con Billy y con Kit, los funcionarios estaban encerrando a los internos para el resto de la tarde. Bajé corriendo por el rellano hasta la celda de Martin. Tenía la puerta abierta. Miré dentro y lo vi allí. Se había afeitado la barba y tenía el pelo esponjoso después de habérselo lavado.

—Perdona, estoy buscando a Martin. ¿No sabrás por dónde anda? —le dije.

Se echó a reír.

—He pensado que sería mejor que me diese un buen lavado. He organizado una visita con mi hijo.

Me sonrió. En los ojos se le comenzaban a formar las lágrimas.

—Le llamé ayer por teléfono. Le conté que comprendía que no me pudiese perdonar por lo que le había hecho pasar, se enfadó conmigo. Me dijo: «Eres mi padre. El perdón no tiene nada que ver con esto».

—Te quiere —le dije.

—Lo sé, y me siento fatal por ello, pero creo que todo va a ir bien.

Un funcionario se acercó a la puerta.

—Voy a tener que cerrar, caballeros —nos dijo el hombre.

Di un paso atrás.

—Te veo en clase —le dije a Martin.

El funcionario puso la llave en la puerta.

—Dice mi hijo que puede venir a verme una vez cada quince días, y si viene a visitarme, la condena se me va a pasar mucho más rápido.

El funcionario cerró la puerta y echó la llave.

Martin y yo nos despedimos con un gesto a través del ventanuco de inspección de su celda.

Después de aquello, Martin empezó a salir más de su celda. Terminó forjando una muy buena amistad con otro hombre de mediana edad de su módulo. Solicitó un trabajo en la cocina y lo consiguió: trabajaba durante el día, por las noches devoraba libros en la cama y pasaba el resto del tiempo investigando cómo podría trabajar para alguna organización benéfica de rehabilitación en cuanto saliese a la calle. Me dijo: «Ya no me aburro nunca en la cárcel. A veces me parece que me faltan horas en el día». De vez en cuando aún se insultaba llamándose «codicioso» o «estúpido» por lo que había hecho, pero, a pesar de su vergüenza, también dejó espacio para otras cosas en su vida.

Unos días después de haber hablado a Iona sobre el verdugo, regreso de la compra a su piso al mediodía y está sentada ante su mesa. Se fija en la bolsa que llevo en la mano y me dice:

—Quiero comer dentro de una hora.

Pongo los ojos en blanco y entro en su cocina. Sé que quiere mis cuidados, pero lo que no quiere es que recibirlos le reste empoderamiento, así que me los pide como si me estuviera dando una orden. Saco las verduras de la bolsa y las lavo para hacer una sopa.

A la hora de comer, le pongo un cuenco de sopa en la mesa del comedor.

—Qué bonito —me dice cuando llega, y me acaricia el labio.

Siento un runrún grave de temor, pero pongo la mano sobre la suya.

Antes pensaba que no podría recibir la ternura de Iona hasta que encontrara una manera de despejar mi sentimiento de culpa, pero sé que el verdugo es un inquilino testarudo. No es viable esperar a que se haya ido para continuar con mi vida. Por el contrario, cuando estoy compartiendo un momento con Iona y siento que las tripas se me retuercen por la culpa, intento permitirme sentir su ternura a la par que la culpa. Aunque no pueda zafarme y quitarme de encima al verdugo, sí puedo hacerle un hueco a Iona.

Nos sentamos a comer. La veo terminarse la sopa.

—Creía que habías dicho que comer es de cobardicas —le digo.

—Me he dado cuenta de que me gusta mucho ser una cobardica.

—Podría preparar algo para cenar esta noche juntos.

Me mira a los ojos y me dice:

—Eres un encanto.

Parpadeo. Siento el peso de la culpa que me cae a plomo en el estómago.

—Solo si puedes —me dice Iona.

—Puedo.

Me quedo la semana entera en casa de Iona, que me maldice por mi costumbre de dejar la ropa tirada en el suelo y no recogerla hasta días después. Epicteto decía: «Si oyes que alguien está hablando mal de ti, en lugar de intentar defenderte, deberías decir: "Es obvio que ese hombre no me conoce muy bien, porque hay muchas otras faltas que podría haber mencionado"». Esta mañana me despierto en la cama de Iona con la voz del verdugo, que me dice que debo de haber hecho algo irremediablemente mal. Unos minutos después, en el salón, Iona coge mi camisa del suelo y me la tira encima. Me echo a reír y me disculpo. Me alegro de que Iona me conozca mejor que el verdugo.

Para Joseph K. siempre era demasiado tarde. El pasado de Kafka había determinado el futuro de K. Aún me viene a la cabeza la idea de que ya es demasiado tarde para mí, pero también me veo emocionado ante cómo será lo de salir del confinamiento con Iona. Esa emoción es mi oportunidad de darle la espalda al verdugo y echar a caminar en la dirección opuesta. En el primer día cálido de la primavera este año, Iona y yo estamos en el parque, reclinados en la hierba debajo de un fresno mirando a un lago. Amigos, novios y familias con niños pequeños están sentados a lo largo de toda la orilla. Un hombre se sube desde la hierba a un pontón y retira una lona impermeable que cubre varias barquitas de remos. Si todo va bien, las volveremos a alquilar en las próximas semanas.

Iona señala las ramas del fresno que tenemos encima. Miro hacia arriba.

—*Havina* —me dice.

—¿Cómo?

—Es finés. Describe el vaivén de las ramas.

Miro hacia arriba y veo el suave balanceo de las ramas en la brisa.

—Mi madre me enseñó esa palabra —me dice Iona.

Me quedo mirándola.

—¿Soñaste con ella anoche? —le pregunto.

Sin dejar de mirar hacia arriba, Iona sonríe y niega con la cabeza.

—Es solo que he pensado en ella justo ahora, cuando me he dado cuenta de lo bonito que es este árbol.

Vuelvo a mirar hacia arriba.

—*Habona* —digo.

—*Ha-vi-na* —me corrige.

—*Havina.*

—Eso es.

A lo largo de la última hora, el lago se va llenando de más gente si cabe. Oigo las risas de dos críos que juegan detrás de nosotros. El ambiente está cargado de emoción. Tiene toda la pinta de que hoy podría ser el primer día del trayecto hacia la apertura de la ciudad, pero el verdugo me dice que yo no voy a unirme a todos los demás en la marcha hacia la libertad. Se me acelera la respiración. La culpa me está asfixiando.

Sopla la brisa. Alzo la mirada y veo el suave balanceo de las ramas del fresno. Las hojas se agitan y se rozan las unas contra las otras.

Dejo escapar un suspiro.

—*Havina* —digo.

—Correcto —dice Iona.

Un par de meses después, las tiendas y los restaurantes vuelven a estar abiertos. Me dicen que aún faltan varios meses para que los del régimen penitenciario devuelvan el centro a la normalidad. Ayer hablé con mi tío Frank, y me contó que hizo un viaje espontáneo a Sandwich. Se llevó consigo una cámara último modelo (a un amigo suyo le han caído del cielo trescientas unidades hace poco tiempo). Hoy voy a ir a verlo. Empujo la bicicleta para sacarla a la calle desde el interior del edificio de Iona. El suelo está mojado después de la lluvia. Un autobús de dos pisos en el que solo viajan dos personas se detiene en la parada y se apea una de ellas. Me monto en la bicicleta y bajo pedaleando por varias callejuelas.

La rueda suelta una salpicadura de agua en gotas finas. Un viento de cola me empuja hacia delante, avanzo sin pedalear y cierro los ojos para disfrutar de la sensación de moverme sin ningún esfuerzo.

Abro los ojos, giro y salgo a una calle ancha. Pasa por delante de mí un conductor de Deliveroo con una mascarilla negra que le tapa la nariz y la boca. Llego a un semáforo que se está poniendo en rojo. Me detengo.

A unos veinte metros calle abajo se ha parado un coche de policía. En la acera, un joven con acné en las mejillas está flanqueado por dos policías. Está esposado. Un agente abre la puerta de atrás del coche, y el chico baja la cabeza y se sube. El agente cierra la puerta. Los dos policías se suben en las plazas de delante, y uno de ellos pone el motor en marcha. Parpadea el intermitente naranja.

El coche que tengo detrás hace sonar el claxon. Miro hacia arriba. El semáforo se ha puesto en verde.

Fuentes y materiales de clase

He tenido la inmensa fortuna de las ideas y la inspiración de mis compañeros de The Philosophy Foundation a lo largo de la última década. Gracias a Peter Worley por sus planes para las clases sobre las sirenas, Epicteto, la rana y el escorpión, el prisionero feliz, Diógenes y la Nave de Teseo. Están disponibles en sus libros *The If Machine*, *The If Odyssey* y *40 Lessons to Get Children Thinking*, todos de la editorial Bloomsbury Education. Gracias también a David Birch por su lección sobre la caja de Pandora, que figura en su libro *Thinking Beans*, de One Slice Books.

La metodología que utilizo para enseñar en las cárceles la he desarrollado con Mike Coxhead y Andrea Fassolas. Enseñando a su lado, he aprendido mucho de lo perceptivos, decididos, generosos y francos que son. Los dos me ayudaron a redactar los materiales sobre Hiroo Onoda, la expulsión de los mercaderes del templo, Simon Wiesenthal y la fortuna moral.

Lista de epígrafes

Marcel Proust, de *En busca del tiempo perdido*
Jean Genet, de *Diario del ladrón*
Simone Weil, de *La gravedad y la gracia*
Nâzim Hikmet, de «Consejos para quienes van a cumplir condena de cárcel»

Franz Kafka, de *El proceso*

Fernando Pessoa, de *El libro del desasosiego*

Michael Ondaatje, de *El paciente inglés*

Primo Levi, de *Si esto es un hombre / La tregua*

John Berger, de *De A para X*

Dostoievski, de *Los hermanos Karamázov*

George Eliot, de *Daniel Deronda*

Telémaco, de *La odisea,* de Homero

Mary Boykin Chesnut, de *A Diary from Dixie*

Anaïs Nin, de *La casa del incesto*

Ocean Vuong, de *En la tierra somos fugazmente grandiosos*

Milan Kundera, de *Los testamentos traicionados*

Zadie Smith, de «Fascinada por suponer: en defensa de la ficción»

Edward St. Aubyn, de *Alguna esperanza*

Aleksandr Pushkin, de una carta a Nashiokin (marzo de 1834)

Samuel Beckett, de *Relatos y textos para nada*

Rebecca Solnit, de *The Faraway Nearby*

Czesław Miłosz, de «A cierta edad»

Agradecimientos

Gracias a mi agente, Sam Copeland, por haber creído en mi idea. Tengo la fortuna de haber contado con dos editores llenos de sensibilidad, sabiduría y astucia en las personas de Kris Doyle y Ansa Khan Khattak. El equipo de Picador me ha recibido con los brazos abiertos y lleno de emoción por mi libro, y eso me ha dado el valor extra que necesitaba para escribir esta historia.

Estoy agradecido con todos aquellos que me han ayudado a dar clase en los centros penitenciarios: Mike Coxhead, Andrea Fassolas, Peter Worley, Emma Worley, Kirstine Szifris, George Pugh, Jose Aguiar y Helena Baptista. Gracias a todos los que han ayudado a financiar alguna parte de mi trabajo, como el King's College, Philosophy in Prisons y el Royal Institute of Philosophy.

Gracias a Robert Ellis y a Viryanaya Ellis por enseñarme tanto y por su amistad.

Son muchos los autores, artistas, periodistas o académicos que me han dedicado su tiempo y me han ayudado con mi trabajo de documentación: Darren Chetty, Iwona Luszowicz, Peter Worley, Lucy Baldwin, Pieter Mostert, Liviu Alexandrescu, Rachel Tynan, Alice Levins, Laura D'Olimpio, Steve Lowe, Bettina Joy De Guzman, David Breakspear, Yvonne Jewkes, Joanna Pocock, Christopher Impey, Kate Herrity, Jason Warr, Joanna Lear, Sarah Fine, Jamie Lombardi, David Kendall y Jason Buckley.

Gracias a los amigos que han estado ahí conmigo cuando era niño, en la universidad, cuando empecé a escribir o mientras trabajaba en este libro: Alexandra, Taf, Simon B., Steven C. H., Lily, Rebecca, Paul, Jessica, Morgan, Kate H., Marsali, Pips, Mike, Liz, David, Vanessa, Will, Adam, Steve H., Kate B., Pawel, Iona, Christopher, Guillermo, Rob, Rehana, Bruce, Carol, Irian, Simon K., Steven G., Jane, Fiona, Helen, Rosie, Mark, Giacomo, Sophie, Tari, Andy, Alice y Tommy.

Mi especial agradecimiento a mi madre, mi hermano, mi tío y mi cuñada por confiarme sus historias.